十二五高职高专国际贸易系列教材

GUOJI SHANGFA SHIYONG JIAOCHENG

国际商法实用教程

专业性与实用性统一，系统性与全面性兼具，

能力点与知识点结合

任务驱动教学，采用最新教材编写模式

经典案例、知识窗口贯穿全书，拓展学生知识面

周志珍/主编

田丽红/副主编

GUOJI SHANGFA SHIYONG JIAOCHENG

中国经济出版社

CHINA ECONOMIC PUBLISHING HOUSE

北京

图书在版编目（CIP）数据

国际商法实用教程/周志珍主编．
北京：中国经济出版社，2012.6
ISBN 978－7－5136－1030－8

Ⅰ．①国… Ⅱ．①周… Ⅲ．①国际商法—教材 Ⅳ．①D996.1

中国版本图书馆 CIP 数据核字（2011）第 183121 号

责任编辑　孙晓霞　伏建全
责任审读　贺　静
责任印制　张江虹
封面设计　巢新强

出版发行　中国经济出版社
印 刷 者　三河市佳星印装有限公司
经 销 者　各地新华书店
开　　本　787mm×1092mm　1/16
印　　张　17.25
字　　数　367 千字
版　　次　2012 年 6 月第 1 版
印　　次　2012 年 6 月第 1 次
书　　号　ISBN 978－7－5136－1030－8/G·1615
定　　价　30.00 元

中国经济出版社　**网址** www.economyph.com　**社址** 北京市西城区百万庄北街 3 号　**邮编** 100037
本版图书如存在印装质量问题，请与本社发行中心联系调换（联系电话：010－68319116）

前　言 PREFACE

目前,《国际商法》教材版本很多,但是大多数教材都是突出理论的研究,使得学生在理解上存在一定的困难。特别是针对高职高专学生特点,其目标是培养应用型人才,因此,高等职业技术院校的教材应坚持以实际应用为目的,把握"理论够用即可"的原则。鉴于此,本教材的最大特色在于,在保持国际商法基本知识系统性的基础上,力求用简明的语言及结构描述国际商法的基本原理和规则,重点突出学生职业能力和实践能力的培养。因此,本教材在知识结构的安排上,具有两大特点。第一,将每一个知识点作为一个工作任务,以案例导入→必备知识→技能操练这样的模式介绍每一节的理论知识,并在正文必备知识中加入大量的案例思考及知识窗口,不仅让学生掌握必需的知识点,同时通过知识窗口扩展学生的知识面。第二,每一工作任务完成之后进行总结及综合训练,帮助学生理解和掌握所学知识。这样的模式不仅能将理论问题简易化,极大地提高学生的学习兴趣,而且可以借助实际的案例培养学生分析、解决实际问题的能力。

本教材共有11个工作任务,主要包括国际商法概述、国际商事组织法、国际商事代理法、合同法、国际货物买卖法、票据法、产品责任法、国际海上、铁路、航空货物运输法、国际海上货物保险法、国际商事争议与解决、WTO国际贸易争端解决机制等内容。

本教材由周志珍老师任主编、田丽红老师任副主编。各工作任务编写分工如下:工作任务一、工作任务四、工作任务十由周志珍老师编写;工作任务二、工作任务六由田丽红老师编写;工作任务三、工作任务七由钟秀玉老师编写;工作任务五、工作任务九由王晓灵老师编写;工作任务八、工作任务十一由余正老师编写。

在本教材的编写过程中,参考和吸收了国际、国内商法研究的最新成果,也借鉴了国内外学者诸多的研究成果,在此表示诚挚的感谢。另外,本教材的完成及顺利出版还要感谢中国经济出版社孙晓霞编辑的支持与帮助。

由于国际商法所涉及的范围非常广泛,加之编者学识有限,本教材难免存在错误、纰漏等,恳请专家、学者及广大读者批评指正。

编者

2011年12月

目 录 CONTENTS

工作任务四　合同法

工作任务五　国际货物买卖法

工作任务六　票据法

工作任务七　产品责任法

工作任务八　国际海上、铁路、航空货物运输法

工作任务九　国际海上货物保险法

工作任务十　国际商事争议与解决

工作任务十一　WTO 国际贸易争端解决机制

工作任务一　国际商法概述

■步骤一　宣布本次教学的工作任务及目标

教学内容:整体上认识国际商法的基本知识。

教学目标:了解国际商法概念及其渊源、两大法系的特征与区别。

■步骤二　工作任务

项目活动1　国际商法的概念和渊源

【案例导入】

中国政府与加拿大政府就两国之间的钢材贸易问题达成了一个双边协议,以规范两国之间的钢材贸易活动。

请问:该协议规定的内容是否属于国际商法的调整范围?

【必备知识】

一、国际商法的概念

国际商法是调整跨越国界的商事关系的各种法律规范的总称。它强调的是各国商人(企业)之间从事商事活动,特别是贸易和投资活动的法律规范。其调整对象从传统的货物贸易已经演变成除货物贸易以外的技术及服务贸易,此外,如投资、租赁、融资、工程承包及合作生产也都属于国际商法的调整范围。目前,从事国际商事交易的主体仅限于跨越国界的个人、公司和企业等商事组织而不包括国家、国际组织之间。

案例思考

中国甲公司与美国乙公司在加拿大温哥华订立一份国际货物买卖合同,约定在新西兰惠灵顿交货。

请问:这个合同可能涉及哪些法律的适用?

二、国际商法的渊源

一般认为,法的渊源是指法的效力渊源,即根据法的效力来源而表现的法的不同形式。国际商法也是一种行为规范,也必然会以一定的形式表现出来,这就是国际商法的渊源。国际商法的渊源有:国际条约、国际商事惯例、国内商事法。

(一)国际条约

1. 概念

国际条约是国际商法最主要的渊源,指具有缔约主体资格的国家与国家之间,国家与国际组织之间为确立其相互权利、义务而缔结的,用以调整国际商事活动的书面协议。

2. 效力

根据“条约必须信守”的国际法准则,国际条约对缔约国具有约束力,缔约国当事人必须按该国所签署或缔结的国际条约的规定进行有关活动。实践中,各国为了奉行该原则,一般将其相关内容在国内法中予以体现。但是,国际商事活动中当事人的意思自治原则在一定程度上可以减损国际条约的效力,致使其没有绝对的强制执行力。

虽然国际条约对非缔约国一般不具有约束力,但是,由于它的具体规定往往会反映出市场经济的客观规律,实践中往往也会得到非缔约国当事人的遵守。

案例思考

甲、乙两国经多次协商后签订《甲乙两国纺织品贸易条约》,条约规定,甲、乙两国在进行纺织品贸易中应严格遵守该条约。条约签订后,甲、乙两国商人多次出现贸易摩擦。

请问:甲、乙两国商人发生的摩擦应如何解决?

(二)国际商事惯例

1. 概念

国际商事惯例是指在国际商事交往中,在长期、反复的国际实践中形成并被广为接受的商事习惯规则。

2. 效力

国际商事惯例是由非政府间组织制定的非官方文件,因此,不具有当然的法律约束力。但是,一旦当事人在合同中采用了某项惯例,它对合同双方当事人就具有约束力。虽然国际商事惯例没有像国际条约那样具有当然的法律约束力,但是有些国际商事惯例已经被某些国家纳入其国内的成文法,从而具有了当然的法律约束力。由此可见,目前国际商事惯例与国际条约在强制力上的这种区别已经被渐渐淡化了,采用国际商事惯例已经成为国际上的一种趋势。

目前,国际上普遍适用的国际商事惯例主要有《2010 年国际贸易术语解释通则》、《跟单信用证统一惯例》(UCP600)(2007 年修订版)、《托收统一规则》等。

(三)国内商事法

国内商事法是指各国制定的关于调整涉外商事交易关系的法律、法令、条例、规定等规范性文件。主要涵盖实体法、程序法和冲突法三个方面。由于国际条约和国际商事惯例事实上不可能规范所有的国际商事关系,各国在对外经贸方面也制定了大量的法律法规。根据国际私法的冲突规则,处理国际商事关系争议的准据法往往是某一个特定国家的国内法。因此,国内商事法作为国际商法的重要渊源,是对国际条约和国际商事惯例调整国际商事活动的重要补充。

【技能操练】

2010 年 4 月,中国海南溢阳花卉进出口公司与日本三井株式会社签署了一份花卉买卖合同,双方约定了花卉的价格及运输条件,后双方发生纠纷,在适用何种法律来解决纠纷方面也产生了分歧:日本三井株式会社认为双方价格条件的约定基本依据是《国际贸易术语解释通则》的 FOB 贸易术语签订的,而最新的贸易术语解释通则是在 2010 年进行了修订,因此,应适用 2010 年通则;而中方溢阳花卉进出口公司则主张应适用合同的签订地及履行地,即中国的《合同法》。

请问:双方应如何解决这一纠纷?

项目活动 2　西方国家两大法系

【案例导入】

甲是一名实习律师,在某律师事务所实习,他的任务主要是为协助一大律师出庭辩护准备材料。每次出庭前,该大律师都要求甲翻阅大量的先前相关案件,看有没有和将要开庭的案件相似的案件以便按此案件的判决词来准备辩护词。

请问:这种情况一般会发生在哪些国家?为什么?

【必备知识】

法系是按各国法律的历史传统、源流关系和特征对各国法律进行的分类;凡是具有一定特点的某国法律同承袭或仿效这一法律而形成的具有类似特征的其他国家的法律,均可以归为同一个法系。在现存的各国法律制度中,大陆法系和英美法系对各国法律制度的建立和对国际商法的形成和发展具有重大影响。

一、大陆法系

(一)大陆法系概述

大陆法系,又称罗马法系、民法法系、成文法法系等,指以罗马法为基础,以法国民法典和德国民法典为样本而逐步形成和发展起来的法律体系的总称。其以法国、德国为代表国家,包括比利时、西班牙、葡萄牙、意大利、瑞士、荷兰、美国的路易斯安那州、加拿大的魁北克省以及中国台湾地区、中国澳门特别行政区等都属于大陆法系范畴。

(二)大陆法系结构特征

大陆法系结构特征是强调成文法的作用,注重法律的系统化、条理化、逻辑化和法典化。其主要特征表现如下:

1. 在法的结构上,大陆法系承袭了罗马法的分类方法,法律分类较系统完整,将全部法律分为公法和私法两大部分。这种划分最早是由古罗马法学家乌尔比安提出的。公法是保护国家利益或社会公共利益的法律,私法是保护私有财产和私人利益的法律。

2. 在法律渊源上,大陆法系法律渊源主要是成文法,各国主张编纂法典,格外重视成文法的作用。

3. 在法律形式上,大陆法系国家一般不存在判例法,对重要的部门法制定了法典,并辅之于单行法规,构成较为完整的成文法体系。

4. 在诉讼制度上,大陆法系采取传统的职权制。由于司法权受到重大限制,法律只能由代议制的立法机关制定,法官只能运用既定的法律法规来判案。因此,在大陆法系国家,法官的作用在于从现存的法律规定中找到适用的法律条款,将其与事实联系,得出必然的结果。

(三)大陆法系渊源

1. 法律

法律是大陆法系的主要渊源。一般而言,宪法处于最高的地位,具有权威性。在宪法之下,各国都制定一系列的法典。

2. 习惯

大陆法系国家一般都认为习惯是法的渊源之一。但有些国家认为习惯只有在法律明文要求法官必须适用的情况下才能起作用。

3. 判例

大陆法系国家强调成文法的作用,原则上不承认判例具有与法律同等的效力,法官判决案件是不能援引判例作为判决的依据的。

4. 学理

一般情况下,学理不能成为法的渊源,但是大陆法系中,学理有着极其重要的地位,如通过立法者的活动、法学理论、法律词汇和法律概念成为法律,学理可以解释法律,对判例进行分析和评论,影响法官审理案件。

二、英美法系

(一)英美法系概述

英美法系又称普通法系,是指在英国中世纪的普通法的基础上形成和发展起来的,以判例法为主要特征的法律体系的总称。普通法系虽然形成于英国,后又扩展到美国及其他曾受英国殖民统治的国家和地区,如加拿大、新西兰、爱尔兰、印度、巴基斯坦、马来西亚、新加坡以及我国的香港地区。

(二)英美法系结构特征

1. 在法的结构上,英美法系的法律分类比较繁杂,不像大陆法系将所有的法律划分为公法和私法,而是将普通法与衡平法作为法律的两种基本形式。

2. 在法的渊源上,判例是其主要的法律渊源。所谓判例是指法院先前的某一判决具有法律的效力,从而成为以后审判同类案件的依据。

3. 在诉讼程序上,英美法系国家一般采用对抗制,遵循“救济先于权力”原则。不同的诉讼根据有不同的诉讼程序,当事人的实体权利,只能通过一定的诉讼程序才能实现。故英美法系国家强调诉讼法,在诉讼程序上一般采用对抗制,即在民事诉讼中由双方律师,在刑事诉讼中由公诉人和辩护人充当主要角色,法官居中进行裁决。

4. 在法官权限上,英美法系法官可以造法,其不仅可以解释和适用法律,还可以制定法律,判例法中的规则就是法官在审理案件时创立的,因而判例法又被称为法官法。

知识窗口

米兰达规则——米兰达是名有前科的中学退学生,因强奸了一名未成年少女而被捕。后来,在警察的轮番盘问下,他最终供认了,并在书面供状上签了字。在法庭上,警方承认没有告诉他有权获得律师或提醒他可以不回答警方的提问。所以,最高法院因警方违背宪法权利而推翻了原审。米兰达一案在没有供词的情况下重新审理。但是,结果仍判决有罪。同时,在判决中第一次创立了里程碑式的米兰达规则。今天但凡看过英美法系国家警察逮捕犯罪嫌疑人之前都会宣读米兰达规则:“你有权保持沉默,如果你放弃保持沉默的权利,你说的一切会在法庭上用做对你不利的供词。你有权获得律师,如果你希望有律师,但没钱请律师,警方讯问开始前可以为你找一位律师。”

英美法系是一个重视程序法的体系,当事人的实体正义要通过程序正义来实现。

(三)英美法系渊源

判例是英美法系主要的渊源,但是,随着两大法系的融合,成文法的作用日益显著。同时,习惯也起着一定的作用。

1. 判例法

判例法是由高等法院的法官以判决的形式发展起来的法律规则。法官处理具体案件,往往不是引证某项法律,而是参照以前类似案件后判决,即按照“公平与正义”的原则所做判决而形成的判例。但并非所有法院的判决都可形成判例,只有上级法院,尤其是最高法院的判决才对下级法院日后处理同类案件具有约束力。

知识窗口

判例法的缘起:英国法官参照判例进行裁判的历史实际上可以追溯到公元12世纪以前。英国早期著名法官和法学家布拉克顿所著的《论英国的习惯与法律》以及《布拉克顿札记》都详尽论述了英国法院的惯例和程序,并首次大量地采用了判例分析的方法,但是,判例拘束力作为一条基本原则在当时并未完全确立。到16世纪,判例作为先例而被引用的惯例逐渐确立起来:相同事实的案件必须按照先例进行审理的观念和意识也日益加强。然而,遵循先例的规则也还没有确立为一项稳固而严格的法律规则。可以说,英国判例法确立的真正时期应在1800年之后,特别是在19世纪末。直到那时,严格遵循先例的规则才被英国法院所普遍接受。

2. 成文法

除判例外,英美法系另一重要渊源是成文法,包括法律和行政法规。但成文法只是对判例法的修正或补充,成文法还要通过判例加以解释和重新肯定后,才能起作用。

3. 习惯

在传统上习惯是英美法系的一个渊源,但由于普通法是在吸收习惯的基础上形成的,普通法之外仍通行的习惯已经不多,故其作用不大。

三、两大法系的主要差异

如上所述,两大法系都有着各自的特点,概括起来,其差异主要包括以下几个方面:

1. 法律渊源不同

大陆法系主要是成文法系,其以法律即成文法为其主要渊源。英美法系则主要以判例为其主要渊源。

2. 法律结构不同

大陆法系强调法典的编纂,习惯于用法典的形式对某一法律部门的法律规范做统一的系统性规定,法典构成了法律体系结构的主干。而英美法系则很少制定法典,习惯用单行法的形式对某一类问题做专门的规定,因而,其法律体系在结构上是以单行法和判例法为主干而发展起来的。

3. 法律推理方式不同

大陆法系实行从一般规则到个别案件的演绎法,法官的审判活动主要是通过适用一般的法律规则去处理个别案件的具体问题。而英美法系则实行从判例到判例进而总结出法律一般规则的归纳法。

4. 诉讼程序不同

大陆法系的诉讼程序以法官为重心,突出法官职能,具有职权制的特点;而英美法系的诉讼程序以原告、被告及其辩护人和代理人为重心,法官只能是双方争论的"仲裁人"而不能参与争论,事实和法律上的基本结论由陪审团做出,法官只负责做出法律上的具体结论,即判决,因此其具有对抗制的特点。

虽然两大法系在渊源、结构等方面都存在诸多差异,但是,自19世纪末以后,随着社会经济政治条件的不断变化,两大法系也发生了一些重大的变化,两大法系正逐渐地趋向融合。

知识窗口

世界其他三大法系:法学家根据世界各国法律的基本特征,将世界各国法律体系划分为五个主要的法系。即大陆法系、英美法系、伊斯兰法系、印度法系、中华法系。其中中华法系和印度法系已经解体。伊斯兰法系,又称阿拉伯法系,以伊斯兰的《古兰经》为主要法律渊源,创建于阿拉伯地区。随着阿拉伯国家的对外扩张,形成横跨欧、亚、非三洲的阿拉伯封建帝国的过程中,伊斯兰法得到广泛传播。这一法系具有宗教特色。随着穆斯林国家中资本主义的发展和社会的变革,昔日伊斯兰教法的特殊地位已不复存在。在大多数穆斯林国家中,世俗法律基本取代伊斯兰法。但由于伊斯兰教仍是占统治地位的意识形态之一,因而在各穆斯林国家里,伊斯兰法对穆斯林的行为依然具有不同程度的约束力。

【技能操练】

美国曼哈顿甲公司是一家非公开上市的股份有限公司,其决定增资 500 万美元,为此该公司颁布了招股书。该招股书规定,最低认购额为 5000 美元。Peter 先生决定认购 5000 美元的股份,并按规定向该公司的董事会办公室寄出了明确的认购书。公司接到认购书后,认真地将其作为股东登记在册并向其邮寄了认购股份的确认书。但不幸的是,Peter 先生没有接到该确认书。12 个月后,Peter 先生突然接到公司清算人寄来的催缴股金 5000 美元的通知书,并向其表明公司正在破产过程中,限其一个月内缴付。Peter 先生十分愤怒,率先在法院向公司提起诉讼,要求该公司赔偿其精神损失。

请问:

(1)你认为 Peter 先生能否胜诉?为什么?

(2)假设本案发生在德国或中国,其结果又会怎样?为什么?

项目活动3 中国法律制度概述

【案例导入】

我国的甲律师在代理一个涉外货物买卖合同案件的诉讼中,为了支持自己的观点,在庭审时提出了两项依据:①我国最高人民法院在处理一件类似的案件时,其作出的判决与自己的观点一致;②我国最高人民法院在一个关于涉外货物买卖合同纠纷案件处理的司法解释中作出的规定可以支持自己的观点。

请问:甲律师所提出的这两项依据是否都能被法院所采纳?

【必备知识】

中国既非大陆法系国家,又非英美法系国家,而是具有自己特色的法律体系。

一、中国法律的渊源

(一)制定法

1. 宪法

现行宪法序言中规定:"本宪法以法律的形式确认了中国各族人民奋斗的成果,规定了国家的根本制度和根本任务,是国家的根本法,具有最高的法律效力。"因此,一切法律、法令、法规、决议、命令等均不得与宪法相抵触。

2. 法律

广义的法律包括宪法及其他由全国人大及其常委会分别制定的法律文件。狭义的法律则仅指全国人大及其常委会制定的,主要规定和调整国家和社会生活某一方面问题的法律。其效力仅次于宪法。

3. 行政法规

作为国家最高行政机关,国务院有权根据宪法和法律制定行政法规,发布决定和命令。国务院制定的行政法规直接调整全国政治、经济、文化、教育等各个方面的事项,其效力仅次于宪法和法律。

4. 地方性法规和经济特区法规

根据宪法的规定,省、自治区、直辖市人大及其常委会在不同宪法、法律和行政法规相抵触的情况下,可以根据本地区实际情况和需要制定地方性法规。其内容主要涉及当地的行政管理、维护社会秩序、市容卫生、交通运输、青少年保护等。

5. 特别行政区法律

香港和澳门特别行政区成立后,保持原有的法律基本不变。因此,在特别行政区实行的法律包括《基本法》、特别行政区原有的法律和特别行政区立法机关制定的法律。

(二)法律解释

1. 立法解释

根据现行宪法的规定,全国人大常委会对宪法和法律拥有解释权。凡关于宪法或法律的条文本身需要进一步明确界限或作补充规定的,由全国人大常委会进行解释或以法律加以规定。省、自治区、直辖市人大常委会有权对地方性法规进行解释。

2. 司法解释

对于法院审判工作和检察院检察工作中具体应用法律的问题,分别由最高人民法院和最高人民检察院进行解释。它们所作的解释对其下级法院和检察院的审判和检察工作均有拘束力。

3. 行政解释

国务院及其主管部门对有关法律和法规所作的解释称为"行政解释"。

(三)判例

在中国,判例在法律和理论上不被认为是法律的渊源。但是,今年来最高人民法院开始把一些被认为适用法律正确、判决证据和理由充分、处理得当的法院判决,在《最高人民法院公报》上予以公布,并要求各级人民法院加以借鉴。可见,判例在中国的司法实践中发挥着重要的作用和影响。同时,在中国加入 WTO 以后,及时公布涉外经贸案例已成为中国必须履行的一项义务。

二、中国司法制度

(一)法院组织

1. 最高人民法院

最高人民法院是国家的最高审判机关,其主要职权包括监督地方各级人民法院和专门人民法院的审判工作;审判全国重大刑事案件和全国有重大影响的民事、经济纠纷案件;对在审判过程中具体运用法律的问题进行司法解释。

2. 地方各级人民法院

地方各级人民法院分为基层人民法院、中级人民法院和高级人民法院。

(1)基层人民法院

基层人民法院按行政区划设在县级,主要负责审判刑事和民事的第一审案件;处理不需要开庭审判的民事纠纷和轻微的刑事案件;指导人民调解委员会的工作。

(2)中级人民法院

中级人民法院主要审理涉外及在本辖区有重大影响的第一审案件;基层人民法院移送审判的第一审案件;对基层人民法院判决和裁定上诉的案件和抗诉案件。

3. 专门人民法院

我国的专门人民法院设有军事法院、海事法院、森林法院、铁路运输法院等。

(二)民商事案件的审判制度

1. 合议制

合议制,是指由三名以上的法官或法官与陪审员组成合议庭,对案件进行审理并作出裁判的法律制度。

2. 调解制

人民法院审理民事案件,应当着重进行调解。人民法院的调解应当在查明事实、分清是非的基础上进行。经调解双方当事人达成协议后,由法院制作调解书。调解书在送达双方当事人后即具有法律效力。调解是中国民事审判制度的一个显著特征。

3. 两审终审制

人民法院审判案件,实行两审终审制。即每一个案件最多可经过两个审级,如当事人对地方各级人民法院的判决或裁定不服的,可以向上一级人民法院上诉。上一级人民法院对上诉案件所做的第二审判决或裁定,是终审的判决或裁定,当事人不得再行上诉。

知识窗口

调整我国国际商贸活动的法律:在我国的法律体系中,很多的法律都在从不同的方面对当事人的国际商贸活动起调整作用,其中较为重要的法律主要是《中华人民共和国合同法》和《中华人民共和国对外贸易法》(2004 年修订)。

【技能操练】

一个19岁的西班牙人甲在中国缔结一份供应钢材的合同,逾期未交货,合同的中方当事人乙诉至中国法院,要求甲承担法律责任,甲以自己19岁未达到西班牙法律21岁为完全行为能力人的法定条件而抗辩。

请问:甲的抗辩理由能否成立?为什么?

■步骤三　总结

1. 关键知识

国际商法的概念、渊源

两大法系的结构和特点

中国法律制度

2. 关键技能

初步具备学习国际商法的能力,形成对国际商法的整体认识。理解两大法系的区别和特点,并根据具体情况选择适用具体的法律规则。

■步骤四　综合训练

一、单项选择题

1. 下列国家或地区属于大陆法系的是(　　)。

A. 荷兰　　B. 中国台湾　　C. 日本　　D. 中国香港

2. 判例在法律上和理论上不被认为是法律的渊源的国家是(　　)。

A. 美国　　B. 中国　　C. 日本　　D. 英国

3. 下列对英美法系特征的表述正确的是(　　)。

A. 诉讼程序上采取对抗制　　B. 法律编纂方面采用法典形式

C. 法官审理案件运用演绎型思维方式　　D. 判例不被认为是主要法律渊源

4. 在国际上从事商事交易的主体一般不包括(　　)。

A. 公司　　B. 个人企业

C. 合伙　　D. 国家

二、多项选择题

1. 国际商法的渊源有(　　)。

A. 国际条约　　B. 国际商事惯例

C. 国内商事法　　D. 国际商事判例

2. 大陆法系的结构特征有(　　)。

A. 以成文法为主　　B. 主张编纂法典

C. 把法律分为普通法和衡平法　　D. 强调逻辑性

3. 大陆法系的主要渊源是(　　)。

A. 法律　　　　B. 习惯　　　　C. 判例　　　　D. 学理

4. 在英美法系中，制定法与判例的关系表现在(　　)。

A. 法官作出判决时，一般可以援引判例作为依据

B. 一个判决不仅只对被判决的案件有效，而且对日后法院判决同类案件具有约束力

C. 判例的活动范围是有限的，法官不能超出成文法律的范围通过判例创立新的法律规范

D. 英美法系国家认为判例是其主要的渊源，但同时强调成文法的修正与补充判例作用。

三、判断题

1. 国际商法的"国际"指的是"国家与国家"的意思。(　　)

2. 判例是大陆法系主要的法律渊源，成文法是英美法系主要的法律渊源。(　　)

3. 中国的审判制度上实行两审终审制。(　　)

4. 法律解释是中国法的一个重要的渊源。(　　)

四、简答题

1. 简述国际商法的概念及其法律渊源。

2. 简述两大法系的结构特征及其区别。

3. 如何理解国际条约、国际商事惯例及其国内商事法在国际商法中的效力？

4. 中国法律制度主要借鉴了哪个法系的法律制度？为什么？

五、案例分析题

1. 海口市中外合资企业雅美尔服装有限公司(乙方)与韩国首尔爱衣尔服装批发有限公司(甲方)签订一个进口5万米进口布料合同。双方约定该布料原产韩国，甲方向乙方交货时，应同时出具原产地证书；如有违约，则应适用韩国法律，双方同时约定了管辖法院。签订合同后，甲方积极组织货源，但因该时期韩国生产商货物供应不全，甲方未能按期如数交货。乙方遂依约向法院提起诉讼。

请问：该案应适用何种法律？

2. 中国甲公司作为卖方将其在美国的分公司生产的玩具直接卖给了美国乙公司。但因产品质量有问题，美方拒绝给付货款并要求中方支付违约金并赔偿损失，中方则坚持美方必须给付货款，双方发生争议。中方甲公司依据双方的协议向美国法院提起诉讼。同时，因产品缺陷致使美国消费者在美国境内使用时造成人身伤害。买卖双方在合同中约定处理合同争议适用的法律为第三国的法律。

请问：法院能否依据买卖双方约定所选择的第三国的法律处理他们之间的争议？

3. 中国甲公司与美国 Gateway 公司签订一份合同，约定由中国甲公司负责 Gateway 牌笔记本电脑在中国华东地区总代理业务，在合作过程中产生争议，Gateway 公司诉请法院终止双方的代理关系。

请问：中国法院在审理本案时，应当适用何种法律？

工作任务二 国际商事组织法

■步骤一 宣布本次教学的工作任务及目标

教学内容:商事组织基本理论,个人独资企业、合伙企业、公司基本法律规定。

教学目标:

1. 了解个人独资企业、合伙企业的设立条件、内部组织以及经营管理人的义务;
2. 掌握公司的概念、特征及分类;
3. 熟悉有限责任公司、股份公司的特征、设立组织机构和管理;
4. 了解股份、股票以及公司债券的特征及区别。

■步骤二 工作任务

项目活动1 国际商事组织概述

【案例导入】

甲、乙、丙三人合伙经营琼兴快餐店。一次甲到市场采购蔬菜的时候,购买了便宜但不新鲜的蔬菜,提供的饭菜导致多名顾客腹泻住院治疗,医疗费共计两万元。就医疗费用问题三个合伙人相互推诿责任,多名受害顾客遂将三合伙人作为被告起诉到法院。

请问:两万元医疗费用应当由谁来承担?(提示:餐馆的法律形式决定了责任的划分。)

【必备知识】

一、商事组织定义

商事组织又称为商事企业,是指能够以自己的名义从事营利性活动,享有一定的权利,承担一定义务,并能承担法律责任的具有一定规模的组织。

国际商事的各种交易都是建立在国际商事组织的经营活动基础之上,并以商事组织为中心进行的。没有国际商事组织,各种国际商业活动就没有存在的基础。

二、商事组织的法律特征

法律上的商事组织必须符合法定条件。在具体条件上,不同国家的法律对商事组织条件的规定是不同的。综合各国规定的相同点,商事组织一般必须具备以下几点:

1. 按照符合本国法律规定的方式设立;
2. 以营利为目的;
3. 具有一定的组织实体;

4. 拥有一定的可以自主支配的财产；

5. 必须有自己的名称。

三、商事组织的基本法律形式

经济生活是丰富多彩的，在不同经济环境中，投资者对商事组织的形式要求是多种多样的，现实生活中各种各样法律形式的商事组织应运而生。不同种类的商事组织在法律地位、设立程序、组织机构、投资者责任、纳税义务等方面都有很大区别。

商事组织的形式主要有个人独资企业（Individual Proprietorship）、合伙企业（Partnership）、公司企业（Corporation）三种。其中，尤以公司企业为核心。可以说公司是社会中最重要的商事组织，公司法亦成为商事组织法的核心法律。

知识窗口

公司企业在各国经济因素中的比例不是很大，但其经济实力和影响却是其他商事组织无法比拟的。据统计，公司在美国企业中大约占1/5，但公司为美国3/4的劳动力提供就业机会，而且，约有1/6的劳动力受雇于美国500家最大的公司。

项目活动2　个人独资企业法

【案例导入】

王某在2009年以个人财产2万元，投资设立了王氏蛋糕坊，并到工商管理部门进行了个人独资企业登记，取得了营业执照。到了2010年，由于物价上涨，蛋糕坊经营日益艰难。王某在一次原材料采购时，为节省成本，购买了一批卫生不合格的面粉。蛋糕销售出去造成十几名顾客轻微食物中毒。经核查，王氏蛋糕坊现在总资产不到1万元，中毒顾客的医药费和赔偿费总计3.5万元，另有蛋糕原材料货款5千元尚未支付。

请问：王氏蛋糕坊所欠债务应当如何偿还？

【必备知识】

一、个人独资企业的概念和特征

个人独资企业，又称为“个人企业”或“单人业主制企业”，是指依法设立，由一个自然人投资，财产为投资人个人所有，投资人以其个人财产对企业债务承担无限责任的经营实体。

与公司企业、合伙企业相比，个人独资企业具有以下五大法律特征：

1. 在投资人方面，独资企业的投资者仅为一个自然人。这是独资企业与合伙企业、公司等其他商事组织的最本质区别。将独资企业的投资者限定为一个自然人是各国立法的通例。

2. 在法律地位方面，个人独资企业没有法人资格，独资企业人格依附于投资者的人格，独资企业的业主对企业事务有绝对的控制支配权。

3. 在产权关系和管理关系方面，企业的全部财产归业主个人所有，整个企业的财产就是个人财产的一部分。

4. 在企业名称上，独资企业一般都有自己的名称或商号。

5. 在责任方面，业主对以企业名称产生的债务承担无限责任，企业解散或存续期间未能清偿的债务，业主要以个人财产予以清偿。因此，独资企业的债权人债权的实现很大程度上依赖于业主个人的信用和偿债能力。

案例思考

小郑认为，既然个人独资企业和个体工商户都是自然人出资设立的，而且都不具备法人资格，那么个人独资企业其实就是经营规模较大的个体工商户而已。

请问：小郑的观点是否正确？

二、个人独资企业的设立、变更、解散和清算

（一）个人独资企业的设立条件

1. 投资人为一个自然人，且该自然人必须不是法律、法规禁止从事营利性活动的人；
2. 有合法的企业名称；
3. 有投资人申报的出资，该资金为注册资本，但不具有对外提供信用担保的效力；
4. 有固定的生产经营场所和必要的生产经营条件；
5. 有必要的从业人员。

（二）个人独资企业的设立程序

商事登记作为商法的一项重要法律制度，对于促进商事活动的效益，保护商事交易的安全，维护商事经营秩序，都具有十分重要的意义。

商事登记是指商事登记的申请人按照法定的程序，向商事登记机关提交应登记事项，经由法定登记机关审查核准并予以公布的商事法律制度。

在我国设立个人独资企业必须进行商事登记。

1. 中国的个人独资企业登记流程

申请设立个人独资企业，应当由投资人或者其委托的代理人向个人独资企业所在地的登记机关提交设立申请书、投资人身份证明、生产经营场所使用证明等文件。委托代理人申请设立登记时，应当出具投资人的委托书和代理人的合法证明。

登记机关应当在收到设立申请文件之日起十五日内，对符合法律规定条件的，予以登记，发给营业执照；对不符合法律规定条件的，不予登记，并应当给予书面答复，说明理由。

案例思考

2011年2月10日,中山市政府出台了《关于促进个体工商户转型升级的实施意见》,中山市将用3年时间引导1.8万户个体工商户转型升级为企业,并设立九千万元专项配套资金鼓励“个转企”。截至2011年8月21日,该市已有3000户个体工商户完成了这种华丽转身。

——新华网广州

2. 其他各国的法律规定

不少国家和地区存在任意性登记。美国、日本、澳大利亚、新西兰、中国台湾等国家和地区都有任意商人的规定。

任意性登记是指,商事登记是从事商业活动的前提,但并非从事商业活动的必备要件。

任意登记可以分三种情况:(1)偶尔从事非连续性营利活动的当事人可不必履行商事登记程序;(2)从事营利性活动的当事人可以先开业,继而再进行商业登记;(3)法律虽然不将商事登记作为商事主体资格或能力取得的逻辑前提,但非经登记,其从事的商业活动没有对抗第三人的效力。

根据美国的法律观念和制度,从事营利性商业活动是每一个公民天赋的或法定的权利,无需任何行政部门再以商事登记的程序加以确认和限制。任何有经营能力的公民个人都可以按照自己的意愿,依法从事经营活动,取得合法收益。

(三)个人独资企业的变更、解散和清算

1. 个人独资企业的变更

我国实行的是个人独资企业变更的严格登记制度。境内的个人独资企业在存续期间登记事项发生变更的,应当在作出变更之日起的15日内依法向登记机关申请办理变更登记手续。

2. 个人独资企业的解散和清算

个人独资企业有下列情形之一时,应当解散:

(1)投资人决定解散;

(2)投资人死亡或者被宣告死亡,无继承人或者继承人决定放弃继承;

(3)被依法吊销营业执照;

(4)法律、行政法规规定的其他情形。

个人独资企业解散,由投资人自行清算或者由债权人申请人民法院指定清算人进行清算。

投资人自行清算的,应当在清算前十五日内书面通知债权人,无法通知的,应当予以公告。债权人应当在接到通知之日起三十日内,未接到通知的应当在公告之日起六十日内,向投资人申报其债权。

个人独资企业解散后,原投资人对个人独资企业存续期间的债务仍应承担偿还责任,但债权人在五年内未向债务人提出偿债请求的,该责任消灭。

案例思考

甲出资成立个人独资企业恒通商行。为了吸引更多的合作投资,在企业登记时,确定以其家庭财产30万元作为出资。恒通商行在经营过程中,由于没有经验且缺少优质进货渠道,欠下40万元的货款无法清偿。同时,企业拖欠20名职工三个月工资共计15万元。债权人提出,甲应当变卖其家庭住房和家庭用汽车偿还货款。甲提出异议,房产是其妻子张某所有,不是自己财产,不应用来清偿企业债务。

请问:甲应当用哪些财产用于清偿企业债务?按照什么顺序清偿?

三、个人独资企业的事务管理

个人独资企业投资人可以自行管理企业事务,也可以委托或者聘用其他具有民事行为能力的人负责企业的事务管理。

投资人委托或者聘用他人管理个人独资企业事务,应当与受托人或者被聘用的人签订书面合同,明确委托的具体内容和授予的权利范围。

投资人对受托人或者被聘用的人员职权的限制,不得对抗善意第三人。

【技能操练】

1. 甲某准备成立一家个人独资企业,下列律师给的咨询意见中,正确的是(　　)。

A. 个人独资企业对被聘用人员的限制不得对抗善意第三人

B. 个人独资企业成立时需缴足法定最低注册资本

C. 个人独资企业应依法缴纳企业所得税

D. 个人独资企业的投资人以其投资额为限对个人独资企业债务承担责任

2. 下列情形中不属于个人独资企业应当解散的原因的是(　　)。

A. 达到了破产界限,具备了破产原因

B. 投资人决定解散

C. 投资人死亡或者被宣告死亡,无继承人或者继承人放弃继承

D. 被依法吊销营业执照

3. 甲是一家个人独资企业的老板,雇有伙计乙管理企业的经营事务,由于经营状况不佳,甲决定解散该企业,则(　)。

A. 个人独资企业解散,应由甲乙共同清算

B. 个人独资企业解散后,原投资人对个人独资企业存续期间的债务仍应承担偿还

责任,但债权人在五年内未向债务人提出偿债请求的,该责任消灭

C. 个人独资企业解散的,财产应优先清偿所欠税款,再清偿所欠职工工资和社会保险费用,最后才是其他债务

D. 个人独资企业财产不足以清偿债务的,甲和乙应当以其个人的其他财产予以清偿

项目活动3　合伙企业法

【案例导入】

甲、乙、丙、丁拟共同投资设立一有限合伙企业,甲、乙为普通合伙人,丙、丁为有限合伙人。各合伙人经协商后草拟了一份合伙协议,做了如下约定:甲以房屋作价15万元出资,乙以专利技术作价12万元出资,丙以劳务作价10万元出资,丁以现金20万元出资。经三个以上合伙人同意,甲、乙可以向合伙人以外的第三人转让其在合伙企业中的全部或者部分财产份额;合伙事务由甲、丁共同执行,乙、丙不参与合伙事务的执行;合伙企业存续期间,合伙企业的全部亏损由甲、乙按照出资比例分担。

请问:四个人的合伙协议中有哪些不符合法律规定的内容?

【必备知识】

一、合伙企业法概述

(一)合伙企业的概念

在大陆法系国家,合伙分为民事合伙和商事合伙。

民事合伙又称个人合伙,或简称合伙,指两个以上的人为着共同的目的,相互约定,共同出资、共同经营、共享收益、共担风险的自愿联合。合伙人之间是一种合同关系。

商事合伙即合伙企业,是指两个或两个以上的合伙人为经营共同事业,订立合伙协议,共同出资、共享收益、共担风险而组成的企业组织形式。

分析两者概念,可知两种合伙的区别在于:

1. 合伙企业的成立必须有书面的协议,而个人合伙只需合伙人之间有合伙协议即可,不强制要求书面方式。

2. 在法律适用上,合伙企业主要适用商事法律规范,例如我国的《合伙企业法》。而个人合伙不必符合以上要求,在法律适用上主要适用民事法律规范,例如我国的《民法通则》。

案例思考

李四是名卡车司机,个人有一辆重型卡车。他与张三口头约定,张三出资三万,李四以卡车为出资,二人共同到田间地头收购大量便宜蔬菜运往北方。但运输途中遇到暴风雪,引发车祸,车辆被毁,货物损失严重。二人就各自损失以及双方应承担的责任发生争议。

请问:二人应当如何解决纠纷?

(二)合伙企业的特征

1. 有两个以上合伙人,人数上限没有限定。合伙人可以是自然人,也可以是法人。

2. 有书面合伙协议,合伙协议是合伙企业成立的基础。合伙人通过签订合伙协议来确立合伙关系,明确各合伙人在合伙中所享有的权利和承担的义务。合伙协议是合伙企业处理内外部事务的基本准则。

3. 有各合伙人实际缴付的出资。出资是合伙人的基本义务,也是其取得合伙人资格的前提条件。出资方式可以是货币、实物、土地使用权、知识产权或其他财产权利,甚至可以用劳务出资。对出资的评估作价可以由合伙人协商确定,无需验资。

4. 合伙企业合伙人必须合伙参与经营活动,从事具有经济利益的营业行为。

5. 合伙人共负盈亏,共担风险,对外承担无限连带责任。当合伙企业财产不足以清偿合伙债务时,合伙人还需要以其他个人财产来清偿债务,即承担无限责任。并且任何一个合伙人都有义务清偿全部合伙债务,即承担连带责任。

6. 合伙企业一般不是法人。合伙是"人"的组合,合伙企业相对于它的投资人而言并不独立,合伙人的死亡、破产或退出,都可能影响到合伙的存续。大多数国家只承认合伙企业是独立的商事主体,但并不承认其具有独立的法人资格,我国合伙企业立法采用这种理论。但也有国家,如法国、日本、荷兰等国家则承认合伙企业是独立的法人。《法国民法典》第1842条规定:"隐名合伙以外的合伙,自登记之日起享有法人资格。"

案例思考

张大是某县农业局技术员,他的几个好友约他合伙开办一个养猪企业。张大拟以养殖技术作为合伙出资,资金由其他几个好友解决。并约定,风险由其他人平均承担,张大不用承担风险。

请问:他们的协议有哪些不符合法律规定的地方?

(三)合伙企业立法概况

大陆法系国家一般将合伙法放在民法典或商法典中加以规定,如德国、日本、法国等国家。由于我国目前还没有统一的民法典,因此我国的合伙企业法是单行法形式。我国第一部合伙企业法《中华人民共和国合伙企业法》是在1997年通过并实施的。2006年第十届全国人大常委会对该法进行了修订,并于2007年6月1日正式实施。

英美法系国家关于合伙的立法一般是以单行法形式出现的。英国现行的合伙法律包括《1890年合伙法》和《1970年合伙法》。美国的合伙法属于各州立法。美国的统一州法全国委员会在1914年起草了《统一合伙法》和《统一有限合伙法》,现在已经得到大多数州的采用。

二、合伙企业的类型

大陆法国家和英美法国家对合伙企业的分类是不同的，简单介绍如下：

1. 大陆法国家将合伙企业主要分为普通合伙企业和隐名合伙企业

普通合伙企业是指由普通合伙人组成，合伙人对合伙企业债务承担无限连带责任的一种合伙企业。普通合伙企业具有以下特点：(1)由普通合伙人组成。所谓普通合伙人，是指在合伙企业中对合伙企业的债务依法承担无限连带责任的自然人、法人和其他组织。(2)合伙人对合伙企业债务依法承担无限连带责任。

隐名合伙企业是指合伙人以订立契约的方式约定，某一方对合伙企业进行投资、分享利益，并在出资的限度内分担损失，而另一方承担无限责任。这是投资人不愿公开露面和负担无限责任时所采取的企业经营方式，契约当事人一方称隐名合伙人，他方称显名合伙人。

2. 英美法系将合伙企业分为普通合伙企业和有限合伙企业

英美法中的普通合伙企业与大陆法中的普通合伙企业相同。

有限合伙企业则是指对合伙企业债务承担有限责任的合伙人与对合伙企业债务承担无限责任的普通合伙人共同组成的合伙企业。有限合伙企业具有以下特点：(1)合伙企业合伙人有两种，一是承担无限连带责任的普通合伙人，二是承担有限责任的有限合伙人。(2)普通合伙人对企业事务享有专属的经营管理权，有限合伙人只能根据协议规定分享利润，不能以任何身份参与企业事务管理，否则有限合伙人可能丧失有限责任的保护。

案例思考

2010年3月，甲、乙、丙、丁按照法律的规定，共同投资设立一从事商品流通的有限合伙企业。合伙协议约定了以下事项：

(1)丁为普通合伙人，甲、乙、丙均为有限合伙人；

(2)各合伙人按相同比例分配盈利、分担亏损；

(3)合伙企业的事务由丙和丁执行，甲和乙不执行合伙企业事务，也不对外代表合伙企业；

(4)普通合伙人向合伙人以外的人转让财产份额的，不需要经过其他合伙人同意。

请问：合伙协议中有哪些不符合法律规定的地方？

三、合伙企业的设立

(一)合伙企业设立的一般条件

设立合伙企业的一般条件包括：两名以上合伙人，书面的合伙协议，合伙人缴付的出资，合法的企业商号，必要的经营条件等。

1. 合伙人

大多数国家都规定，合伙企业的合伙人应当是两个以上具有完全民事行为能力的自然人。我国《合伙企业法》也是这样规定的。

在合伙人人数方面，由于合伙企业是合伙人基于信任关系成立的，有些国家、地区的法律对合伙人人数有上限规定。例如英国以及我国澳门地区都规定合伙企业人数不超过30人。

2. 合伙协议

关于合伙协议形式的规定，大陆法系国家一般规定合伙企业成立的法律基础是合伙人之间的书面协议，而英美法系国家则承认无书面合伙协议的事实合伙的存在。

无论书面形式还是口头形式的合伙协议，一般都是用来确定合伙人在合伙中的具体权利、义务的。一般合伙协议会在出资、利润分配、风险及责任分担、企业经营管理规定等方面做出约定，对全体合伙人均具有约束力。

关于合伙协议的变更问题，多数国家的合伙企业都规定，除合伙协议另有约定外，修改或补充合伙协议，应当经全体合伙人一致同意。

3. 实际缴付的出资

合伙协议订立后，合伙人应当按照协议约定的方式、数额、期限实际缴付出资，这是合伙企业成立的基础条件，也是合伙企业取得法律人格的基础。

出资的形式可以是货币、实物、土地使用权、工业产权以及非专利技术等。经合伙人协商一致，劳务也可以用作出资。

（二）设立登记

合伙企业的设立手续一般比较简便，但各国法律要求不同。

大陆法系国家一般要求合伙企业设立必须履行登记手续，例如德国、日本合伙企业法的规定。我国《合伙企业法》规定申请设立合伙企业，必须向工商行政管理部门提交登记申请书等文件。营业执照签发之日为企业成立日。另外，合伙企业登记事项因退伙、入伙、合伙协议修改等发生变更的，也要办理变更登记手续。

英美法系国家对普通合伙一般不要求有政府的批准登记，但要求所有的合伙组织必须有合法的目的。美国对某些行业规定须由执照方能开业，例如律师业、医师业等都需要取得专业执照方能经营此类行业。

案例思考

2011 年 3 月,甲、乙、丙共同投资设立一个合伙企业。合伙协议约定:甲以货币方式出资 5 万元,乙以房屋作价出资 8 万元,丙出资 9 万元。丙的出资具体是:劳务作价 4 万元出资,商标权作价 5 万元。同时还约定,丁为普通合伙人,甲、乙、丙均为有限合伙人,各合伙人按相同比例分配盈利、分担亏损。

请问:合伙协议约定有哪些不符合法律规定的地方?请一一指出。

四、合伙企业的内部关系与外部关系

(一)合伙企业的内部关系

合伙企业的内部关系是指合伙成员之间的权利、义务关系,以权利、义务为核心,主要在合伙协议中约定。法律规定只有在合伙协议没有约定或者约定违法时才补充适用。合伙企业是典型的人合企业,合伙人之间也是一种信任关系。

1. 合伙人的权利

(1)合伙事务执行权

合伙企业具有典型的人合性,一般没有严格的组织、领导和管理机构,因此,每个合伙人都有平等参与合伙事务管理、对外以合伙名义开展经营业务的权利。合伙协议另有约定或合伙人一致决定,也可以将合伙企业事务委托一名或多名合伙人执行。

(2)合伙事务决策权

合伙企业决策权由全体合伙人共同行使。每个合伙人的决策权是平等的,不因为出资多少而出现差别。一般情况下,合伙企业事务的表决实行少数服从多数原则,但是,在决定企业重大事务时,须经全体合伙人一致同意。

(3)合伙事务监督权

为保证合伙事务正常进行,防止执行事务的合伙人谋取不当私利,维护全体合伙人的共同利益,各国合伙法都赋予各合伙人内部监督的权利。主要包括:了解合伙企业经营情况,检查其他合伙人业务执行情况,查阅财务账目,并在必要情况下提出质询等。其他合伙人不得拒绝上述监督。

(4)分取利润和获得补偿权

每个合伙人都可以按照合伙协议约定的比例取得利润。如果合伙协议没有约定,关于分取利润的方法各国有不同规定。主要有两种处理办法:一是按照合伙人的出资比例分享利润,如法国、日本的立法;二是平均分配,不考虑合伙人出资多少,如英国、美国、德国等国家立法。我国《合伙企业法》采用的是第二种处理办法。

补偿权是指合伙人为处理合伙企业的正常业务而支出的个人费用或因而受到的个

人财产损失，合伙企业和其他合伙人应予以补偿。

2. 合伙人的义务

(1)缴纳出资的义务

合伙人有义务按照合伙协议约定的时间、数额、方式缴纳出资。如合伙人不能按照约定缴纳出资导致合伙无法成立或者给其他合伙人造成损失的，要承担合同法上的违约责任。

(2)忠实的义务

合伙人对合伙企业以及其他合伙人负有忠实义务。例如，合伙人必须为合伙企业的最大利益服务；合伙人不得擅自利用合伙企业财产为自己牟取私利等。合伙人违反忠实义务所获得的利益，必须全部转交给合伙企业。

(3)谨慎和注意的义务

参与经营管理的合伙人在执行合伙企业事务时，必须履行谨慎、小心义务。如因为其失职而给合伙企业造成损失，其他合伙人有权请求赔偿。

(4)不得随意转让出资的义务

为了保证合伙企业的相对稳定，各国合伙法都对合伙人转让出资做了限制性规定。合伙人在合伙内部转让其出资时，应当通知其他合伙人；合伙人向合伙以外的人转让其全部或部分出资时，必须经其他合伙人一致同意，且同等条件下，其他合伙人有优先购买权。

案例思考

甲、乙、丙、丁拟设立合伙企业，其书面合伙协议中有以下内容：(1)甲以劳务出资；乙、丙以现金出资；丁以房产使用权出资。(2)合伙企业的事务由甲全权负责，乙、丙、丁不得过问企业事务，也不承担企业亏损的民事责任。

根据上述事实及有关法律规定，回答下列问题：

(1)甲、乙、丙、丁的出资方式有效吗？为什么？

(2)协议中关于甲、乙、丙、丁不过问企业事务，也不承担企业亏损的民事责任的约定合法吗？为什么？

(二)合伙企业的外部关系

合伙企业的外部关系，也就是合伙企业与第三人的关系。在合伙企业中，每个合伙人在企业的经营范围内，都有权作为合伙企业和其他合伙人的代理人。因此，合伙企业与第三人的关系主要体现为三点：

1. 每个合伙人在执行合伙企业一般业务时所作出的行为，对合伙企业、其他合伙人都具有约束力。除非该合伙人无权处理该项事务，且第三人明知该合伙人没有得到授权。

2. 重视保护善意第三人。合伙企业内部对合伙人执行合伙事务及其代表权可以进行限制,但不得以此对抗不知情的善意第三人。

3. 合伙人在从事一般合伙企业事务管理过程中所为侵权行为,由合伙企业承担责任。但合伙企业也有权向具有主观故意或疏忽的合伙人追偿。

五、合伙企业的解散与清算

合伙企业的解散一般有三种情形:协议解散、依法解散和强制解散。这是包括我国在内的世界上多数国家的合伙法立法惯例。

协议解散是指依照合伙企业设立时的协议相关内容或者由合伙人一致讨论决定而解散合伙企业。

依法解散是指依照法律规定解散合伙企业。例如,合伙期限届满,合伙人决定不再经营;合伙协议约定的解散事由出现;全体合伙人决定解散;合伙协议约定的合伙目的已经实现或者无法实现;合伙人已不具备法定人数等。出现以上任何一种情况,合伙企业都应当依法解散。

强制解散是指法院根据有关申请强令合伙企业解散。例如,依法被吊销营业执照、被责令关闭或者被撤销等情况。

无论哪种事由导致的合伙企业解散,合伙人都应该对合伙财产进行清算。当合伙企业的财产(包括债权)不足以清偿合伙企业债务时,普通合伙人对余债承担无限连带责任。如果合伙财产清偿了所有债务之后仍有剩余的,则合伙人有权按照出资比例分配剩余财产,合伙协议另有约定的从约定。

案例思考

2008 年 5 月,江某、黄某合伙创办了一家普通合伙企业。其间,因生意上的往来欠下了张先生 5 万元货款。2010 年 7 月,该合伙企业因经营不善而解散。当张先生要求江某和黄某按期限清偿 5 万元债务时,江某和黄某却称他们组建的合伙企业已经资不抵债而解散,所以不能偿还这笔货款。

请问:江某和黄某是否应当偿还张先生的这笔债务?

六、入伙与退伙

现代各国合伙立法强调合伙企业的团体性,认为入伙和退伙等只会导致合伙人的变更,而不会对合伙企业的存续产生决定性影响。

(一)入伙

入伙是指在合伙企业存续期间,合伙人以外的其他人取得合伙人资格的法律行为。各国合伙法一般都规定,入伙须经全体合伙人的同意,并依法订立书面的入伙协议。合伙企业成立时的合伙协议可以对入伙程序做具体约定。

入伙涉及一个非常关键的问题,新合伙人对入伙前的合伙企业债务是否承担连带责任。

英美法系国家普遍主张不应当承担入伙前的债务责任。美国《统一合伙法》第 17 条规定,新合伙人仅以合伙企业的财产对参加合伙企业前的合伙组织的债务承担责任。

法国、日本、瑞士等少数大陆法系国家则规定,新合伙人对入伙前的合伙企业债务要承担连带责任。我国合伙企业法采用这一立法例,同时规定,在新合伙人签订入伙协议时,原合伙人应当向其如实告知合伙企业经营状况和财务状况。

案例思考

被告帕哈姆医疗协会是合伙企业,原告泛美银行向该合伙企业提供了 200 万美元的分期偿还的贷款。在知悉该贷款尚未还清的前提下,汤姆等三人加入了合伙企业。后合伙企业经营不善,无力偿还银行贷款。泛美银行将合伙企业以及所有合伙人作为共同被告告上法庭。

请问:后来入伙的汤姆等人是否应当承担偿还银行贷款的责任?

(二)退伙

退伙是指合伙人退出合伙企业,从而丧失合伙人资格的法律行为。退伙分为自愿退伙和法定退伙。

1. 自愿退伙

自愿退伙又称为任意退伙,是指合伙人基于自愿的意思表示而退伙。大陆法系国家一般都认为,自愿退伙分为协议退伙和通知退伙。

协议退伙是指在合伙协议约定合伙企业的经营期限的前提下,出现下述情形的,合伙人可以退伙:合伙协议约定的退伙事由出现;全体合伙人一致同意其退伙;发生合伙人难以继续参加合伙的事由;其他合伙人严重违反合伙协议约定的义务等等。

通知退伙则是指在合伙协议没有约定合伙企业经营期限的时候,合伙人在不给合伙企业事务执行造成不利影响的情况下,可以退伙,但应当提前通知其他合伙人,以免其他合伙人不能及时安排合伙企业相关事务。

2. 法定退伙

法定退伙就是因为法律规定的事由出现,合伙人丧失其合伙人资格的情况。法定退伙分为当然退伙和除名。

一般合伙人有下列情形之一的,当然退伙:

(1)作为合伙人的自然人死亡或者被依法宣告死亡;

(2)个人丧失偿债能力;

(3)作为合伙人的法人或者其他组织依法被吊销营业执照、责令关闭撤销,或者被宣告破产;

(4)法律规定或者合伙协议约定合伙人必须具有相关资格而丧失该资格。

合伙人被依法认定为无民事行为能力人或者限制民事行为能力人的,经其他合伙人一致同意,可以依法转为有限合伙人,普通合伙企业依法转为有限合伙企业。其他合伙人未能一致同意的,该无民事行为能力或者限制民事行为能力的合伙人退伙。

合伙人未履行出资义务,或者因故意或者重大过失给合伙企业造成损失,或者执行合伙事务时有不正当行为的,其他合伙人在一致同意的情况下可以决议将该合伙人除名。

对合伙人的除名决议一般应当书面通知被除名人。被除名人接到除名通知之日,除名生效,被除名人退伙。被除名人对除名决议有异议的,可以在接到除名通知后向相关法律机构寻求司法救济。

合伙人退伙,其他合伙人应当与该退伙人按照退伙时的合伙企业财产状况进行结算,退还退伙人的财产份额。退伙人对给合伙企业造成的损失负有赔偿责任的,相应扣减其应当赔偿的数额。

退伙时有未了结的合伙企业事务的,待该事务了结后进行结算。

退伙人在合伙企业中财产份额的退还办法,由合伙协议约定或者由全体合伙人决定,可以退还货币,也可以退还实物。

【技能操练】

2008 年 1 月,甲、乙、丙共同设立了一家合伙企业,合伙合同约定:甲以人民币 30 万元、乙以房屋作价人民币 40 万元、丙以劳务作价人民币 20 万元出资;各合伙人平均分配利润、平均承担亏损。

企业成立后,为扩大经营,同年 6 月向银行贷款人民币 30 万元,期限为 1 年。同年 8 月甲提出退伙,鉴于当时企业赢利,乙、丙表示同意。甲遂于当于办理了退伙手续。同年 9 月,丁入伙。但后因企业经营恶化,出现严重亏损,2009 年 5 月,乙、丙、丁决定解散合伙企业,并将合伙企业财产予以分配,但未对银行贷款进行清偿。

2009 年 6 月,银行贷款到期后,银行要求合伙企业清偿,发现该合伙企业已解散,遂向甲要求偿还全部贷款。甲称自己已经退伙,不应负责清偿。银行即要求乙偿还全部贷款,乙表示只按照合伙合同约定的比例清偿相应数额。银行又要求丙偿还全部贷款,丙表示自己以劳务出资,不应负责偿还。银行再向丁要求偿还全部贷款,丁表示该贷款是自己入伙前发生的,不负责清偿。

请问:(1)甲、乙、丙、丁各自的主张能否成立?

(2)合伙企业所欠银行贷款应如何清偿?

项目活动 4 公司法

【案例导入】

2010 年 6 月 22 日,范某个人筹资 50 万元,以另一自然人郭某为挂名股东,向工商部门申请设立 A 有限责任公司,公司注册资金为 50 万元,公司章程记载范某享有 60% 的股份,郭某享有 40% 的股份。A 公司成立后,在对外经营过程中欠 B 公司货款 60 万元。B

公司经多次索要无望,遂向法院提起诉讼,要求 A 公司归还欠款 60 万元。在诉讼过程中,B 公司经调查取证,发现 A 公司实际系范某一人出资设立,郭某是虚设股东,于是变更诉讼请求,要求法院否认 A 公司的法人资格,确认 A 公司为范某的个人独资私营企业,并请求范某对 A 公司所欠 B 公司的债务以其个人财产承担无限责任。

请问:如何确认投资人范某的责任范围?(提示:不同法律形式的商事主体,其投资者的责任范围是不同的。)

【必备知识】

一、公司法概述

(一)公司的概念与特征

1. 公司概念

公司是现代市场经济中最重要的商事组织形式,是市场经济的重要主体。各国由于法传统和制度不同,对公司概念的理解和表述也存在一定的差异。

在英美法系国家,公司的法律概念不是非常确切。公司是指依照法律规定设立的,与发起人、董事和股东截然分开的法人团体。公司是否以营利为目的在所不问。

大陆法系国家的公司概念则强调公司的营利性。我国公司的概念即是如此。一般认为,公司是指依照公司法规定设立的以营利为目的的企业法人。

2. 公司特征

公司具有以下法律特征:

(1)公司依照所在国法律规定成立。

不同的国家,公司设立所依据的法有所不同。在英美法系国家,公司的规定一般采用单行法的形式。英国最早的公司法是《1844 年股份有限公司法》,后经过不断修订完善,形成了《1848 年公司法》。美国公司立法起源比英国更早,美国的公司法立法权属于各州,公司法属于“州法”。美国纽约州在 1807 年制定了美国第一部州公司法。目前,美国有四十多个州采用的是 1984 年的《修订标准公司法》。

大陆法系国家一开始是将公司放在民商法典中加以规定的。随着社会经济发展,公司的作用和影响日益扩大,并且,公司问题日益复杂,许多大陆法系国家陆续将公司法从民商法典中抽离,制定了单行法律。法国早在 1856 年就对股份两合公司作出了单独规定,1925 年公布了《有限责任公司法》,1966 年公布了《工商业公司法》;德国则是在 1892 年颁布《有限责任公司法》,1965 年颁布了《股份有限公司法》。之后欧洲各国各方的合作日益加强,法律也开始逐渐接轨,在公司法领域,欧共体早在 1968 年就开始制定了第 1 号公司法指令。目前欧盟已经出台有关公司法的指令近 20 个。法、德等国都按照欧盟公司指令对本国公司法做了多次修改。

(2)公司以营利为目的。这是大陆法系国家公司立法对公司特征的概括。这一特征使公司区别于我国曾经大量出现的行政性公司。

(3)具有法人资格。公司拥有自己独立的财产,以自己的名义享受权利和承担义务。

公司与其他法律主体发生纠纷时,能够以自己的名义起诉与应诉。

(4)以股东投资行为为基础。公司的独立财产和公司法人资格都以股东投资行为为基础。

(5)公司的存在具有永续性。

公司是独立的法人,股东与公司人格分离。因此,股东的死亡、退出等一般不影响公司的存续。理论上来讲,公司突破了自然人生命的有限性,只要公司股东愿意,在遵守公司法律规定的前提下,公司的存在具有无限延续性。

(二)公司的种类

根据不同的标准,公司有不同的分类。公司分类可以分为实务分类和理论分类两种。

公司法实务中,在不同的历史阶段,公司主要有以下分类。

1. 在英美法系国家,根据公司资本认购对象以及股份转让方式不同,可以将公司分为封闭式公司和开放式公司。

封闭式公司,又称为不上市公司、私公司或非公开招股公司,是指根据公司章程的规定,全部股份由设立公司的股东持有,股份转让受到严格限制,不能在证券市场上自由转让的公司。

开放式公司有权以公开认购方式发行股票,有权根据法律规定自由销售这些股票,开放式公司的股东数目不受限制。

2. 在大陆法系国家,根据股东对公司承担的责任不同,可以将公司分为无限公司、有限责任公司、两合公司、股份有限公司、股份两合公司。

无限公司就是全体股东对公司债务承担连带无限责任的公司。

有限责任公司就是指股东以其所认缴的出资额对公司承担有限责任,公司以其全部资产对其债务承担责任的公司。

两合公司是以共同商号进行商业活动,其股东的一人或数人以其一定的出资财产数额而对公司的债务负责任(有限责任股东),而其他股东负无限责任的公司。

股份有限公司是指全部注册资本由等额股份构成,股东按其所认购的股份对公司债务承担责任,公司以其全部资产对其债务承担责任的公司。

我国《公司法》规定了有限责任公司和股份有限公司两种公司组织形式。

根据公司法理论,公司还可以做如下分类。

1. 以公司信用基础为标准,公司可以分为人合公司、资合公司以及人资兼合公司

人合公司以公司股东的个人信用作为基础,例如无限责任公司;

资合公司以公司股东分别出资而形成的公司财产作为信用基础,典型的如股份有限公司;

人资兼合公司则同时具备上述两种性质的信用基础,两合公司和股份两合公司是典型的人资兼合公司。

2. 以公司之间是否具有控股或从属关系,公司可以分为母公司与子公司

母公司又称控股公司,在外延上小于控制公司,是指拥有其他公司一定数额的股份,通过表决权机制来支配另一公司的经营的公司,被控制者就是子公司。子公司具有企业法人资格,依法独立承担民事责任。

3. 以公司的内部管辖关系,公司可以分为总公司与分公司

总公司又称本公司,是指依法设立并管辖公司全部组织的具有企业法人资格的总机构。

分公司是指在业务、资金、人事等方面受本公司管辖而不具有法人资格的分支机构,其民事责任由总公司承担。

4. 以公司国籍为标准,公司可以分为本国公司与外国公司

本国公司,依据本国法律在本国境内设立的有限公司与股份公司属于本国公司。可以推论,中国公司实务中的中外合资经营公司、中外合作经营公司和外商投资公司都属中国公司,对于中国来说可以成为本国公司。

外国公司,照外国法律在本国境外设立的公司就是外国公司。需要注意的是,在港、澳、台地区依照本地法设立的公司,我国也按照外国公司对待。

5. 按资本筹集的方式及股份转让的限制不同,公司可以分为公开招股公司和非公开招股公司。

公开招股公司(英:Public company;美:Public corporation)又称上市公司或股份上市公司或公公司。该种公司必须在公司名称中标明上市有限公司字样或以 P. L. C. 结尾;必须经过注册登记;必须有最低限度的发行资本(英国为 5 万英镑)且应缴清一定比例以上的股金。

非公开招股公司(英:Private company;美:Close corporation)又称私公司、不上市公司或股份不上市公司,是指公司章程中做出如下限制的公司:(1)限制股东转让股份;(2)股东人数有最低和最高的双重限制;(3)禁止向公众募集股份和债款。

案例思考

香港某公司与中国甲公司(乙公司的子公司)协商进口中国花布 120 000米。甲公司提出其无外贸经营权,所有外贸合同均需以其母公司(乙公司)的名义签署,香港公司表示同意。双方于 2006 年 3 月 10 日用乙公司的空白合同纸签订了合同,甲公司的法定代表人签字盖章。香港公司支付了 2 万美元定金后,甲公司并未履约,遂发生纠纷。

请问:本案该如何处理?

(三)公司的权利能力和行为能力

1. 公司权利能力

(1)公司权利能力概念

公司权利能力是指公司作为法律主体依法享有权利和承担义务的资格。这种资格

是由法律赋予的,它是公司在市场经济活动中具体享有权利、承担义务的前提。

(2)公司权利能力的限制

公司的权利能力与自然人的权利能力有较大不同。公司权利能力多属于特别的民事权利能力,往往受到公司法、公司章程以及公司自身性质的限制,主要有:

一是性质上的限制。公司毕竟为拟制人格,其本身并非为具有新陈代谢功能的生命体,故凡与自然人自身性质相关的权利义务,公司均不可能享有。如前所述,专属于自然人的生命权、健康权、婚姻权、继承权、隐私权、名誉权等,公司都不享有。

二是目的范围的限制。公司作为营利性法人,其所持续经营的事业或业务记载于公司章程,登记于公司营业执照,称为经营范围,亦即公司设立的宗旨和目的。

2. 公司行为能力

公司的行为能力是指公司基于自己的意思表示,以自己的行为独立取得权利和承担义务的能力。

公司的行为能力与其权利能力具有一致性,公司的行为能力与其权利能力同时产生、同时终止,而且公司权利能力所受到的限制,也同样适用于公司行为能力。

(四)公司的组织机构

公司的组织机构也称为公司治理结构,是指公司中股东会、董事会、经理、监事会等公司机关组成的有关管理系统和监督制衡的运行机构。由于各国历史传统、政治经济制度、立法和公司实践存在的差异,不同国家公司的治理结构体现出不同特点。

世界范围内,公司治理结构的立法模式主要分以下两种:

英美法系国家采用单层体制,这一体制强调股东对管理权的主导和控制。除股东会作为公司权力机关外,日常管理和决策权交由股东选任的董事会行使,不再单独设立专门的监督机构,董事会下设专门委员会聘任的独立董事行使监督权。

德国、日本为代表的大陆法系国家主要采用双层体制,这一体制强调职工对公司管理的参与。除股东会作为公司权力机关外,在董事会之外另设立有职工参与的监事会。由股东会和监事会分别行使经营管理权和监督权。在董事会和监事会关系上,大陆法系又存在两种立法模式:一种是以德国为代表的,由监事会选举产生董事会;一种是以日本为代表的,由股东会选举产生平级的董事会和监事会。我国公司立法采用的是日本模式。

二、有限责任公司

有限责任公司也称有限公司,是指由一定数量的股东依法成立的,各股东共同出资,并以出资额或出资比例对公司负责,而公司以其全部财产对其债务承担责任的公司企业。

(一)有限责任公司的设立方式和原则

公司的设立是公司依法取得合法资格的过程,大部分公司经过设立程序后取得法人资格。不同国家对公司设立方式和原则的规定是不一样的。

1. 自由设立,也称为放任主义。实行自由设立原则的国家,对公司的设立不加任何干预。目前,很少国家采用这种做法。

2. 特许设立。公司的设立必须经过国家法令的特别批准。在 19 世纪,资本主义国家许多公司的设立体现了国家特殊的政治目的。特许设立原则下,国家对公司设立的干涉过大,现在已经很少使用,除非是特殊行业或与国计民生关系密切的某些企业设立,例如,烟草公司的设立。

3. 核准设立,也称为许可主义。核准设立是指公司设立必须具备法定条件,并经过审批机关批准后方可成立。我国股份公司设立采用的就是核准设立原则。

4. 准则设立。准则设立是指公司设立只要符合法定条件,向专门管理机关登记即可成立,无须经过任何审批手续。美英等经济发达国家多采用这种公司设立原则。我国对有限责任公司的设立采用的就是准则设立原则。

知识窗口

不列颠东印度公司或作“英国东印度公司”,是一个股份公司。1600 年 12 月 31 日,英皇伊丽莎白一世授予该公司皇家特许状,给予它在印度贸易的特权而组成。该公司拥有东印度贸易的垄断权 21 年。随时间的变迁东印度公司从一个商业贸易企业变成印度的实际主宰者。在 1858 年被解除行政权力为止,它还获得了助理政府和军事作用。东印度公司是英国在印度殖民地进行统治的代言人,具有浓厚的政治色彩。

(二)有限责任公司的设立条件

1. 股东符合法定人数

关于公司股东人数的限制,各国规定不一。多数国家初期的公司法对公司的创办人有最低数量要求。随着社会经济发展,越来越多的国家修订了公司法这方面的规定,例如英国。英国原来的公司法规定封闭公司和无限公司的创办人至少为 2 人,1992 年英国又实施了《单一成员私人有限公司条例》,说明英国对于一般公司设立不再要求最低人数,1 人亦可。美国的大多数州公司立法对公司创办人人数也是不做限制的。

在最高人数限制方面各国规定也是不一的,英国就规定股东人数应当在 50 人以下。而德国规定 1 人以上就可以成立有限责任公司,没有规定股东人数上限。

我国《公司法》规定,有限责任公司由 50 个以下股东共同出资设立。

2. 股东出资达到法定资本最低限额

为了使公司具备基本的经营能力和责任能力,不少国家的公司法对国有公司或特定公司有最低资本金的要求。总的来说,发达资本主义国家越来越重视公司的创造性或让私人承担调查公司信誉的任务。20 世纪 80 年代后,多数国家修订的公司法对最低资本金起点规定得较低。例如,英国 1985 年的公司法对私人公司没有最低资本金要求;美国各州对公司最低资本金规定不一,有的州规定达到 1000 美元即可,有的甚至规定达到

500 美元即可。

我国《公司法》规定，有限责任公司法定资本最低限额为 3 万元人民币。如果是一人公司则最低是 10 万元人民币。

3. 股东共同制定公司章程

有限责任公司章程是记载公司组织规范及其行动准则的书面文件，须由全体股东共同订立和签署。

就章程的内容而言，两大法系的规定有所不同。英美法系国家的公司章程往往由组织大纲和内部细则两个文件构成。组织大纲是规定公司对外关系的法律文件，其目的是使公司的投资者及与公司进行交易的第三人知晓公司的基本情况。组织大纲的内容包括公司的名称、资本等，一般只有经股东会决议才能修改或废除。内部细则是在组织大纲的基础上订立的，主要是处理公司内部各部门的设立、权限及其关系等内部法律事务。内部细则不能与组织大纲冲突，也不能对抗善意第三人，一般由董事会负责制定和修改。

大陆法系国家的公司章程一般以单一文件的形式表现，并根据内容的重要程度区分为绝对必要、相对必要和任意记载事项三部分。绝对必要记载事项主要包括公司名称、住所、注册资本等，此类事项一旦缺失，会导致章程无效；相对必要记载事项是指由股东自行决定是否有必要记载的事项，但一经记载，即产生法律效力；任意记载事项是指绝对和相对记载事项以外的事项，对公司章程的法律效力没有什么影响。

我国《公司法》关于公司设立的条件在股东人数限额、法定出资限额和章程三个条件基础上，还多设了两个条件：一是有公司名称并建立相应组织机构，二是要有公司住所。

(三)有限责任公司设立的程序

1. 发起人发起并缴纳出资

发起人也称创办人，是指依照有关法律规定订立发起人协议、提出设立申请、认购公司股份，并对公司设立承担责任的人。有限责任公司的发起人可以是自然人，也可以是法人。

2. 订立公司章程

德国有限责任公司法规定："章程须用公证形式，章程应由全体股东签名"；日本公司法对订立公司章程无明文规定，一般认为与德国做法是相同的。我国《公司法》则要求，章程应由全体股东订立，经全体股东同意签名即可。

3. 验资

不同国家对公司成立过程中验资的规定是不同的。在美国设立公司时不需要验资，没有资金的限制。而我国《公司法》则规定：股东全部缴纳出资后，必须经法定验资机构进行验资并出具证明。

4. 申请设立登记

股东全部缴纳出资后，应在法院或者向有关机关申请设立登记。公司登记后，即宣告成立,从此取得法人资格。德国公司法规定,应当向公司所在地法院申请设立登记;我国《公司法》规定设立公司应当向工商机关申请登记。

案例思考

A、B、C、D、E 五人共同投资设立有限责任公司。2010 年 3 月 13 日,该五人订立了发起人协议,具体内容如下:该公司注册资本总额为人民币 100 万元,其中 A 拟出资 20 万元人民币,B 拟以厂房作价出资 20 万元,C 拟以知识产权作价出资 30 万元,D、E 分别拟以劳务作价出资为 10 万元、20 万元。公司首次出资 15 万元,其余部分在公司成立后的 2012 年 12 月 31 日前缴足。

请根据上述材料,回答:A、B、C、D、E 订立的发起人协议中不符合公司法规定的地方有哪些?

(四)有限责任公司的股东

股东虽然不是公司的组织机构,但他们是公司各种组织机构的基础。有限责任公司的股东即公司的出资人。

股东的法律地位主要表现在两方面:

1. 在股东与公司的关系方面。股东是公司的出资人,占有公司的股份,享有充分的股东权。

股东权又称为股权。关于股权的性质,不同国家持不同观点。有人认为股权是所有权,有人认为股权是债权。这两种观点都是通过传统民法概念来理解现代社会的公司股东权利的。股权实质上是与所有权密切相连的一种新型权利形态,是一种主要由价值形态的财权和一定的经济管理权构成的综合性权利,包括自益权和共益权两大类。自益权是指股东基于对公司的出资而享有的从公司得到经济利益的权利;共益权是股东基于对公司的出资而享有的参与公司经营管理与监督的权利。

股东共益权具体包括:

(1)表决权。即股东有权按照出资比例在股东会会议上,对公司事务行使表决权。

(2)知情权。即股东有权查阅、复制公司章程、股东会会议记录、董事会会议决议、监事会会议决议和财务会计报告等公司文件,了解公司实际经营状况。

(3)监督权。股东在了解公司实际经营状况基础上,监督公司事务执行人工作完成情况,可以提出合理的质疑和建议。

股东自益权又称为收益权,指的是股东按照实缴的出资比例分取红利;公司新增资本时,股东有权优先按照实缴的出资比例认缴出资等。

2. 在股东之间的关系方面。所有股东的地位一律平等,同股同权,同股同利。

3. 有限责任公司股权转让。

基于资本维持的原则,股东不得在公司成立后抽回出资。为了增强股东投资的灵活性,便于股东选择多种投资渠道,各国公司法都允许股东转让其出资,即不改变公司的资本总额,只是变化股东的身份。

有限责任公司虽然是资合性公司,但是又具有人合的特点。有限责任公司一般股东人数较少,股东之间具有一定的人身信用依赖。因此,各国公司法都对股东转让股权进行了比较严格的限制。主要有以下三种立法例:

(1)股东之间可以自由转让股权。如果向公司以外的第三人转让股权则须经股东会同意,如日本公司法就做这种规定。

(2)股东之间在章程无限制的情况下可以自由转让股权,如果向公司以外的第三人转让股权,则需要代表3/4以上表决权的股东同意,如法国公司法的规定。

(3)公司章程可以对转让股权附加其他条件,例如转让股权须经公司批准等。德国就采用这种公司立法。

我国《公司法》则规定,有限责任公司的股东之间可以相互转让其全部或者部分股权。股东向股东以外的人转让股权,应当经其他股东过半数同意。股东应就其股权转让事项书面通知其他股东征求同意。

案例思考

某有限责任公司,共有A、B、C、D、E、G六位股东。2011年5月,A要求转让出资给F,A于2011年4月5日以书面形式向其他五位股东发出书面征求意见的通知。C表示同意,G在当日收到后,一直未予答复。D、E称无所谓,但也不反对。B以前曾与F有过恩怨,故坚决反对,但出价低于F。2011年6月11日,A将出资转让给F,并办理了变更登记手续。B不服,认为这是A故意跟自己过不去并认为转让无效。

请问:A将其股权转让给F的行为是否有效?为什么?

(五)有限责任公司的组织机构

由于有限责任公司的人数和资金受到限制,因此公司的规模一般都不太大,公司的组织机构设置也相对简单,一般包括以下机构:

1. 股东会

多数国家法律规定,股东会是有限责任公司的权力机构,由全体股东组成。股东会按照章程或公司法规定的议事规则行使法律规定的职权。但是股东会并不能对外代表公司,也不能对内执行业务,股东会不是公司的常设管理机构,一般是通过召开定期会议或临时会议的方式来行使职权。

在有限责任公司的治理结构中,股东会作为一个不可或缺的组织机构,具有以下特征:

第一,股东会由全体股东组成。股东无论出资多少、性质如何,都是股东会一员,都有权依法出席股东会会议。

第二,股东会是公司的意思形成机构和最高权力机构。

公司的资本源于全体股东的出资,公司的运营必须体现股东的意志和要求。公司的意志只能是全体股东的共同意志。股东会就是专门供人数众多的股东表达意愿和将单个股东的意愿汇集起来形成股东集体意志的机构。这就决定了股东会虽然对外不能代表公司,但对内却拥有最高权力,无论董事会还是监事会都要对其负责。

第三,股东是公司的法定必设机构。随着经营管理专门化,为保证经营管理层对公司事务的高效决策,在现代公司实践中股东会的权力受到很大限制,地位也不如从前重要。但是公司立法仍然规定股东会是必设的股东表达意愿、形成集体意志的机构,只有在特殊情况下才允许例外。例如,我国《公司法》关于一人公司的规定,一人公司由于只有一个股东,因此不设股东会。

案例思考

甄女士与邵某和李某共同注册了一家网络科技有限责任公司,邵某占60%的股份并担任公司董事长,甄女士占20%、李某占20%。公司主要财产就是下属一家网吧,但一直处于亏损状态,邵某打算把网吧转让出去,甄女士明确表示不同意,李某没有表态。利用甄女士出差不在公司的机会,邵某与A公司签订了一份由邵某签名并加盖公司公章的财产转让合同,将公司的网吧以80万元的价格转让给A公司,甄女士得知情况后,遂向法院提起诉讼要求确认网吧买卖合同无效。

请问:网吧转让合同有没有效力?为什么?

2. 董事会或经理

有限责任公司设立董事会或经理作为公司的执行机构。有限责任公司董事会是由股东会选举产生的,由全体董事组成的行使经营管理权和决策权的必设、常设机构。

董事会具有以下特点。

第一,董事会由股东会选举产生,向股东会负责。

股东会的特点和弱点决定了公司日常大量的经营管理事务由股东会来处理并不经济,不能实现公司利益的最大化。因此,董事会代表股东会行使经营管理和决策权是非常有必要的,但董事会的设置和运作必须以股东的利益为准则。董事的主要职责之一就是负责贯彻执行股东的决议,并向股东会报告工作。

第二,董事会是公司的核心领导机关。

董事会不仅仅是股东会之下的业务执行机关,它还有独立的权限和责任。董事会上秉承股东会意愿,下选任并领导经理,在事实和法律上,已经成为公司经营决策和领导的核心。

第三,董事会是集体执行公司事务的机关。

董事会的权力是董事会集体的权力,不能分解于董事个人,任何董事都不能以个人名义行使董事会的权力。董事会行使权力只能通过召开董事会会议的方式,形成集体意思决议。董事会会议按照少数服从多数的原则确定董事会的集体意思。

第四,董事是公司的必设和常设机关。

董事会通常是必须设置的机构。根据我国《公司法》规定,股东人数较少或者规模较小的有限责任公司,可以设一名执行董事,不设董事会。执行董事可以兼任公司经理。董事会作为常设机构不可缺少,虽然董事会成员可以发生选任或撤换,但这并不影响作为集体的董事会的存在。

3. 监事会或者监事

有限责任公司监事会是公司的内部监督机构,行使对经营管理者的监督检查权。

与公司的其他组织机构相比各国公司法对公司的业务监督检查机构的称呼差别最大。有的国家称为监事会,有的国家称为监察委员会,也有的国家称为会计监察人或监察人。一般通称为监事会。

关于有限责任公司是否设监事会,各国立法上有三种不同的规定:

第一种,不设专门的监事机构,而由不执业的股东行使监察权;

第二种,监事会是有限责任公司的选设机构,由公司章程具体决定是否设监事会;

第三种,以有限责任公司的经营规模为依据,立法予以区别对待。

我国采用的就是第三种立法理念。

根据我国《公司法》规定,有限责任公司设监事会。股东人数较少或者规模较小的有限责任公司,可以设一至两名监事,不设监事会。

案例思考

A、B、C、D、E 五人共同投资设立了有限责任公司。2010 年 4 月 21 日,G 打算加入该公司并拟投入 10 万元,经股东会决议,有代表 65 万元的股权的有表决权的股东同意增加注册资本,于是 G 加入到该公司。公司成立后,董事会发现,B 作为出资的厂房的实际价额显著低于公司章程所定的价额,董事会提出了解决方案,即由 B 补足差额,如果 B 不能补足差额,则由 A、C、D、G 按出资比例分担该差额。

请问:(1)公司成立后,G 加入该公司的股东会决议是否合法有效?为什么?

(2)董事会做出的关于 B 出资不足的解决方案的内容是否违法?为什么?

三、股份有限公司

股份有限公司在不同国家有不同的称谓，如西欧一些国家称其为 company limited by shares，或称其为 public company；美国称之为 stock（或 share） corporation，也有称为 open corporation 的；日本则称之为“株式会社”。

在我国，股份有限公司被简称为股份公司。根据我国《公司法》规定，股份有限公司是指按照公司法设立的，全部资本分为等额股份，股东以其所持股份为限对公司承担责任，公司以其全部资产对公司的债务承担责任的公司法人。

（一）股份公司的设立方式

从世界各国的公司立法来看，股份公司的设立方式主要有两种：发起设立和募集设立。

在实践中，法国、意大利、瑞士和荷兰等通常采取发起设立方式；美国、日本等国，由于实行授权资本制，所以采取募集设立方式较为普遍。我国《公司法》规定，股份公司既可以采用发起设立方式又可以采用募集设立方式。

1. 发起设立，又称单纯设立，是指由发起人认足公司全部股本而设立公司。其特点是，公司不向发起人之外的任何人募集股金，公司资本由发起人全额认购。这种发起方式程序简单，成本低而且适用面广。但是发起设立中，发起人需要认购公司全部资本，出资责任较重。如果计划设立的是资金需求量较大的大型股份公司，发起人难以胜任。

2. 募集设立也称为复杂设立或渐次设立，是指公司发起人只认购一部分股份，其余部分向社会公开募集而设立公司的方式。

在募集社会巨额资金方面，募集设立是发起设立不能比拟的。它可以通过发行股份的方式吸收社会闲散资金，在短期内募集成立公司所需的巨额资本，缓解发起人的出资压力。但是，募集设立公司的审批手续非常复杂，需要办理公司设立和发行股份两道审批手续，还可能受国家金融政策方面的制约。

（二）股份公司的设立条件

股份公司的设立条件要比有限责任公司严格、复杂，具体如下：

1. 发起人

发起人指参加公司的设立并对公司的设立行为承担责任的人，是公司的创办人。很多国家对股份有限公司的发起人的资格和法律地位都做了较为详细的规定。

有关法人的最低人数问题，多数国家的公司法都予以具体确定。例如，日本公司法规定，发起人的最低数额是 7 人；德国规定发起人应为 5 人以上；英美国家认为发起人与认股人不同，因此，规定发起人可以是一人或者几人；法国公司法规定，发起人可以是一人或数人，但股份公司的最初股东人数不得少于 7 人；

西方国家公司立法一般不对发起人的国籍问题作出限制。但也有少数国家要求发起人需要具有所在国国籍或者在所在国有一定的居留时间。我国《公司法》便采用这种规定：股份公司的发起人应当为 2 ~ 200 人，其中须有半数以上的发起人在中国境内有住所。

2. 法定资本最低限额

对于适应现代化大生产需要的股份公司，达到一定的规模是国家认可其成立的基本要求。因为股本的大小决定着公司的规模，没有一定的规模，股份公司将不能发挥其应有作用。另外，股份公司是典型的资合公司，公司存在和对外的信用基础首先取决于公司的股本。为了保护股东及社会公众的利益，各国公司法都对股份有限公司的股本作出了具体严格的规定。

3. 公司章程

公司章程是公司内部的自治性法规，一旦形成，不管在设立中，还是存续中都是公司的行为准则。

股份公司在发起设立的情况下，由发起人共同制定公司章程，因为发起人就是后来的公司股东，因此，公司章程被认为是公司全体股东共同制定的。

在募集设立时，由于公众认股者人数众多，因此只能由承担设立责任的发起人制定。发起人制定的章程还必须经过代表股权总数 1/2 以上的认股人出席的公司创立大会通过，才能被认为是由全体股东共同制定的章程。

除去以上三个条件外，我国《公司法》对股份公司的设立条件还另外增加了三个，分别是：股份发行、筹办事项符合法律规定；有公司名称，建立符合股份有限公司要求的组织机构；有公司住所。

(三)股份公司的股东

1. 股份公司股东的概念与范围

股份公司的股东是指依法持有股份有限公司股份的主体。股东不同于发起人、认股人，更不同于公司职工。

发起人是为组建公司而进行筹备活动的人。

在公司成立之前，发起人是公司章程的起草者，但不能称为股东，因为公司尚未取得法人资格。只有在公司成立后，发起人才成为公司的股东。认股人在公司成立前也不能称为股东，缴纳过股款的认股人在公司成立后才可以称为股东。而公司职工则是受聘于公司，从事经营活动的自然人。职工可以是股东，也可以是非股东。股份公司的所有权和经营权高度分离，非股东被聘为公司高级管理人员的现象相当普遍。

知识窗口

公司的高级管理人员包括公司的经理、副经理、财务负责人，上市公司董事会秘书和公司章程规定的其他人员。

2. 股份公司股东的权利

股东的权利是股东因为出资而享有的对公司的权利。股东的权利散见于各国公司法的有关条款中,除法定权利外,公司法还允许通过章程加以补充。各国公司法规定的股东的一些基本权利是一致的。

(1)参加股东会议及表决权

为保障股东表决权的行使,各国公司法在股份有限公司都设立了表决权代理制度,即股东因故不能参加或者不愿参加股东会时,有权委托他人代为参加并代为行使表决权。

(2)提案权

为了保障少数股东的权利,很多国家规定了提案权。

(3)查阅权与质询权

查阅权和质询权是取得公司股份,具备公司股东资格,参与一个公司意思形成,股东与公司之间进行沟通,保证股东所获得广泛信息是否有效而免受欺诈以及参加它们的活动表决的前提。这种权利是由股东地位而产生的。

查阅权实际上是一种参与管理权,是由形成权的一种转化而来,人们通过自己的法律行为对其他权利主体产生影响,或者是参与这种影响的实施,股东离开了这项权利,股东对公司的密切关注将成为很遥远的事情,这也是法律为保护少数股东利益所赋予少数股东的一项固有权利。

(4)请求分配股利权

股利包括股息和红利。股东投资的主要目的在于获得股利。各国公司法规定,公司在弥补亏损以及依法提取公积金之后,如有盈余,股东有权请求分配。

(5)剩余财产分配权

在公司终止时,清理债务后剩余的财产,股东按其持股比例分配剩余财产。

(四)股份有限公司的组织机构

由于股份有限公司是典型的法人组织形式,是纯粹的资合公司,而且往往规模很大,因此股份有限公司的组织机构与其他公司形式相比,要更复杂一些。一般来说,股份公司的组织机构主要包括股东大会、董事会及监事会。

1. 股东大会

股份有限公司股东大会是由公司全体股东共同组成的最高权力机构。公司的一切重大事项必须由股东大会作出决议,这是由股份公司的“所有权与经营权相分离”理念决定的,即股东通过参加股东大会并行使表决权的方式来参与公司的经营决策,对公司的运营进行监督。

目前,在我国和其他一些国家,股东大会仍是公司的最高权力机构,但在英、美等一些发达国家,股东大会的权力受到了公司执行机构的冲击,形成了“董事会中心主义”或“经理权力中心主义”的局面。尽管如此,股东大会作为公司权力机关的地位并未动摇,对股东大会作出的决议,董事会和监事会必须执行。

股东大会一般有四种类型:

第一,股东年会,又称为定期会议,一般是一年一度。

第二,临时股东会,一般在两次年会之间不定期召开,目的应当是处理公司特别紧急的事务。

第三,股东法定会议,这种会议为英国公司法所规定,是指通过募集方式设立的股份有限公司依照法律规定必须召开的股东会议。英国法定会议召开的时间是自公司营业之日起的1个月至3个月内,为了让股东了解公司的所有重要情况。

第四,类别股东会议

类别股东会议指由于股东所持的股份类别不同,同一类别股东所召开的会议,法国称之为专门股东会议。

股东大会会议一般由董事会召集,董事长主持;股东出席股东大会会议,所持每一股份有一表决权。但是,公司持有的本公司股份没有表决权。

2. 董事会和经理

股份有限公司的董事会是由股东大会选举产生的若干名董事组成的行使经营决策和管理权的公司执行机关。股份公司股东人数众多,且居住分散,股东大会无法直接经营管理公司具体事务,董事会的产生正是顺应了这一客观情况。股份有限公司必须设董事会,以实现财产所有权与经营权的分离,赋予管理者充分的自主权。

从各国法律关于董事会的具体规定来看,董事会有如下特点:

(1)董事会是股份有限公司的常设机关

公司首届董事会实际上是在公司注册登记前由创立大会选举产生,自公司成立之日起,董事会就成为一个稳定的机构存在。

(2)董事会是公司业务的执行机关

董事会的首要任务就是执行股东大会的各项决议,并对股东大会负责。

(3)董事会是公司的经营决策机关

这种经营决策是执行过程中的决策。现代各国公司法不仅规定由董事会负责执行股东大会的决议,还从公司的利益出发,赋予了董事会就公司事务作出部分决策的权力。除法律和公司章程规定必须由股东大会决议的事项外,公司的其他一切事务可由董事会经营决策。

(4)董事会是公司的对外代表机关

由董事会而不是股东大会作为公司的对外代表机关,是各国公司法的共同之处。我国《公司法》规定,董事长为公司的法定代表人。

各国一般允许公司在自己的章程中对董事会的人数作出规定。例如英国《公司法》规定,通过募集方式设立的公司董事会应至少有两人。我国《公司法》规定,股份有限公司设董事会,其成员为5~19人。

董事的能力和素质决定了董事会的领导能力,直接影响着公司的经营与管理。各国公司法对董事的资格等都做了积极的规定。多数国家的法律并不要求董事一定是公司的股东,有些国家对董事的年龄和身份也作出了规定。例如法国《公司法》规定,除非章程另有规定,已超过70岁的董事人数不得超过董事会成员的1/3,且董事长和经理的年龄不得超过65岁。

对于董事的国籍,多数国家并未限制董事一定为本国国民。关于董事的任期,各国法律一般允许股份公司在章程或内部细则中作出规定,实践中通常是3年,可以连选连任。董事在任期届满前,股东大会不得无故解除其职务。

股份有限公司的经理由董事会聘任或者解聘。在公司达到较大规模时,一般在董事会下设总经理、副总经理以及部门经理和部门副经理若干。经理负责公司的日常经营管理工作,对董事会负责。

案例思考

汤姆是法国戴姆斯勒股份有限公司董事,在公司对另外一公司的兼并过程中,汤姆为了提高兼并成功的几率,提出虚报公司股份比例。但股东反对,并在股东大会上提出解除汤姆董事职务的议题。

请问:股东大会是否有权力解除汤姆的董事职务?

3. 监事会

监事会是股份有限公司依照公司法所设立的,监督董事会业务执行的机构。监事会是股份有限公司必备的常设机构。

(1)监事会的设立

在股份公司里,经营者(包括董事和经理)并不拥有整个企业,有时甚至不拥有企业的任何股权。在某些条件下,经营者的利益与企业利益最大化的要求很可能发生冲突。为了防止企业经营者滥用公司所有者的资产,股东公司设置监事会,代表各方利益。

在设立监事会的国家,对监事会的法律地位有不同规定。例如在德国等国家,监事会是董事会的领导机关,监事会向股东负责并报告工作,董事会向监事会负责并报告工作,监事会不仅是专门的监督机关,也是公司的管理和领导机关;在另一些国家,如日本及我国,监事会是与董事会平行的机构,监事会和董事会分别直接向股东大会负责并报告工作,监事会不能参与公司的业务经营,对外也不能代表公司。

(2)监事

监事是监事会成员,西方国家的公司立法一般规定监事由股东大会选任。德国公司法还规定一定规模以上的公司的监事会,除股东代表外,还必须有一定比例的雇员和工会代表。

关于监事人数,监事会成员一般为3人以上,例如日本《商法特例法》和我国《公司法》都是这样规定的。

为保证监事会行使职权的独立性、公正性,各国法律一般限制董事、经理或财务人员兼任监事,对法人担任监事也进行了限制。

有限责任公司监事会职权的有关规定,一般适用于股份有限公司的监事会。

(五)股份有限公司的资本和股份

1. 股份与股票概念

股份,是指按相等金额或者相同比例,平均划分公司资本的基本计量单位,它是股份有限公司资本的构成单位,是股东权利与义务的产生根据。

股票,是股份的表现形式,是股份有限公司签发的证明股东权利义务的要式有价证券。

2. 股份的种类

(1)根据股份所代表的股东权利性质的不同,可分为普通股和特别股。

持有普通股的股东都享有同等的权利,他们都能参加公司的经营决策,其所分取的股息红利是随着股份公司经营利润的多寡而变化的。而特别股的股东权益或多或少都要受到一定条件的限制。

(2)根据股票票面是否记载股东的姓名为标准,可分为记名股和无记名股。

记名股票是指在股东名册上登记有持有人的姓名或名称及住址,并在股票上也注明持有人姓名或名称的股票。记名股将股东姓名记入专门设置的股东名簿,转让时须办理过户手续;无记名股的股东名字不记入名簿,买卖后无需过户,由股东将该股票交付给受让人后即发生转让的效力。

(3)根据股票票面是否记载金额为标准,可分为面额股与无面额股。

无面额股票也称为无面值股票、比例股票、分权股票或份额股票,是指股票票面上不记载金额的股票。这种股票并非没有价值,而是不在票面上标明固定的金额,只记载其为几股或股本总额的若干分之几。无面额股票没有票面价值,但有账面价值,无面额股票的价值可以随股份公司财产的增减而增减。由于无面额股票不受面额限制的约束,所以有很强的流通性。面额股则是与之相对应的概念,此不赘述。

(4)按照投资主体和产权管理制度的不同,将股份分为国家股、法人股、个人股和外资股等。

3. 股份有限公司的股份转让

股份转让是指股份有限公司的股份持有人依照法定条件和程序把自己的股份让与他人,从而使他人成为公司股东的行为。

股份的可转让是股份有限公司与有限责任公司的区别。股份公司股份以自由转让为原则,股份有限公司的所有权和经营权分离,股票转让不影响公司资本的存续。通过股份转让,股东能随时收回资金,他人随时成为股票受让人。

股份转让除自由交易的方式外,还有其他途径,例如股票继承、股票的强制执行等。

案例思考

王某是浪海股份有限责任公司的股东。2009 年10 月,王某与华某(非浪海公司股东)签订了股份转让合同,由华某出资 30 万元购买王某在浪海公司的全部股份,但双方当时未办理股权变更登记,此后半年内,华某将 30 万元的购买款分期全部交给了王某。2010 年 10 月,浪海公司分红时,王某却以股东的身份领走全部红利 3 万元。华某得知后,要求王某返还红利,王某以股权转让未办理变更登记为由予以拒绝。华某遂起诉,请求法院判令王某及浪海公司返还红利 3 万元。

请问:王某与华某之间的纠纷应该如何处理?

4. 公司股票与公司债券

公司债券是指公司依照法定条件和程序发行的、约定在一定期限还本付息的有价证券。公司以实物券方式发行公司债券的,必须在债券上载明公司名称、债券票面金额、利率、偿还期限等事项,并由法定代表人签名,公司盖章。

公司债券和股票是公司筹措资金的两种工具,也是投资者进行长期投资的对象,但两种有价证券有很大差别,主要体现在:

(1)法律性质不同。股票表示的是股东权,是所有权证书,股票持有者是公司所有者;债券是一种债权凭证,债券持有人与债券发行人之间的法律关系是债权债务关系。

(2)对公司享有的权利和义务不同。股票的持有人有权参加股东大会并进行投票,参与公司的经营决策;而公司债券的持有人仅仅是公司的债权人,有权按照约定期限取得利息,收回本金,无权参与公司的经营管理。

(3)收益不同。股票持有人有权从公司利润中分取股息、红利;债券持有人则不论公司是否盈利,都有权依照事先约定的利率计取利息。

(4)期限不同。购买股票是一种永久性投资,股东不得要求公司返还本金,它不存在到期日;而公司债券则有一定的清偿期,届时公司必须返还本金。

(5)承担的风险与方式不同。除优先股外,股票没有固定的利息,投资者的收益与企业经营状况密切相关,只有公司在盈利后才能分取利息和红利,股利从税后利润中支付,风险比较大;而公司债券则有固定的利息率,无论公司是否盈利,均须向债券持有人支付约定的利息,债券的利息从税前利润中支付。

(六)公司的合并、分立与公司的解散、清算

1. 公司合并与分立

(1)公司合并的含义

公司的合并,是指两个以上的公司,通过订立合同,依法定程序,合并为一个公司。

公司合并可以采取吸收合并和新设合并两种方式。所谓吸收合并，是指两个或两个以上的公司合并时，其中一个公司吸纳其他公司继续存在，其他公司随之消灭；所谓新设合并，是指在公司合并时，原先公司同时归于消灭，共同联合创立一个新公司。从实践情况看，公司合并以吸收合并，也就是我们常讲的兼并为多数。

公司合并会带来一定的法律后果，主要包括三方面：公司的消灭、变更和新设；公司权利义务的转移；合并前后公司的股东资格的当然继承。

(2)公司分立，是指一个公司依法定程序分开设立为两个以上的公司。

公司分立主要采取两种方式进行：①公司将其部分财产或业务分离出去另设一个或数个新的公司，原公司继续存在，即派生分立。②公司将其全部财产分别归于两个以上的新设公司中，原公司的财产按照各个新成立的公司的性质、宗旨、经营范围进行重新分配，原公司解散，即新设分立。

公司分立前的债务由分立后的公司承担连带责任。

案例思考

某饮料公司成立后经营一直不景气，已欠A银行贷款100万元未还。经股东会决议，决定把饮料公司唯一赢利的保健品车间分出去，另成立有独立法人资格的保健品厂。后饮料公司增资扩股，股东甲将其拥有的饮料公司股份转让给大北公司。后来，饮料公司向B银行贷款200万元，无力偿还。

请问：饮料公司设立保健品厂的行为在公司法上属于什么性质的行为？设立后，饮料公司原有的债权债务应如何承担？

2. 公司的解散和清算

(1)公司的解散

公司解散大致分为两种情况，一为自愿解散，一为强制解散。

①自愿解散

一般出现以下情况时，公司解散称为自愿解散：公司章程规定的营业期限届满或者公司章程规定的其他解散事由出现；股东会决议解散；因公司合并或者分立需要解散。

②强制解散是指公司违反法律、行政法规被依法强令关闭的，应当解散。

公司强制解散的具体情形如下：因主管机关决定而解散；因责令关闭而解散；因被吊销营业证照而解散。

(2)公司的清算

公司清算是指清点公司财产，清理债权、债务，整理各种法律关系，以消灭公司法人资格的一种法律程序。公司解散后，除因公司合并或者分立事由外，都要经过清算程序。

在清算过程中，公司债权人申报债权，应当说明债权的有关事项，并提供证明材料。

清算组应当对债权进行登记。在申报债权期间,清算组不得对债权人进行清偿。清算组在清理公司财产、编制资产负债表和财产清单后,应当制订清算方案,并报股东会、股东大会或者人民法院确认。

公司财产在分别支付清算费用、职工的工资、社会保险费用和法定补偿金,缴纳所欠税款,清偿公司债务后的剩余财产,有限责任公司按照股东的出资比例分配,股份有限公司按照股东持有的股份比例分配。

公司清算结束后,应当及时向原登记机关申请注销登记,如果公司不申请注销登记,则由公司登记机关吊销其营业证照,并予以公告。

【技能操练】

某房地产股份公司注册资本为人民币 2 亿元。后来由于房地产市场不景气,公司年底出现了无法弥补的经验亏损,亏损总额为人民币 7000 万元。某股东据此请求召开临时股东大会。公司决定于次年 4 月 10 日召开临时股东大会,并于 3 月 20 日在报纸上刊登了向所有的股东发出的会议通知。通知确定的会议议程包括以下事项:(1)选举更换部分董事,选举更换董事长;(2)选举更换全部监事;(3)更换公司总经理;(4)就发行公司债券作出决议;(5)就公司与另一房地产公司合并作出决议。在股东大会上,上述各事项均经出席大会的股东所持表决权的半数通过。

问题:(1)公司发生亏损后,在股东请求时,应否召开股东大会?为什么?

(2)公司在临时股东大会的召集、召开过程中,有无与法律规定不相符的地方?如有,请指出,并说明理由。

■步骤三　总结

1. 关键知识

公司总则中的具体规定;

有限责任公司的设立,组织机构以及股权转让;

股份有限公司的设立,组织机构以及股权转让;

公司债券与公司股票的区别。

2. 关键技能

能根据《公司法》规定,简单分析公司运行过程中出现的不符合法律规定的现象;能简单处理公司组织机构运行过程中的法律程序问题。

■步骤四　综合训练

一、单选题

1. 以下对公司法性质的表述,正确的是(　　)。

A. 公司法兼具强制法和活动法的双重性质

B. 公司法兼具强制法和组织法的双重性质

C. 公司法兼具强制法和任意法的双重性质

D. 公司法兼具强制法和实体法的双重性质

2. 将公司分为人合公司和资合公司是(　　)。

A. 以股东对公司承担责任的形式为标准划分的

B. 以公司股东构成和股份转让方式为标准划分的

C. 以公司的信用基础为标准划分的

D. 以公司之间的控制依附关系为标准划分的

3. 某有限责任公司对甲企业负有1000万元的合同债务。该公司注册资本是500万元。公司董事长对甲企业负责人说:“本公司仅以500万元为限对公司债务承担责任”“为此,甲企业负责人向一些律师咨询,听到了以下四种意见。正确的是:公司以其(　　)。

A. 注册资本对公司债务承担责任　　B. 实收资本对公司债务承担责任

C. 全部资产对公司债务承担责任　　D. 净资产对公司债务承担责任

4. 我国《公司法》规定,采取发起设立方式设立的股份有限公司发起人应不少于(　　)。

A. 3人　　B. 5人　　C. 7人　　D. 10人

5. 根据我国合伙企业法规定,合伙企业的利润和亏损,由合伙人依照合伙协议的约定分配,合伙协议无约定时,由各合伙人按(　　)分配和分担。

A. 出资比例　　B. 贡献大小

C. 平均　　D. 合伙企业事务执行人的决定

二、多选题

1. 公司的权利能力受到法律的严格限制,这些限制包括(　　)。

A. 经营范围的限制　　B. 转投资的限制

C. 发行债券的限制　　D. 作保证人的限制

2. 各国所采用的公司设立原则因国情而有所差别,从历史上看,产生过的公司设立原则有(　　)。

A. 自由设立主义　　B. 特许主义

C. 核准主义　　D. 准则主义

3. 根据我国公司法,股东可以以下列方式出资(　　)。

A. 货币　　B. 实物　　C. 非专利技术　　D. 土地使用权

4. 公司债与公司股份的相同或相似之处包括(　　)。

A. 以公司作为发行人,以公众作为发行对象

B. 以有价证券的形式表现

C. 持有者拥有相同的权利

D. 具有流通性

5. 公司债与股份的不同之处在于(　　)。

A. 主体的法律地位不同　　　　　　B. 公司债券不具有流通性
C. 权利内容不同　　　　　　　　　D. 获得权利的对价形式不同

三、判断题

1. 合伙企业中,合伙人对合伙的债务负无限连带责任。(　　)

2. 即使合伙企业的财力不足以清偿其债务,债务人也无权向任何一位合伙人请求全部履行债务。(　　)

3. 每个合伙人均有平等地参与合伙企业经营管理的权利,合伙人按照其出资比例参与企业的利润分配。(　　)

4. 合伙企业是建立在合伙契约基础上的一种人合企业。合伙人之间的关系是一种合同关系,如果有合伙人死亡、退出或破产,都将导致合伙企业的解散。(　　)

5. 由于合伙人之间的关系是一种合同关系,所以合伙人可以在任何情况下,将其在合伙企业中的出资及各项权利以合同转让的方式转让给第三人。(　　)

6. 合伙企业在所有合伙人全部破产时才能宣告解散。(　　)

7. 公司是以营利为目的的企业法人组织,所以公司的股东只能是法人。(　　)

8. 由于无限责任公司的股东对公司债务负无限连带清偿责任,所以公司的账目必须向公众公开。(　　)

9. 有限责任公司的全部资本必须划分成等额股份,股份一般可以随意转让。(　　)

10. 两合公司这种商事组织仅见于英美法系国家,它类似于大陆法系中的有限合伙。(　　)

四、简答题

1. 合伙企业的内部关系和外部关系究竟是怎样的?

2. 有限责任公司与股份公司股东究竟享有哪些股东权利?

3. 为什么董事会的权力有可能大于股东大会的职权?

4. 股份公司的股票与债券有何相似之处? 二者又有什么不同点?

五、案例分析

1. 甲于2007年开办了丁企业,并登记注册为个体工商户,该企业于2009年被注销,甲也于2009年死亡。甲之子丙于2010年收回一笔属其父开办的丁企业经营期间的债权。事隔不久,乙诉至法院,请求对该笔债权进行分配,理由是丁企业是其和甲合伙开办,并且乙在丁企业担任副经理一职,在合伙企业清算时,由于该债权已作为坏账处理而未将其纳入财产分配范围,现该债权已实现,故要求对其财产进行分配。乙向法庭提交的证据有丁企业合伙财产分配协议一份和乙曾作为丁企业副经理等的相关证明,丙在诉讼中没有提供其他证据。

请问:本案法院该如何处理?

2. 某国有独资公司甲于2009年在上海设立一子公司乙,该子公司自有资产1500万元,加上母公司投资的2000万元,全部资产为3500万元。后该子公司投资失误,宣告破产。债权申报期间,共有七家债权人申报债权,其中包括欠母公司货款500万元。

其余债权人提出异议:(1)母公司是子公司的股东,母子公司之间不存在债权债务关系,母公司不能成为合法债权人;(2)母公司应对子公司的债务代为偿还。

请问:(1)这些异议能否成立?说明理由。

(2)如果甲乙公司的关系是本公司与分公司的关系,其他债权人的异议能否成立?

3. 甲和乙是某市泉水饮料股份有限公司的董事,2010年2月,甲乙与丙合伙办了一个饮料厂,生产"红豆"牌饮料,与泉水饮料股份有限公司的产品"绿豆"牌饮料相差不多,技术基本相同。3月,泉水公司发现了甲乙的行为,经公司董事会研究决定罢免了甲乙的董事职务,同时要求甲乙将在经营饮料厂期间的所得收入10万元交给公司,甲乙不同意,于是董事会研究决定,以公司名义向法院起诉。

请问:(1)甲和乙的行为是否合法,为什么?

(2)公司的行为是否恰当?如果不恰当,怎样补救?

4. 甲、乙、丙、丁四个自然人签订协议,投资建立以生产性为主的有限责任公司,注册资本为40万元人民币。甲、乙、丙三个人均以货币出资,投资额分别为10万元、10万元、5万元,丁以专利技术投资,该专利技术已向国家专利局申报,但尚未拿到专利证书。该专利协议作价20万元。同时,协议还规定:公司章程由丁独立起草,无须公司董事会审议通过;公司不设董事会,只设执行董事,甲为执行董事,并担任法定代表人及公司总经理;由甲提议,乙担任公司财务负责人,并兼任公司监事;公司成立后不足资金通过发行公司债券筹集,并计划发行公司债券20万元;修改公司章程或与其他公司合并时,需经全体公司董事过半数通过;公司前三年无论盈利与否,均不提取盈余公积金。

根据以上资料,结合公司法规定,分析说明以上不妥之处。

工作任务三　国际商事代理法

■步骤一　宣布本次教学的工作任务及目标

教学内容：掌握国际商事代理制度的基本法律知识。

教学目标：了解代理的概念、特征，各国对代理的分类，本人及代理人的义务等，能够分析国际商事代理的一般问题。

■步骤二　工作任务

项目活动1　代理概述

【案例导入】

练某在海南海口自营一家某牌子的汽车销售店，2011年应邀参加为期十天的汽车展览会，便委托好友张某替他打理该店。练某书面授权张某：一次交易额在20万元以内的由张某自己做主，超过20万元的要征得自己同意。在此期间张某以练某的名义与美国人马克签订了汽车买卖合同，约定马克可以以分期付款方式购买店里的汽车一辆，首次付款10万元，余款一个月内付清。后马克不知所踪。

请问：(1)本案中练某与张某、张某与马克及练某与马克之间存在怎样的法律关系？

(2)马克未付的款项由谁承担？

【必备知识】

一、代理的概念

《国际商事合同通则》(2004年修订版，以下简称《通则》)没有直接规定代理的含义。从其第2.2.1条第1款规定的内容来看，《通则》所称的代理是指代理人在代理权限范围内为本人(被代理人)利益与第三人(相对人)为法律行为。其中，代理人是指代被代理人实施民事法律行为的人；本人(被代理人)是指由他人以自己的名义代为实施民事法律行为，并承受法律后果的人；第三人(相对人)是指与代理人进行法律行为的人。代理活动涉及三方主体，其整体是代理法律关系，包含三部分内容：

(一)本人与代理人之间产生代理的基础法律关系，如委托合同；

(二)代理人与第三人所为的民事法律行为，称为代理行为；

(三)本人与第三人之间承受代理行为所产生的法律后果。即基于代理行为而产生、变更或消灭的某种法律关系。按照西方国家代理法的规定，如果代理人在本人的授权范围内从事法律行为，则他的行为对于本人就具有约束力，其行为法律后果就应由本人来承担,而代理人一般不对此承担个人责任。

知识窗口

大陆法系的代理制度,源于17世纪格劳秀斯在其《战争与和平法》中提出:“代理人的权利直接来源于本人,他的行为基于本人的委托。这为大陆法系的代理制度提供了理论依据。19世纪初,大陆法系国家开始民法典的编撰工作,代理制度遂成为大陆法系民法中的重要制度之一。

英美法系的代理制度发源于英国,并通过英国法院的判例得以确立。15世纪时,普通法发展了一项原则即本人与第三人有直接合同关系,由此奠定普通法上代理理论的基础。17、18世纪产生了两种独立的商业代理:行纪人和居间人。18世纪后期到19世纪前期,产生了明示授权代理、追认代理、隐名代理和表见代理等各种代理人的规则。1889年,英国的《经纪人法》全面规定了经纪人和其他类代理人的广泛代理权限,标志着英国代理制度的最初确立。

两大法系的代理制度既有共性又有区别。大陆法注重代理的形式和外部关系,关注谁是真正的缔约者,以第三人为本位,追求交易安全和公平;普通法则强调代理的实质和事实代理关系,关注谁是代理行为的责任承担者,以本人利益为本位,追求交易效率。但在当前全球经济一体化的形势下,两大法系的代理制度也出现了相互影响、相互融合的特点。1978年《代理法适用公约》、1983年《国际货物销售代理公约》和1986年欧共体《关于协调成员国间有关代理商法律的指令》等国际代理法律文件都为协调两大法系有关代理制度的分歧做出了有益的尝试。

二、国际商事代理的法律特征

(一)国际商事代理的行为是具有法律意义的行为

代理人代本人实施的行为必须是法律行为,即代理行为应是能产生一定法律后果的行为,而非事实行为。通过代理行为必然在本人和第三人之间发生一定的法律关系,或者变更、终止本人与第三人之间已经存在的法律关系。

(二)代理行为产生的权利义务直接对本人产生法律效力

从形式上看,代理行为是在代理人与第三人之间进行的,但他却产生本人与第三人之间的法律关系,基于代理行为而产生的权利和义务,其法律后果理所当然地由本人承受。

(三)代理的行为必须具有法律上的可代理性

代理行为必须是在法律上被允许代理的,依照法律规定或行为的性质不能由他人代为实施的行为,则不适用代理。如婚姻行为等。当然在国际商事领域,一般的商事行为都具有可代理性,不具有代理性的行为一般限于民事代理领域。

三、代理的种类

代理按不同标准可以有不同的划分，常见的代理分类有：

(一)直接代理和间接代理

这是大陆法系国家最普遍的一种分类方法，其划分标准在理论上是以代理人是否以本人的名义进行法律行为。

1. 直接代理

直接代理是指代理人以本人名义同第三人订立合同，其效力直接及于本人的行为。其特点是：

(1)代理人以被代理人的名义与第三人进行交易。不以他自己的名义与第三人进行交易。

(2)代理行为的法律后果直接归被代理人。

(3)在国际商业实践中，直接代理人主要是一些小本经营商人，或接受劳动法典保护的人，包括货物推销员、代表等，他们的法律地位相当于雇员。由于他们的经济力量单薄，所以他们无力以自己的名义与第三人订立合同。

(4)代理人既要公开代理关系的存在，又要公开被代理人的姓名和名称，同时也要公开自己的代理权限。即代理的公开性。

2. 间接代理

间接代理是指代理人接受被代理人的委托或授权，以自己的名义与第三人进行交易，由此产生的权利义务转让给被代理人。从严格意义上来讲，间接代理是一种经纪关系或行纪关系，不属于代理法调整的范围。因此，大陆法系国家的民法基本上都未规定间接代理。其区分意义在于间接代理不像直接代理那样，其代理行为的后果间接地归属于本人，即先由代理人自己对第三人承担一切后果，再由代理人将这些后果转移至本人。

间接代理的特点是：

(1)间接代理中，代理人与第三人进行交易时，不需要将已存在的代理关系明示给第三人。对第三人来说也无需了解这种关系。第三人和本人之间没有直接的关系，即代理的非公开性。

(2)间接代理中，代理人以自己的名义进行交易活动。如此一来，代理人成了合同的当事人，第三人与委托人则不存在直接的合同关系，这是代理的一个重要特征。

(3)间接代理中，代理行为虽也是为委托人的利益，利益后果最终要归属于委托人。但代理行为的后果不直接归于委托人，而是先由代理人承担一切后果，然后再转移给委托人。

(4)间接代理的代理人都是些以代理业务为职业的独立的代理商，如承销商、行纪人、经纪人、拍卖行等。

(二)公开代理、半公开代理和不公开代理

这是英美法中根据代理人从事代理行为时是否披露本人的姓名和身份而划分的常见分法。

1. 公开代理,又称显名代理。即代理人在进行代理活动时既公开本人的存在,也公开本人姓名的代理。

公开代理的情况下,代理人与第三人订立的合同直接约束本人与第三人,代理人退居合同之外。但也有例外:

(1)如代理人以他自己的名字在签字腊封的合同上签名,他就要对此负责;

(2)如代理人以自己的名字在汇票上签字,即使代理人的名字排在本人之后,他须对汇票负责;

(3)一些行业惯例要求代理人承担特别责任的,代理人亦须承担合同责任,如运输行业中货运代理人在替本人预定舱位时须对船舶公司交纳运费和亏舱费;

(4)第三人要求代理人在缔约前承诺将承担一定责任,如代理人同意则代理人在合同成立后应承担责任,这属于意思自治的范畴,通常在合同中有相应条款或第三人与代理人之间订有补充协议。

2. 半公开代理,又称为隐名代理。即代理人在进行代理活动时只公开本人的存在,而不公开本人姓名和身份,仅向第三人明示自己是为本人利益而从事代理行为的代理。但代理人在合同中必须注明"代理本人"的字样。隐名代理情况下,签订的合同是本人与第三人之间的合同,由本人和第三人承担这种义务。在国际贸易中,代理商为避免本人与第三人建立直接联系,通常使用这种做法。

3. 不公开代理,即未披露本人身份的代理。是指代理人在进行代理活动时根本不披露代理关系的存在,更不公开本人的姓名,而是以自己的名义与第三人进行交易的代理。与代理人订约时,第三人并不知道本人的存在,代理人也无义务证实是否存在不公开身份的本人,因此第三人有理由认为是与代理人在进行交易。国际商事活动中,不公开本人身份的代理业很普遍,第三人往往与自己所熟悉的代理人进行交易而不问本人究竟是谁。

英美法系的此种代理类型中,不公开身份的本人对代理人与第三人缔结的合同有介入权;第三人对本人和代理人享有选择权。

(1)介入权

不公开身份的本人有权介入合同并直接对第三人行使请求权或在必要时向第三人起诉,从而直接与第三人发生法律关系,无需经过代理人把权力转移给他。一旦本人行使了介入权,就应对第三人承担责任。但在英国法律中,未披露的本人行使介入权有限制条件。

①代理人在与第三人定约时须具有代理权。代理人在没有得到本人的授权的情况下与第三人订立合同,其效力肯定不及于本人,不公开身份的本人的介入权自然不存在。不公开身份的本人与该合同的关系处于不确定状态,只有当本人对合同予以追认时该合

同的效力才及于本人。在追认的情况下,本人只是以自己的名义接受合同,这与行使介入权是两回事。相反,若代理人拥有本人的授权,尽管在定约时没有表示本人的存在,本人仍因其授权行为获得对合同的介入权。

②合同中明示条款排除本人的介入权。在合同中缔约方为保护自身的利益,避免出现一个事先对其一无所知的人介入到合同中来,对原本明晰的权利义务产生影响,经常在合同中出现排除第三方介入合同的条款。一旦合同中明确排除本人介入合同,本人自然无法行使介入权。

③第三人定约是基于对代理人的特别信赖。如果第三人可以证明,他与代理人签订合同是基于对代理人的才能或清偿能力的信赖,即代理人的"人身因素"是第三人缔约的唯一基础,那么,不公开身份的本人就不能行使介入权。如果第三人不与本人订约的理由不是人身因素而是其他原因(如第三人厌恶本人,第三人一旦得知在与本人订约就会拒绝),这种情况下,通常认为本人不能行使介入权,如果代理人以误导的凡是引诱第三人与之订约,第三人一旦得知代理人讲述的是谎言,可以拒绝订约,这时法庭往往也限制本人的介入权。

(2)选择权。介入权使得第三人有选择本人或代理人的权利,此时,应当适用"隐名代理规则"。依此规则:

①第三人既可向本人行使诉讼请求权,也可向代理人行使诉讼请求权;

②第三人必须在一个合理的期限内作出选择,否则,他只能对代理人提起诉讼;

③第三人一旦选择诉请其中一方承担责任,则不得反过来向另一方提出诉讼请求;

④未公开的本人在特定情况下可以向第三人提出诉讼请求;

⑤鉴于代理人此时也是立约当事人,他也可以提出诉讼请求,但代理人既不得起诉第三人,也不得继续此类对第三人的诉讼。

⑥当代理人明示自己是本人时,不适用"隐名代理规则"。

知识窗口

本代理与复代理

依据代理人是否亲自为代理行为将代理分为本代理与复代理。

本代理是指代理人以本人名义亲自实施的代理行为。凡是依法或依约必须由本人亲自实施的法律行为,本人未亲自实施的,应当认定为无效。

复代理是指代理人为本人的利益将其所享有的代理权转托他人而产生的代理,又称再代理、转代理。因代理人的转托而享有代理权的人,称为复代理人。复代理有如下特征:

1. 复代理人的代理权是本代理人而不是本人授予的,所以,复代理人的行为要受代理人的监督,代理人对复代理人有解任的权利。

2. 复代理人以本人的名义来进行代理活动。

3. 复代理人的代理行为是为了本人的利益,行为后果仍然归属于本人。

复代理必须具备以下条件：第一，必须是为了本人的利益。第二，一般而言，应当事先取得本人的同意。第三，事先未经本人同意而转托他人的，只有在紧急情况下，且出于保护本人的利益，代理人才可不承担责任。所谓“紧急情况”一般指疾病、通信联络中断等特殊原因，代理人自己不能办理代理事项，又不能与被代理人及时取得联系，如不及时转托他人代理，会给被代理人的利益造成较大损失的情形。

一般代理与特别代理

依据代理权限范围将代理划分为一般代理与特别代理。一般代理是指代理权限范围涉及代理事项的全部，故又称全权代理。特别代理是指代理权被限定在一定范围或一定事项的某些方面的代理，又称部分代理。在实践中，如未指明为特别代理的均视为一般代理。

【技能操练】

养鱼专业户甲从鱼塘里捕捞1000斤鱼准备去市场上卖。刚出发时，接到朋友家里电话有急事需要帮忙。甲遂委托乙到城里市场上代售，言明卖完鱼后，甲付给乙5%的报酬。进城路上，乙肚疼难忍，停车后到路边医院检查是急性阑尾炎，需立即手术治疗，乙便联系甲欲告知情况，但甲一直未开机。乙担心天气变热，鱼变坏，遂委托丙代其出售，随行就市。丙将鱼拉到市场已经是当天下午，鱼不新鲜。原价出售，恐卖不掉，拉回去损失更大。于是降价20%出售。回来后丙将鱼款交给乙，乙从中抽出200元作为丙的报酬。乙将鱼款交给甲，甲发现降价损失近千元，遂不同意给丙200元报酬。乙说委托他人代为出售，实为迫不得已，那样做也是为了甲，否则损失更大。甲、乙产生纠纷，诉至法院。

请问：本案中乙委托丙是否有效？为什么？

项目活动2　代理权的产生、终止及后果

【案例导入】

英国A公司授权Z公司从波兰购买一批皮货。二战期间，Z公司无法与英国A公司联系，后Z公司以高价卖出该批皮货并将该买卖所得价款以英国Q公司的名义存入银行。第二次世界大战期间，皮货价格暴涨。英国A公司指控波兰Z公司未经授权出售其货物侵权行为，为此要求其赔偿，波兰Z公司则以存在客观需要的授权作为抗辩。

请问：Z公司是否可以以客观必需的代理权进行抗辩？为什么？

【必备知识】

一、代理权的产生

代理权产生的原因，大陆法系和英美法系的规定各不相同。

（一）依英美法系，代理权可能因为下列原因产生：

1. 明示授权

明示授权是指本人以口头或书面方式明确地指定某人为其代理人的行为。明示授权的被代理人授予代理人的代理权可以采用列举一项或数项事务的方式，也可采用授予代理人概括处理一切事务的代理权。

即使代理人需要以书面的方式与第三人订立合同，被代理人还是可以采用口头方式授予代理权的，除非：

（1）被代理人要求代理人用签字腊封的方式与第三人订立合同，这种方式的授权文书称为“授权书”；

（2）如果某人是公司的代理人，他就必须经要式的文书指定；

（3）代理人如果代表公司董事签署公司发起书或经公司董事同意进行的活动时，必须经书面授权。

2. 默示授权

默示授权是指在明示授权之外，被代理人使代理人有合理根据相信自己有代理权，也使第三人有理由相信代理人有代理权的行为。代理人所依据的合理依据主要是行业习惯或被代理人的明示授权。默示授权在英美法系中又称为“不可否认的代理”。

3. 客观必须的代理

客观必须的代理是在一个当事人受委托照管另一人的财产，由于客观情况的需要，为了保存该财产而必须采取某种行为的默示授权。这种情况在国际贸易中是时有发生的。例如，承运人在遇到紧急情况时，有权采取超出他通常权限的、为保护委托人的财产所必须采取的行动，如遇到战争、动乱，又如出售易腐烂的货物，又如承运人在遇到狂风恶浪，船货即将倾覆的情况下，合理地抛货入海。但要取得这种代理权是相当困难的，英美法院一般不愿意承认这种代理权，根据英美法的判例除非代理人具备了以下三个条件：

（1）发生了紧急必要的情况使得实施该代理行为时客观上和商业上所必须的；

（2）代理人在行使该权利之前无法同本人联系以得到本人的指示；

（3）代理人所采取的措施必须是出于善意而合理的，且必须考虑到各方当事人的利益。

4. 追认代理

追认代理是指代理人未经授权或超出授权范围而以本人名义同第三人订立合同，这个合同对本人是没有拘束力的，如果本人觉得可以承担该法律行为的后果，可以在事后进行追认。追认的效果就是使该合同对本人具有拘束力。但是，根据多国代理法的规定，只有符合下列各项条件，追认才有效并产生使代理的法律行为自始约束被代理人的效果。

(1)代理人在代为法律行为时,必须以本人的名义进行。

(2)只能由为法律行为时已指明的本人进行追认。

(3)追认的本人必须是代理人为该法律行为时已取得了法律上人格的人。这主要是针对法人而言,如代理人以尚未成立的公司名义做某些法律行为,该公司成立后也不能追认该法律行为。

(4)追认时本人必须了解有关法律行为的基本内容。

(5)追认必须在本人了解代理的事实后合理的时间内作出。什么是"合理时间"在很多国家视个案来定。我国《合同法》将本人追认的时间限为一个月。

(6)必须是对全部法律行为的全部进行追认,不能对部分追认。

(二)大陆法系代理权产生的原因

1. 委托代理

委托代理,又称意定代理。是基于本人的意思表示产生的代理权。除非法律特别要求采用书面形式,一般这种意思表示可以采用口头方式,也可以采用书面方式;可以向代理人表示,也可以向第三人表示。授权的书面形式称为授权委托书,授权委托书是很重要的法律文书,表明代理人与本人之间的代理关系、本人的姓名或名称、代理事项、代理权限、期间信息。委托书授权不明的,本人应当向第三人承担民事责任,代理人负连带责任。

2. 法定代理

法定代理,是指根据法律的直接规定,无须本人做任何意思表示而产生的代理。法定代理主要是为无民事行为能力人和限制行为能力人设置的。法定代理权的产生主要有以下几种情况:

(1)根据法律的规定而享有代理权,例如根据民法典的规定,父母对于未成年的子女有代理权;

(2)根据法院的选任而取得代理权,例如法院指定的法人清算人;

(3)因私人的选任而取得代理权,例如亲属所选任的监护人及遗产管理人等。

此外,公司法人本身是不能进行活动的,它必须通过代理人来处理各种业务。公司法人的代理人就是公司的董事。公司的董事一般被认为是公司法人的第一位的代理人,因为除董事之外公司还有另外的代理人。按照德国法,法人的第一位代理人的权利是由法律规定的。

二、无权代理

无权代理是指代理人在代理权欠缺的情况下进行的代理行为,即代理人自始没有代理权、超越代理权或代理权消灭等情况下进行的代理行为。广义上无权代理包括表见代理和狭义的无权代理。

(一)狭义的无权代理

狭义的无权代理是指行为人不具有代理权,客观上又无充分的根据使第三人相信其具有代理权而以被代理人的名义与第三人订立合同或进行其他民事活动的行为。这里所说的“无权”即“不具有代理权”,换言之,就是所实施的行为未经被代理人授权。在商贸活动中,无权代理主要体现在以下几个方面:

1. 没有代理权而以代理人的身份实施的行为;

2. 超越代理权限的行为;

3. 代理权终止后,行为人仍以代理人的身份实施的行为;

4. 不具备默示授权的行为。

根据各国法律的规定,无权代理所做的代理行为,非经本人的追认则不能对本人产生法律拘束力。善意的第三人由此而遭受损失,由无权代理人负责赔偿。

无权代理不同于表见代理。前者本人和第三人都不能直接主张权利,该无权代理行为的后果在本人和第三人之间处于不确定的状态,有待于本人追认或第三人催告或撤回。后者本人对无权代理的后果虽不得直接主张权利,但第三人直接主张权利时,本人对无权代理人的代理行为应负责任。

(二)表见代理

表见代理是指行为人虽无代理权,但因被代理人的行为造成了第三人在客观上有充分的理由相信某人具有代理权,则当第三人向本人直接主张权利时,该行为的后果直接由本人承担,本人不得以未授权加以否认。“表见”即“表面上所显示”的意思。

依照各国代理法的规定。表见代理虽然没有代理人应在代理权限内行事这一特征,但仍需具备以下几个特征:

1. 表见代理人须以本人的名义行事。

2. 表见代理行为必须是法律行为或具有法律意义的行为。

3. 客观上须有使第三人相信表见代理人是有代理权的,即本人与代理人存在一定的关系。如本人的明示或默示授权但实际上并未授权、对代理权进行限制或授权不明、代理关系终止后本人未采取必要措施等。

4. 第三人主观上必须为善意,且无过失。如果第三人明知他人为无权代理而与其订立合同,即第三人出于恶意;或者第三人应当知道他人为无权代理却因过失而未知,并与其订立合同,即第三人有过失,则不能构成表见代理。

三、代理关系的终止

代理关系的终止有两种情况:一是根据当事人的意志;二是根据法律的规定。

(一)根据当事人的意志终止代理关系

代理关系可以根据当事人的意志而终止。这里有几种情况:

1. 代理期限届满。有代理期限的,合同规定的期限届满则代理关系终止,除非当事人有协议要求延长。

2. 被代理人和代理人协议终止。没有期限的,经本人和代理人协商同意也可终止代理关系。

3. 代理目的实现。即代理任务完成则代理消灭。

4. 本人单方撤回代理权。因为代理是一种单方意志行为,英美法对单方撤销代理权则有严格限制,一般要求给代理人一个合理时间的通知,否则须赔偿代理人的损失。如代理权的授予是与代理人的利益紧密结合在一起的,本人就不能单方撤回代理权。

(二)依法律规定终止代理关系

根据法律终止代理关系,主要是指法律所确认的法律书实出现之后,代理关系即告终止。主要有下列两种法定情形:

1. 本人死亡、丧失权利能力或行为能力、破产。根据一些国家法律的规定,凡是民事代理,只在本人死亡、丧失权利能力、行为能力以及破产,代理权自然终止。而商事代理则不因此而终止。

2. 代理人的死亡、破产或丧失行为能力。

四、代理关系终止后的法律后果

(一)本人与代理人之间。代理关系终止后,本人与代理人之间的关系一般终止。但在商法里为了保护商事代理人的特殊利益,一些大陆法国家在商法中特别规定,在代理权终止后,代理人对于他在代理期间为本人建立的商业信誉,有权请求本人予以补偿。

(二)对第三人。当本人终止代理合同后,对第三人是否有效,主要取决于第三人是否知情。如果本人在终止合同时,没有通知第三人,代理人与第三人所订的合同,本人应负责任。但本人有权要求代理人赔偿损失。

【技能训练】

刘某原是海南某贸易公司的业务员,因工作态度散漫,经常无故旷工,公司遂将其辞退。但未通知其客户邓某,2010 年刘某用原有的一张盖有贸易公司的公章的授权委托书与邓某签订了一份货物销售合同,刘某把货物提走一个月后,邓某到贸易公司催款,贸易公司才得知合同之事,贸易公司经理出示开除甲的通知书给邓某后,称此事与公司无关,拒不支付货款。

请问:如果你是邓某,将如何维护自己的权利?

项目活动 3　代理法律关系

【案例导入】

原告 Z 是一名经特许的不动产经纪人,从事购买和持有土地再售的生意。被告 B 聘用原告作为经纪人,为其约 181 英亩的土地寻找一位买主。后来原告获悉该地的地价会迅速飙升,便决定自己买下该块土地,被告也同意以 800 美元/英亩的价格卖给原告,甲方还签署了书面的转让协议。但是,在执行该协议之前,被告却以 800 美元/英亩的同样价格将土地卖给了第三人。与此同时,原告以本人的身份找到了一位同意以 1250 美元/英亩的价格购入该块土地的买主。当原告得知被告将土地卖给了第三人后,便诉向法院,要求被告赔偿其 9 万多美元的差价损失。

请问:(1)代理人的义务有哪些?

(2)作为代理人的原告是否未能尽到其代理义务?

【必备知识】

代理法律关系一般分代理的内部关系即本人(被代理人)与代理人之间的关系,将本人(被代理人)和代理人对第三人的关系称为代理的外部关系。这些关系因代理行为而产生,又会因一定的法律事实的出现而消灭。

一、代理的内部关系

(一)代理人的主要义务

1. 代理人应当亲自履行代理职责的义务

本人之所以委托特定的代理人为自己服务,主要是基于对代理人的信用、知识、技能的信赖,因此代理关系是一种信任关系,对本人合法的指示,代理人在代理权限内应当亲自完成,不得将被授予的代理权委托给他人,除非事前经本人同意或紧急情况下为了本人的利益或存在贸易习惯,代理人才可将代理权转委托给他人。

2. 代理人有对本人诚信、忠实的义务

主要表现为:

(1)及时向本人公开客户情况;

(2)为本人保密;

(3)不得为自我代理或为双方代理;

(4)不得为牟取私利与第三人恶意串通损害本人的利益,否则应承担损失赔偿责任及相应的责任。

3. 代理人有向本人报告账目的义务

因为代理行为最终产生的结果要由本人承担,所以代理人有义务对一切交易保留完整的账目,并及时向本人报告账目。

4. 代理人应勤勉地履行代理义务

代理人在代理权限内应勤勉、谨慎行事,最大程度地维护本人的合法权益,如果代理人不履行其义务,或在替本人处理事务时有过失,致使本人遭受损失,代理人应对本人负赔偿责任。

5. 披露与通知义务

代理人应把代理过程中的一切真实重要的求实尽可能迅速地披露并通知本人,以便本人进一步做出决策。

(二)本人的主要义务

在代理的内部关系中,本人和代理人都要向对方承担一定的义务。不但代理人要对本人负有一定的义务,同时本人对代理人也应负相应的义务。在代理活动中,本人应对代理人负有的义务是:

1. 向代理人支付报酬的义务

本人应按合同约定给付代理人佣金或报酬。这是本人的首要义务,即使当事人没有约定,本人也应按照合理的劳务价格支付报酬。当然本人支付佣金的前提是代理人完成代理义务,如果代理人没有按约定完成代理义务,则本人可以拒绝履行支付义务。

2. 向代理人支付其他费用

本人除了有义务向代理人支付其提供服务的报酬外,还有义务向代理人支付其他费用,这些费用包括代理人在实施代理行为中所垫付的必要费用,以及因实施代理行为而遭受损失的费用。但是,以下的费用是本人无需支付的:

(1)在代理人的行为越权的情况下,除非本人追认该行为才需要支付费用;

(2)代理人由于自己的过错而支付的各种费用;

(3)代理人知道或应当知道其所实施的行为违法仍实施该行为的。

3. 允许代理人核对账目的义务

在代理关系中,代理人所获得的报酬往往是根据其代理行为所产生的效益来确定的,所以本人应允许代理人核对有关的账目,以确定被代理人所付给的佣金是否准确。这一规定在大陆法中是属于强制性的规定,当事人不得在委托合同中予以排除。

4. 协助代理人完成代理的义务

为方便代理人开展业务,本人应提供必要的协助,包括提供必要的信息和资料等,如货样、交易条件、最低成交价格、成交量。

二、代理的外部关系

案例思考

被告A公司作为一家广告代理商与F公司签订了为其产品在全国性杂志上刊登广告的协议,随后被告A公司即与原告Q出版公司达成了两份广告安排合同。合同清楚地将F公司列为广告人,并规定按美国广告协会采用的广告合同条款(以下简称"协会条款")发行广告。"协会条款"规定广告代理人对支付广告费承担唯一的责任。被告收到原告85157美元的广告费账单后即要求F公司付款,F公司却拒付。原告要求被告支付该笔费用,被告也不肯买单。被告辩称:自己的行为属于显名代理,并且自己也不知道"协会条款"关于代理人是唯一承担支付广告费责任的规定。

请问:被告是否应承担付款责任?为什么?

法官判决:美国纽约州最高法院1992年判定被告败诉,其理由是:被告在原告刊物上发布广告已超过40年,知道或应当知道原告规定的由代理人单独支付广告费的政策,"协会条款"关于代理人唯一付费责任的规定并入了合同条款，即便被告不知道也不影响该规定的效力；被告收到账单数月后才对自己的付款责任提出异议。

对代理的外部关系，两大法系的规定不尽相同：

（一）大陆法系的规定

大陆法系规定，如属直接代理，则本人可直接向第三人请求权利；如果属于间接代理，则本人不可直接向第三人主张权利，而必须通过债权让与，将权利从代理人身上移转给本人后，本人才可以向第三人主张权利。

因而在大陆法系中，间接代理不能直接在本人和第三人之间产生权利义务关系，在这种情况下，间接代理的本人向第三人主张权利，必须借助于两个合同才能实现。即首先间接代理人必须与第三人签订合同，这是第一个合同；然后，该间接代理人与本人签订一份债权让与合同，这是第二个合同，通过该债权让与合同，将合同权利移转给本人。此后，本人才可以凭债权让与合同中的规定向第三人主张权利。

（二）英美法系的规定

英美法系规定了三种情况：

1. 代理人在订合同时明确指出被代理人的姓名，并以本人名义与第三人订立合同，则该合同的双方当事人即为本人和第三人，代理人无需对合同承担责任。

2. 代理人在订合同时表明自己是代理人但不指明本人是谁，此合同仍被看作是本人和第三人之间的合同，代理人也无需对合同承担责任。例如代理人在合同上写明“买方代理人”或“卖方代理人”。

3. 代理人不披露本人姓名，而以自己的名义与第三人订立合同，此情况下，代理人应对合同承担个人责任。但未经披露的本人可行使介入权直接成为合同的一方当事人，他可以对第三人行使请求权或在必要时通过诉讼要求第三人向他承担合同义务，并向第三人履行合同义务。同时，在这种情况下，第三人如果发现本人的存在，可以享有选择权，他可以在代理人或本人中选择一人对其行使请求权，也可以在必要时对其中任何一人起诉，主张权利。但第三人选择之后，不得再向另一方主张权利或起诉。

以上英美法系中的第 1 种和第 2 种情况，相当于大陆法系中的直接代理；而第 3 种情况则相当于大陆法系中的间接代理。大陆法系与英美法系对代理的外部关系规定的不同之处在于它们对间接代理所产生的合同权利及于何人，持不同的观点。大陆法规定，间接代理的后果不能由委托人（被代理人）直接承担，必须借助两个合同由被代理人间接承担。而英美法却无需借助两个合同，可使被代理人和第三人通过间接代理建立权利义务关系。

【技能操练】

A外运公司接受某货主的委托,从我国海口港代运一批货物到内地某海关监管库。A外运公司又委托B外运公司负责港口的联系、卸船、装火车、办理进口海关转关等出口工作。货物到港后,由于临时增加计划以外的港口货物费用一万元,两外运公司争执不下,B外运公司遂延缓货物的发运,货物在港口寄存期间,由于没有被妥善遮盖,致使货物被雨淋湿,货物到达目的地监管库后发现大部分残损。

请问:货物的损失应由谁负责?

项目活动4 国际商贸活动中常见的代理形式

【案例导入】

英国甲公司与香港A公司签订一份独家代理协议,指定香港公司为独家代理。在订立协议时,甲公司正在试验改进现有产品的性能。不久甲公司试验成功,并把这项改进后的同类产品,指定香港另一家公司作独家代理。

请问:英国甲公司有无这种权利?

【必备知识】

国际商贸活动中,根据市场需求产生了几种代理,分别是:

一、国际商贸活动中直接代理的形式

(一)独家代理商

独家代理商是独立的商人,他通过接受本人的授权,在本人指定的国家或地区享有代销被代理人某项货物的专营权。他代表本人,以本人的名义与客户洽谈生意,签订合同,本人按代理合同规定向代理人支付佣金,并承担经营风险。

(二)普通代理商

普通代理商的权利与独家代理商的不同之处在于他不享有专营权。他通过代理本人与第三人洽谈生意、推销货物来获取被代理人依代理合同规定应支付的佣金。

(三)雇佣代理商

雇佣代理商是本人的雇员,经授权代表本人与第三人订立合同。

二、国际商贸活动中间接代理的形式

(一)经纪

又称居间商,俗称"掮客"。经纪不占有商品,不参与订立合同,他的主要业务是为委托人(即本人)与相对人订立合同起中间联系的作用,并依成交额的比例收取佣金。

(二)行纪

行纪是受本人委托,以自己名义,用委托人(本人)的费用为委托人办理购销或寄售业务,以其所提供的劳务向委托人收取佣金。

知识窗口

经纪与行纪的异同

相同点：二者都属于间接代理，分别产生于行纪（信托）或经纪（居间）合同。

不同点：在行纪业务中，委托人必须将货物交给行纪人占有和经营，合同于委托人交付货物后成立。在经纪业务中，经纪人只担任购销的中间媒介，并不占有货物。

（三）承担特别责任的代理人

一般情况下，代理人实施代理行为后，无需承担行为后果，也无需对本人或第三人承担任何合同责任。但因国际商贸活动的复杂性和跨越地域性，本人和第三人间互不熟悉，缺乏信任和了解，决定了在某些代理活动中，代理人需要向本人或第三人承担个人责任，从而促使本人和第三人之间能够有保障地达成交易。这种对本人或第三人承担个人责任的代理人，就称为承担特别责任的代理人。一般分为对第三人承担特别责任的代理人和对本人承担特别责任的代理人两大类。

1. 对第三人承担特别责任的代理人

（1）保付代理人

在国际贸易中保付代理人起着十分重要的作用。保付代理人通常由出口商担任，保付代理人是代表国外的买方（本人）向本国的卖方（第三人）订货，并在国外买方的订单上加上保付代理人自己的保证，由他担保国外的买方将履行合同，如果国外的买方不履行合同或拒付货款，保付代理人负责向本国的卖方支付货款。这样可将国际贸易转化为国内贸易，从而减少货物出口中的潜在风险。如 A 国的甲希望向 B 国的乙订购一批货物，但乙对于甲是否会如期付款表示怀疑，于是甲请求 B 国的保付代理人丙保付向乙发出的订单，丙同意保付，日后如甲未能付款，则丙需要承担责任。

（2）保兑银行

保兑银行是指在跟单信用证的支付方式中，保兑银行作为开证行（本人）的代理人，承担向受益人（卖方，即第三人）首先付款的义务。开证行为本人，保兑行为代理人，卖方为第三人。在商业活动中，银行信用要高于商业（企业）信用，当商业活动中一方当事人对对方当事人提供的银行信用仍不放心时，就会要求对方再提供信誉更加卓著的银行进行担保，在开证行不能兑现信用时，由担保的银行代其兑现，为银行提供担保的银行叫保兑行。保兑行不仅作为开证行的代理人，而且作为其担保人承担保证责任，因而保兑行对卖方（第三人）承担第一位的责任，第三人可以首先向保兑行要求付款或议付。

（3）保险经纪人

保险业务是现代国际贸易不可分割的一部分，对国际贸易风险有着特殊意义，几乎全部的货物贸易在运输期间都要办理保险，其中保险中介人扮演着重要的角色。按各类保险业务的不同可分为保险代理人、保险经纪人。在人寿保险中办理保险业务的通常是保险代理人,他们通常是保险公司的雇员、全职或兼职的提取佣金的代理人,在一般情况下其业务与国际贸易联系较少。目前的国际运输方式中,海运仍占主导地位。在海事保险业务中,保险经纪人是保险业务主要承办人。

在国际贸易中,进口人或出口人(投保人)在投保货物运输保险时,按照惯例通常不能直接与保险人(保险公司或自然人)订立保险合同,而需委托保险经纪人代为办理。在办理海事保险业务而闻名的英国劳合社,保险经纪人在保险市场中占举足轻重的地位。投保人办理保险时首先向经纪人提出要求,然后由经纪人牵头组织保险人(或其代理人)成本。依据行业惯例承包人向经纪人支付佣金,因此保险经理人较一般商业代理人承担更重的诚信义务。

有时大宗贸易的投保费,交付经常不是一次结清,有时甚至在投保人未支付保险费时,保险人依然向经纪人开出保险单。在实务操作中,为扩大业务量,经纪人对于投保人,保险人对于经纪人在相当大程度上存在着"赊销"行为,通过信用的方式扩大和稳定客户群体。因此投保人有可能出现拖欠保险费甚至最终履行不能。在英国《海上保险法》第 53 条第 1 款中写道:"除非另有协议,假如经理人代投保人安排海事保险的,经纪人直接向承保人就保险费负责。"

(4)货物运输代理人

货物运输代理人的业务种类繁多、范围广、涉及法律关系复杂,对于货物运输代理人的概念和法律地位各国都有自己的相关规定。

货物运输代理人是指根据本人(客户)的委托,为本人的利益而办理货物运输业务,并从承运人处收取佣金或向货主收取代理人的中介人,原则上货物运输代理人自己不是承运人。历史上此类代理人只是作为托运人和承运人的中间纽带。随着经济发展,而今的货物运输代理人拥有的固定资本不断增加,且投入必要的运输设备到实际货运市场上竞争,从而在现代的国际贸易中,它的角色不再限于"契约承运人",有时也是实际承运人,具有了双重法律身份——代理人或缔约当事人,即既是货主代理又是运输公司代理。国际集装箱运输的发展,使得货物运输代理人常将许多货主的货拼装到一个集装箱内,从而赚取"运费差价"的额外利润。

(5)证券经纪人

证券经纪是指在证券交易市场上专门接受客户(本人)的委托,帮助进行股票的买进卖出,并根据委托交易向客户收取佣金的代理行为。专门从事证券经纪的人称为证券经纪人。

2. 对被代理人承担特别责任的代理人

在国际贸易中,对被代理人承担特别责任的代理人主要是指信用担保代理人。这种代理人的责任是:在他所介绍的买方,即第三人不付货款时,由他赔偿委托人即本人因此而遭受的损失。采用这种方式有两个好处:

(1)由于委托人对国外市场情况了解不多,无法判断代理人所在地区的卖方的资信是否可靠，而且由于竞争的需要，往往要用赊销的方式销售货物，一旦卖方破产或赖账，委托人就会遭到重大损失。因此如果代理人同意为国外的卖方保付，委托人就可以避免这种风险。

（2）由于代理人承担了信用担保责任，他就不会因为贪图多得佣金而在替委托人兜揽订单时只顾数量而忽视买方的资信能力。

对于信用担保代理，大陆法系国家一般有成文法典来规范。而英美法系则在判例中确立，目前，在西方国家信用担保代理人的制度已经逐步被淘汰，取而代之的是出口信贷保险机构，这种机构由政府进行经营，专门办理承担国外买主无清偿能力的保险业务机构，它替代了过去信用担保代理人的作用。

【技能操练】

某货运代理作为进口商的代理人，负责从 A 港接受一批艺术作品，在 120 海里外的 B 港交货。该批作品用于国际展览，要求货运代理在规定的日期之前于 B 港交付全部货物。货运代理在 A 港接受货物后，通过定期货运卡车将大部分货物陆运到 B 港。由于货运卡车出现季节性短缺，一小部分货物无法及时运抵。于是货运代理在卡车市场雇佣了一辆货运车，要求于指定日期前抵达 B 港。而后，该承载货物的货车连同货物一起下落不明。

请问：货运车造成的损失，货运代理是否也要负责？

项目活动 5　代理制度国际统一立法

【案例导入】

法国 A 公司接受国内某货主委托，运输一批名牌服装到荷兰 B 公司。由于运输过程中，货物受损，荷兰 B 公司拒绝付款。

请问：A、B 两公司可以按照《关于代理的法律适用公约》的规定处理纠纷吗？

【必备知识】

国际上关于代理法方面的规定主要有：1986 年欧共体的《关于协调成员国间有关代理商法律的法令》，国际统一私法协会于 1961 年公布的《代理统一法公约》，1981 年完成、1983 年正式通过的《国际货物销售代理公约》（尚未生效），1978 年 3 月 14 日在海牙订立的《代理法律适用公约》，另外，国际统一私法协会还起草了《代理统一法（草案）》、《代理合同统一法（草案）》、《运输代理人统一公约（草案）》等文件。在国际惯例方面，国际商会于 1960 年曾拟定一份《商业代理合同起草指南》，国际统一私法协会 1994 年编撰、2004 年修订了《国际商事合同通则》等。虽然在国际代理制度方面还没有统一的相关立法，但这种统一的趋势已经成为必然。目前，已经存在的国际法律文件或草案中，国际统一私法协会制订、1983 年正式通过的《国际货物销售代理公约》和 1992 年生效的《关于代理的法律适用公约》影响较大。

一、《国际货物销售代理公约》

《国际货物销售代理公约》是在罗马统一私法协会的主持下，于 1983 年 2 月 5 日在日内瓦外交会议上正式通过的。目前智利、摩洛哥、瑞士、意大利和法国等国家签署了公约。但依公约规定,公约应在10个国家核准签署一年后方可生效,因此,公约目前仍对各国开放签字。公约共5章35条,内容涵盖公约的适用范围、代理权的设定和范围、代理人实施的行为的法律效力、代理权的终止和最后条款等五个方面。

(一)公约的适用范围

1. 公约适用的当事人代理行为的范围

(1)公约采用广义的代理概念。即代理是“代理人有权或声称有权代表本人与第三人订立国际货物销售合同时”的代理,不论“是以其自己名义还是以本人名义”。可见,公约所规范的代理既包括直接代理,也包括间接代理。

(2)公约只调整代理的外部关系,即公约“只涉及本人或代理人为一方以第三人为另一方之间的关系”,公约不调整代理人和本人之间的内部关系。

(3)公约不仅调整代理人订立货物销售合同的缔约行为,而且调整代理人旨在缔约或者有关履约的所有行为。可见,公约调整的是代理行为的全过程,对代理人行为调整的范围比较广泛,有较强的适用性。

2. 公约适用的地域范围

(1)公约所调整的货物销售代理必须具有国际性。所谓国际性是指本人和第三人的营业所分别位于不同国家,且代理人在某缔约国设有营业所或依国际私法规则应适用某一缔约国法律。

(2)第三人在与代理人订立合同时,如果不知道也不应知道该代理人的代理身份而与其实施了法律行为,则只有在代理人与第三人的营业所分别位于不同国家时,才能适用公约的规定。

(3)当事人的国籍以及合同的民事或者商事性质不影响公约适用的地域范围。

3. 公约适用的代理人代理业务范围

公约只是原则性地规定适用于国际货物销售的代理行为,但没有具体规定代理人可以从事哪些方面的代理业务,公约采用排除法,将以下代理业务排除在公约的适用范围之外:

(1)证券交易所、商品交易所或者其他交易所交易商的代理;

(2)拍卖商的代理;

(3)家庭法、夫妻财产法或继承法规定的法定代理;

(4)对无行为能力人的法定代理,或由司法部门授权对无行为能力人的指定代理;

(5)按照司法或准司法机关的判决,或在这种机关的直接控制下所指定的代理。

(二)代理权的设定和终止

1. 代理权的设定

公约对代理权的设定不做任何形式上的限制。根据公约规定,本人对代理人的授权可以采用明示形式,也可以采用默示形式;授权无须以书面形式授予或证明,不受任何形式限制,对授权的证明可以采用任何方式,包括证人证明。但公约允许缔约国对此作出保留的声明。

2. 代理权的终止

根据公约规定,在出现以下情况时,代理权终止:

(1)代理人和本人协议终止;

(2)代理事项完成;

(3)本人撤销代理权或者代理人放弃代理权;

(4)代理权根据适用的法律规定而终止。

3. 代理权终止的法律效力

(1)对代理外部关系的效力:除非第三人知道或应当知道代理权终止或造成终止的事实,否则代理权的终止不影响第三人;

(2)对代理内部关系的效力:代理权即使已被终止,但为了本人避免本人或其继承人的利益遭受损失,代理人仍有权代表本人或其继承人履行必要的行为。

(三)代理行为的法律效力

1. 代理人的行为只约束本人和第三人

根据公约的规定,代理人在授权范围内代表本人所为的行为,如果第三人已经知道或者应当知道代理人的代理身份和范围的,则代理人的行为直接约束本人和第三人。但是如果代理人没有表明代理人的行为,则只约束代理人自己的,本人和第三人之间不存在直接的权利义务关系。

2. 代理人的行为只约束代理人和第三人,不约束本人

根据公约规定,如果代理人在授权范围内和第三人订立合同时,第三人不知道也不应当知道代理人身份的,那么由此签订的合同只约束代理人和第三人,不约束本人。

3. 不公开本人的代理的法律效力

(1)当代理人因第三人不履行义务或其他原因无法履行其对本人的义务时,本人可以行使代理人从第三人那里取得的权利,但同时要受到第三人对代理人所提出的任何抗辩的限制。

(2)当代理人没有履行或无法履行其对第三人的义务时,第三人可以直接对本人行使其从代理人那里取得的权利,同时第三人受代理人可能对第三人提出的抗辩和本人可能对代理人提出的抗辩的双重限制。

(3)如果按照当时的情况,第三人若制定本人的身份就不会订立合同时,本人不得对第三人要求代理人代表本人所取得的权利。

4. 代理人无权代理或越权代理、本人和第三人不受约束

(1)当代理人未经授权或者超越代理权限时,其行为对本人和第三人没有约束力。

但是,如果本人的行为使得第三人合理并善意地相信代理人有代理本人的行为的权利,并且相信代理人是在该授权范围内行事的,则本人不得以代理人无代理权对抗第三人。

(2)代理人未经授权或者超越代理权的行为,可以由本人予以追认。追认后,该行为效力追溯为自始发生效力。

(3)如果第三人知道或者应当知道代理人未经授权或者超越代理权行事的,则代理人不对第三人承担责任。

二、《关于代理的法律适用公约》

《关于代理的法律适用公约》订立于1978年3月14日,于1992年在法国、阿根廷、葡萄牙和荷兰之间生效适用。公约共5章28条。内容涉及公约的适用范围,确定代理内部关系和外部关系的准据法等。

(一)公约的适用范围

1. 公约适用于由国际代理所产生的法律适用的问题,但不包括代理事项中有关法院管辖、判决的承认与执行方面的规则。

2. 公约所调整的代理关系的适用范围包括:(1)公约适用于代理人有权代表本人的利益与第三者进行交易或打算进行交易的行为;(2)公约扩大适用到代理人代表他人接收和传达提议或进行谈判的场合;(3)不管代理人以其自己或以本人的名义进行活动,也不管其行为是定期的或是临时的,公约均应适用。

3. 公约排除适用于以下的情形:(1)当事人的能力;(2)形式方面的要求;(3)家庭法、夫妻财产制或继承法上的法定代理;(4)根据司法机关或准司法机关决定的代理,或在这类当局直接监督下的代理;(5)与司法性质的程序有关的代理;(6)船长执行其职务上的代理;(7)其他不属于代理的行为。

(二)本人和代理人之间关系的法律适用

1. 当事人意思自治选择法律。本人和代理人之间的关系适用由双方当事人意思自治选择的法律。当事人意思自治选择法律的方式不受限制,可以是明示的,也可以是默示的,即可以从当事人间的协议以及案件的事实中合理地必然地推定的法律。

2. 当事人没有选择法律时,适用代理关系成立时代理人的营业地法;如果没有营业地,则适用代理人的惯常居住地法。如果代理人的主要活动地同时又是本人的营业地或者代理人的惯常居所地时,则以该国法律作为适用的法律。如果代理人或者本人有一个以上营业地时,则上述所讲的营业地应以与代理关系最密切联系的营业地为准。

3. 准据法的适用范围。根据上述法律适用规范所确定的准据法适用于代理关系的成立、效力、当事人的义务、履行的条件、不履行的后果以及义务的消灭。该准据法特别适用于:(1)代理权的存在和范围、变更或终止、代理人逾越权限或滥用代理权的后果;(2)代理人指定替补代理人、分代理人或增设代理人的权利;(3)在代理人和本人之间存在潜在的利益冲突的场合,代理人以本人名义订立合同的权利;(4)非竞争性营业的条款和信用担保条款;(5)在顾客中树立的信誉的补偿;(6)可以获得赔偿损害的种类。

(三)代理人和第三人之间的关系的法律适用

1. 基本规则。对于本人和第三人之间的关系、代理人权利的存在和范围以及代理人行使或意在行使其权利的效力,应适用代理人行为时的营业机构所在地法。

2. 辅助规则。以下情况,适用代理人行为地国国内法:(1)本人在该国境内设有营业所,或虽无营业所但设有惯常居所,而且代理人以本人名义进行活动;(2)第三人在该国境内设有营业机构,或虽无营业机构但设有惯常居所;(3)代理人在交易所或拍卖行进行活动;(4)代理人无营业所。

3. 如果当事人一方有一个以上的营业所,则上述所讲的营业地指与代理人的有关行为有密切联系的营业所。

4. 尽管有上述规定,但如果本人或者第三人已经以书面形式指定了适用的法律,且已被另一方当事人明示接受的,则适用双方所选择的法律。

5. 代理人依其授权行为、越权行为或无权行为所发生的代理人和本人的关系,也适用依上述规则所确定的法律。

(四)其他规定

1. 强制性规则必须适用。在适用公约确定准据法时,如果根据与案情有重大联系的国家的法律,该国的强制性规则必须适用,则该强制性规则应予适用,不管该强制性规则规定的是何种法律。

2. 公共政策保留。根据公约规定应适用的法律,只有其适用明显地与公共政策相抵触时,才可以被拒绝适用。

3. 公约规定不接受任何反致、转致和间接反致。

(五)《商业代理合同起草指南》

国际商会于1960年制定了《商业代理合同起草指南》,其旨在提供统一的咨询意见,提出调整本人与代理人之间的内部关系时应注意的问题,它仅适用于以本人名义活动的直接代理人。

《商业代理合同起草指南》采用意思自治原则。

《商业代理合同起草指南》虽然仅在于试图实现本人与代理人的代理合同标准化,并不能从实质上统一国际代理法,但其提供的咨询意见本身,对促进国际代理交易惯例的发展无疑是个重要因素。该指南已得到商业界的广泛应用。

■步骤三　总结

1. 关键知识

代理的概念和特征

代理的种类、代理权的产生和终止

国际商贸活动中的代理方式

2. 关键技能

在学习代理法律关系的基础上，形成对国际商事代理的整体认识。理解代理权的种类、代理权的产生和终止，了解目前国际上关于代理的法律规定。

■步骤四　综合训练

一、单项选择题

1. 英美法系的代理发源于(　　)。

A. 美国　　B. 英国　　C. 加拿大　　D. 澳大利亚

2. 下列(　　)不是《关于代理的法律适用公约》的缔约国。

A. 法国　　B. 荷兰　　C. 阿根廷　　D. 英国

3. 下列(　　)不是英美法系中代理权产生的依据。

A. 法定代理　　B. 明示授权　　C. 默示授权　　D. 客观必须的代理

4. (　　)是指本人以口头或书面的方式明确地指定某人为其代理人的行为。

A. 明示授权　　B. 默示授权　　C. 委托代理　　D. 追认代理

二、多项选择题

1. 代理人的义务有(　　)。

A. 亲自代理的义务

B. 对本人诚信、忠实的义务

C. 代理人有向本人报告账目的义务

D. 代理人应勤勉地履行代理义务

E. 披露与通知义务

2. 以下(　　)是《国际货物销售代理公约》代理权终止的理由。

A. 代理人和本人协议终止

B. 代理事项完成

C. 本人撤销代理权或者代理人放弃代理权

D. 代理权根据适用的法律规定而终止

3. 以下(　　)代理业务不在《国际货物销售代理公约》的适用范围内。

A. 证券交易所、商品交易所或者其他交易所交易商的代理

B. 拍卖商的代理

C. 家庭法、夫妻财产法或继承法规定的法定代理

D. 对无行为能力人的法定代理，或由司法部门授权对无行为能力人的指定代理

4. 在代理合同中存在的关系有(　　)。

A. 本人与代理人之间的关系

B. 代理人与第三人之间的关系

C. 本人与第三人之间的关系

D. 国家与法定代理人之间的关系

三、判断题

1. 无权代理是指代理人在代理权欠缺的情况下进行的代理行为，即代理人自始没有代理权、超越代理权或代理权消灭等情况下进行的代理行为。(　　)

2. 表见代理是一种无权代理。(　　)

3. 追认代理是大陆法系代理权产生的方式之一。(　　)

4. 代理只涉及两方当事人即本人和代理人。(　　)

四、简答题

1. 简述代理的概念及特征。

2. 简述英美法系代理权产生的原因。

3. 简述代理的种类。

4. 简述代理人的义务有哪些。

五、案例分析题

甲和乙系邻居，两家关系很好。因业务需要，甲被单位派往国外工作，走前拜托乙照看自己的财产。甲从国外给乙打电话，称其在国外买了摄像机，家里原来的旧摄像机不要了，请乙帮忙以合适的价格卖掉。乙的同事叶子听说此事后，想买又不愿多出钱，叶子就对乙说："你给甲打个电话，就说这台旧的摄像机坏了，要想快点出手就得降低价格。"乙觉得自己和叶子是同事，不答应他会影响今后的关系，且叶子最近在帮他介绍女朋友，于是就按叶子的意思给甲打了电话，甲说既然摄像机坏了，降价就降价吧。于是，乙就以500元的价格把摄像机卖给了叶子。三个月后甲从国外回来，乙不小心说漏嘴其实摄像机没坏。甲很生气，要求乙返还摄像机或多给三千元。

请问：(1)乙和叶子买卖摄像机的行为是否有效？

(2)本案应如何处理？

工作任务四　合同法

■步骤一　宣布本次教学的工作任务及目标

教学内容：各国法律规定的有关合同的基本知识。

教学目标：了解相关国家关于合同的主要法律规定，基本掌握有效订立合同的条件，合同的履行、让与、终止及违约救济等有关法律规定，运用所学知识，在实践中分析和解决订立和履行合同中遇到的相关问题。

■步骤二　工作任务

项目活动1　合同概述

【案例导入】

2010年，甲看中了某房地产公司经营的一处房子，欲购买，于是与房地产公司签订了一份定金协议并支付了1万元的定金。同时在定金协议中约定自签订定金合同之日起15日内签订购房合同，并支付房子总价款30%的首付款。后甲拿到房地产公司提供的格式合同后发现，该合同中的诸多条款明显对甲不利，于是甲提出了修改合同条款，但遭到房地产公司的拒绝。房地产公司称他们的合同是统一拟定的，不能因某个人而修改合同条款。于是双方对是否修改合同条款问题发生争议。甲提出，若房地产公司不肯修改合同条款，则要求房地产公司退还已交付的1万元购房定金；而房地产公司则表示，甲可以不签订合同，但是1万元购房定金不予以退还。

请问：

(1)什么是合同？

(2)合同有哪些特点？

(3)本案应如何处理？

【必备知识】

一、合同的概念

合同是当代社会进行各种经济活动和交易活动的基本形式，是最常见、最必要的确定当事人之间民商事权利与义务的根据。在国际经济贸易领域，无论是货物买卖、技术转让，还是租赁业务、工程承包以及合资经营，无一不以合同的形式进行。规定和调节各种合同关系的合同法，是当代各国民商法法律制度的重要组成部分。而对于合同的概念，在不同的国家、不同的法系有不同的理解。

（一）大陆法系

在大陆法系国家中，《法国民法典》第1101条对合同下了定义：“合同是一人或数人对另一人或数人承担给付某物、做或不做某事的义务的一种合意。”这里把合同作为一种合意，即只有当事人之间意思表示一致，合同才可以成立。

《德国民法典》第305条规定：“依法律行为设定债务关系或变更法律关系的内容者，除法律另有规定外，应依当事人之间的合同。”这里把合同作为法律行为的一种。所谓法律行为是指当事人之间为了发生私法上的效果而进行的一种合法行为。

（二）英美法系

英美法系国家认为合同的实质在于当事人之间所作出的“允诺”或“许诺”，而不是当事人的合意，而只有法律上认为有约束力的、在法律上能够强制执行的许诺，才能成为合同。如1932年美国法学会编纂的《合同法重述》对合同下的定义：合同是一个许诺或一系列许诺，违背这种许诺，法律给予救济，或者法律以某种方式承认履行这种许诺乃是一项义务。

（三）我国规定

我国《合同法》第2条规定，合同是平等主体的自然人、法人、其他组织之间设立、变更、终止民事权利义务关系的协议。该条排除了对婚姻、收养、监护等身份合同的调整。可见，我国对合同定义的理解认为合同仅指债权债务关系合同，而不包括物权及身份合同。

尽管两大法系以及我国对合同的概念理解不尽相同，但在对合同成立要件的看法上是一致的，即都认为双方当事人的意思表示一致是合同成立的要件。如果双方当事人不能达成协议，就不存在合同。

二、合同的特点

1. 合同是双方的民事法律行为

合同是两个或两个以上的当事人意思表示一致的协议，而不是单方面的协议。合同作为一种双方民事法律行为，其行为主体必须是两个或两个以上，单方当事人的民事法律行为不能构成合同关系。如遗嘱人立遗嘱的行为。而法律行为是指能够在当事人之间设立、变更、终止某种民事权利义务关系的行为。如甲邀请乙看电影，乙因为有事没有前去赴约；甲拾得乙丢失的手机等都不存在设立、变更、终止某种民事法律行为，因此也不能构成合同法律关系。

2. 合同是当事人意思表示一致的行为

合同作为一种协议，是当事人意思表示一致的产物。它在本质上要求双方当事人具有平等的法律地位。因为只有合同各方彼此承认对方是与自己平等的主体，才能通过协商，在各自充分发表意见的基础上接受对方的条件，从而实现意见一致以达成共识。如果双方当事人之间的意思表示不一致，就不能达成协议，合同因此也不能成立。

3. 合同是明确表示各方当事人权利义务的协议

合同关系就是各方当事人的权利义务关系,当事人订立合同的目的即设立、变更或终止相互的权利与义务关系。

4. 合同是具有法律约束力的协议

合同关系是法律上的权利与义务关系。当事人的合同权利受法律的保护,而当事人的合同义务则受法律的制约。当事人违反合同,必须承担相应的法律责任。同时,依法订立的合同受法律的保护,而违法订立的合同在法律上则是无效的。如购买枪支弹药的合同;赌博合同;购买毒品的合同等。

三、合同的基本原则

(一)自由原则

合同自由原则是近代西方合同的核心和精髓。合同自由原则包括:1)缔结合同的自由。即缔约当事人有权决定是否与他人缔约。2)选择相对人的自由。即指缔约当事人有权选择缔约相对人是甲或是乙。3)决定合同内容的自由。即指当事人在法律规定的范围内,可以自由确立合同的条款,可以通过双方当事人的协商,改变法律的任意性规定。4)变更和解除合同的自由。即指当事人有权通过协商,在合同成立以后变更合同的内容或解除合同。5)选择合同方式的自由。即指当事人依法享有选择合同方式的自由。即除法律有特别规定外,当事人有权选择合同方式,可以是书面的,也可以是口头的形式。当然,对于口头形式的合同,当事人负有举证证明合同关系和合同内容的责任。

(二)正义原则

合同正义原则是对自由原则的一种补充。合同正义原则,是指当事人在缔约、履约过程中,应合理分配权利、义务、责任,体现公平正义的价值。正义包含公平但不限于公平,正义还包括公正、正当、平等的要求,体现着人类所求的一种价值目标。合同正义包括个别正义与一般正义、形式正义与实质正义。合同的个别正义表现为具体合同关系的当事人所能得到的正义,例如,合同当事人的权利对等、合同风险的分担、规则的合理设计等,就属于个别正义的范围。合同的一般正义表现为一般人所能得到的正义,例如合同法承认强制缔约就属于实现合同的一般正义。合同的形式正义表现为合同法上赋予当事人以平等的缔约权,合同当事人在合同中的法律地位是平等的,不因其经济势力、社会地位及行政权力不同而有所差异。合同的实质正义表现为合同法保证当事人的真实意思表示的实现以及合同权利义务的公平,对违背当事人的真实意思表示或合同权利义务显失公平的合同给予否定性评价。

(三)鼓励交易原则

当事人订立合同,其目的是实现自身的利益,因此,为了保证当事人的合同权益顺利实现,必须确立鼓励交易原则,在经济交往中,不能随意地确认合同无效或可撤销。鼓励交易中的“交易”是指合法的交易，对那些不合法的交易，除了依照法律的规定认定为无效或者被撤销外，过错方还将承担一定的法律责任。

【技能操练】

甲在某镇开设唯一的电影院，记者乙报道该电影院卫生设备不佳。某日该电影院放映“集结号”，甚为轰动，乙前往购票，甲加以拒绝。乙主张甲有缔约义务；甲则主张自己有缔约与否的自由。

请问：

（1）乙的主张有无法律依据？

（2）若乙批评的是该镇唯一经允许设立的甲煤气公司时，甲能否拒绝乙申请装设煤气？

项目活动2　合同的有效成立

【案例导入】

16岁的甲去汽车公司购买汽车，销售人员因其是未成年人而拒绝了他。第二天甲带来他的朋友乙，一个23岁的年轻人，甲为汽车付了款，并以乙的名义订立了购车合同。然后，该公司销售人员带领二人去公证处，乙在公证处做公证，将汽车转让给甲，销售人员于是将车交给了甲。后来，甲的父亲知道了这件事，要求把汽车退掉、偿还原价，但遭到汽车公司的拒绝。不久，甲的父亲在一次交通事故中把车损坏了。随后，甲通过他的父亲向法院起诉，要求否定汽车销售合同并索还原价。

请问：

（1）该购车合同是否有效成立？

（2）本案应当如何处理？

【必备知识】

合同的有效成立，是指合同当事人意思表示一致，达成对双方都有法律约束力的协议。各国合同法对合同的成立都规定了一定的条件，具体包括：当事人的缔约能力，要约与承诺、对价与约因，合同的形式，合同的合法性，意思表示的真实性等。

一、当事人的缔约能力

当事人的缔约能力，是指当事人订立合同时应当具有法律规定的相应的权利能力和行为能力。只有符合条件的人才能缔结有效的合同，才能相应地享有合同的权利，承担合同的义务。各国对当事人的缔约能力都做了明确的规定。

（一）自然人的缔约能力

1. 大陆法系

德国法将自然人分为无行为能力人与限制行为能力人两种情况。依据《德国民法典》第104条的规定：未满7岁的儿童；处于精神错乱状态，不能自由决定意志，而且按其性质此种状态并非暂时者；因患精神病被宣告为禁治产者，均属于无行为能力人。禁治产指的是因精神病或因有酒癖不能处理自己的事务，或因浪费成性有败家之虞者，经其亲属向法院提出请求，由法院宣告禁止其治理财产。这些人订立的合同都不具有法律效力。

根据《德国民法典》规定，年满 7 岁的未成年人属于限制行为能力人。他们在未征得其法定代理人同意的情况下订立的合同，必须经法定代理人追认后，才能生效。未成年人取得完全行为能力后，对于先前未经法定代理人同意所签订的合同，能以其自己所做的追认替代法定代理人的追认。

法国法没有无行为能力与限制行为能力的区别，仅以缔约当事人的行为能力作为合同有效成立的必要条件。《法国民法典》第 1124 条规定，无订立合同能力的人包括：未解除亲权的未成年人；受法律保护的成年人，包括官能衰退者和因挥霍浪费、游手好闲以致陷入贫困者。未成年人和受法律保护的成年人订立合同必须取得其监护人或管理人的同意，否则无效（须经法院宣告无效）。

2. 英美法系

英美法规定，未成年人、精神病者、酗酒者都属于缺乏缔约能力的人，对他们缔结的合同，根据不同情况可能产生三种结果：具有约束力，可以撤销，无效。

（1）未成年人

英美法规定，未成年人是指未满 18 周岁的人。原则上未成年人没有缔结合同的能力，未成年人对其缔结的合同，在其成年后可以予以追认，也可以要求撤销，但购买生活必需品的合同除外。

知识窗口

未成年人的生活必需品是指：必需的食品、饮料、衣服，必需的药品以及诸如此类的其他必需品，还要类似的为获得良好的教育或指导所必需的东西。

在英美法合同法上唯一绝对地约束未成年人的合同是购买必需品的合同，包括向未成年人提供其生活必需的商品和服务的合同，也包括维护未成年人利益的合同，特别是学徒合同和教育合同。其依据是："一个未成年人如果对于必需品也没有信誉，他就会挨饿。"

（2）精神病人

精神病人在被宣告神经错乱以后缔结的合同一律无效；精神病人在被宣告神经错乱之前缔结的合同可以要求撤销。

（3）酗酒者

酗酒者缔结的合同原则上有强制力，但如果酗酒者在缔结合同时，由于酗酒而失去行为能力，则可以要求撤销合同。

案例思考

艾森今年17岁在美国某州上大学,由于父母双亡,他不得不去工作来支付他昂贵的学费和日常的支出。他找到一家中介机构,签订一份协议,如果该机构能为他找到一份月薪是10000美元以上的工作,他将支付给该机构500美元的中介费。机构为他找到了一份月薪12000美元的工作,但艾森一直未支付中介费。该机构起诉,艾森以自己订立合同时尚未成年为由进行抗辩,当时该州成年年龄为18岁。初审判艾森胜诉,该机构上诉。

请问:艾森以其未成年不能订立合同的抗辩理由是否成立?

3. 中国法

中国法把自然人的缔约能力分为三类:

(1)完全行为能力

18周岁以上的公民是成年人;已满16周岁未满18周岁以自己的劳动收入为主要生活来源的人。他们都具有完全的缔约能力。

(2)限制行为能力

10周岁以上的未成年人以及不能完全辨认自己行为的精神病人是限制行为能力人。他们可以从事与其年龄、智力、精神健康状况相适应的民事活动。其他民事活动由其法定代理人代理,或者事先征得其法定代理人的同意。

(3)无行为能力

10周岁以下的未成年人以及不能辨认自己行为的精神病人是无行为能力人。他们所签订的合同无效,必须由其法定代理人代为进行,但纯获利益的合同除外。

(二)法人的缔约能力

法人是相对于自然人的一个概念,是指拥有独立的财产,能够以自己的名义享受民事权利,承担民事义务的社会组织。法人与自然人不同,其行为能力与其权利能力完全一致,而权利能力是由法律规定或由公司章程确定的。依据各国法律规定,法人超越特许经营范围而订立的合同无效,但是随着经济的发展,传统的无效原则渐渐被废弃。许多大陆法国家认为,公司的缔约行为超越章程范围时不能证明相对人为恶意则合同仍为有效,在此情况下,仅发生有关负责人对公司的民事责任。而英美法国家认为,公司章程不能穷尽所有的事项,如果公司从事与主营业务相关的活动,那么此行为有效。

二、要约与承诺

如前所述,尽管各国对合同的概念表述不尽相同,但在合同成立要件上是一致的,即都认为双方当事人的意思表示一致是合同成立的要素。合同是当事人意思表示一致的结果。法律上把当事人的意思表示一致分解为要约和承诺。一般而言,一方的承诺与对方的要约相一致,即可构成一项具有法律约束力的合同。因此,要约和承诺是合同成立的两个关键问题。

(一)要约

1. 要约的概念

要约在国际贸易实务中通常称为“发盘”、“发价”等。是指要约人向受要约人发出的愿意与之订立合同的意思表示。发出要约的一方为要约人,接受要约的一方为受要约人。要约可以采取口头形式,也可以采取书面等其他形式。

2. 要约的构成要件

根据各国合同法规定,一项要约,如果要使其有效成立,必须具备以下4个要件。

(1)要约是向一个或一个以上特定的人发出的意思表示。要约不能凭空发出,也就是说受要约人一般是特定的相对人或其代理人,而不能是社会公众。如各国法律一般规定,面向公众寄送的价目表、拍卖公告、招标公告、招股说明书、商业广告等不是要约。但也有例外,如根据各国法律规定,悬赏广告的刊登、自动售货机的设置、公共汽车的运营等,虽然是向不特定的社会公众发出的,但是仍将其视为要约。

(2)要约必须以订立合同为目的。

要约要明确表示要约人愿意按所提条件与受要约人订立合同的意思表示。因此,一旦经受要约人作出有效承诺,合同即告成立,无须再征得要约人的同意或经其确认,要约人也不能反悔或对其加以否认。因此,凡不是以订立合同为目的的意思表示,不是要约。

要约邀请,是指希望他人向自己发出要约的意思表示。如前所述,在商业活动中,公司向交易对方寄送的报价单、价目表及商品目录等,其目的是吸引对方向自己发出订货单,因此属于要约邀请。只有当对方收到上述报价单或价目表后发出订货单,这种订货单才是要约。

知识窗口

要约与要约邀请的区别:1)直接目的不同。要约是希望和他人订立合同,而要约邀请是希望他人向自己发出要约;2)相对人的要求不同。一般而言,要约相对人是特定的,而要约邀请可以是不特定的;3)内容不同。要约内容要求明确具体,足以确定将来合同的内容,而要约邀请没有具体的内容;4)结果不同。要约人一经发出要约,对方承诺,要约人即受到要约的约束,而要约邀请中,即使对方完全同意或接受该要约邀请所提出的条件,发出该项要约邀请的一方仍不受约束。

(3)要约的内容必须具体明确。

要约的内容必须具体明确、全面,基本足以确定将来要订立合同的主要条款,如标的、价款、数量、质量和履行的时间、地点、方式等。但《美国统一商法典》对此要件作了灵活规定:货物买卖合同的要约须明确货物的数量或计量方法,其他可以日后确定,发生争议后,由法院依所谓合理的依据确定。我国《民法通则》中也有类似的规定。也就是说,要约的内容至少要包括标的和数量或计量的方法,否则无法承诺而使合同成立。

(4)要约必须送达受要约人才能生效。

要约生效即要约发生法律效力。至于要约何时生效,两大法系国家有不同的观点。大陆法系国家认为要约到达即生效。即要约到达受要约人后发生法律效力。因为只有受要约人收到要约并得知其中内容后,才可能决定是否予以承诺。英美法国家认为要约原则上对要约人是无拘束力的,因此,要约送达受要约人时不发生法律效力,在受要约人做出承诺时,要约才产生拘束力。《联合国国际货物销售合同公约》(简称《公约》)及我国的《合同法》均采用到达生效的观点,即规定要约必须在送达受要约人时生效。

3. 要约的约束力

要约的约束力包含两个方面的含义:(1)对受要约人的约束力;(2)对要约人的约束力。一般而言,要约对受要约人是没有约束力的。要约对要约人是否有约束力各国法律规定也不一致。

(1)对受要约人的约束力

一般而言,要约对受要约人是没有约束力的。受要约人接到要约后,在法律上获得的是承诺的权利,但不受要约的约束,也不承担必须承诺的义务。不仅如此,在通常情况下,受要约人即使不予承诺,也没有通知要约人的义务。但有些国家法律规定,在某些商业交易中,受要约人无论承诺与否,均应通知要约人。如《德国商法典》与《日本商法典》中均规定,商人对于平日经常往来的客户,在其营业范围内,在接到要约时,应立即发出承诺与否的通知,如果怠于通知,则视为承诺。但一般而言,缄默不等于承诺。

案例思考

某出版社给甲寄来一本报关员的模拟试题册,要求甲如果不购买此书,请按原地址寄回;如果购买,则将书款寄回出版社。

请问:甲若收到此书,但无意购买,该如何处理?

(2)对要约人的约束力

要约对要约人的约束力主要是指要约人发出要约后受要约人承诺之前能否反悔,能否对要约的内容予以变更或撤销的问题。这里就涉及要约的撤回或撤销。所谓撤回,是指要约发出之后效力发生之前,将其收回,使其不发生法律效力。所谓撤销,是指要约发生法律效力之后,受要约人做出承诺之前,使其失去法律效力的行为。对这两个问题各国有不同的规定。

大陆法系认为,要约原则上对要约人有拘束力。除非要约人在要约中注明不受要约的约束。如果在要约中规定了有效期,在有效期内不得撤销或变更要约。

英美法系认为,要约对要约人无约束力,要约人在受要约人作出承诺之前的任何时候都可以撤回或变更要约,即使要约人在要约中规定了有效期限,他仍然可以在期限届满前随时把要约撤回。

《公约》规定,要约在被接受以前,原则上可以撤销,但有下列情况之一则不能撤销:1)要约写明承诺的期限或者以其他方式表示要约是不可撤销的;2)受要约人有理由信赖该项要约是不可撤销的,并已本着对该项要约的信赖行事。

4. 要约的失效

要约的失效是指要约失去法律效力,无论是要约人还是受要约人均不再受要约的约束。要约失效的情形主要有以下几种:

(1)要约因有效期过而失效。如果要约规定有效期,则在该期间届满前,受要约人未作出承诺,则要约自行失效。受要约人在有效期届满后做出承诺的,视为一项新的要约。

(2)要约因受要约人的拒绝而失效。受要约人的拒绝有两种情形:一种是明白表示不接受要约;另一种是受要约人虽没有明白表示拒绝,但对要约的内容做了实质性的变更。如要求降低价格、改变数量及付款方式等,其效果也视同对要约的拒绝,在法律上也等于受要约人对要约人发出了一项反要约,须经原要约人承诺后,合同才能成立。

(3)要约因被要约人撤销而失效。关于要约撤销问题前已述及,要约一旦被撤销,即失去了法律效力。

案例思考

10月1日,居住在加州的甲邮寄一份要约给居住在纽约的乙,10月4日,甲邮寄一份撤销10月1日要约的通知。10月3日,乙发出一份电报对10月1日的要约承诺。10月5日,乙邮寄一封确认承诺的信。10月6日,乙收到甲于10月4日寄来的撤销通知。

请问:甲的撤销是否有效?

(二)承诺

1. 承诺的概念

承诺是指受要约人完全同意要约内容的一种意思表示。要约已经承诺,合同即告成立。承诺可以采用书面、口头形式,也可以用行动作出。

2. 承诺的构成要件

一项有效的承诺,必须具备以下4个要件。

(1)承诺必须由受要约人向要约人作出。受要约人包括其本人及其授权的代理人。除此以外,任何第三者即使知道要约的内容并对此作出同意的意思表示,也不是承诺,不能成立合同。

(2)承诺应在要约的有效期内作出。如果要约规定了有效期,则必须在该期限内承诺;如果要约未规定有效期,则必须在“依照常情可期待得到承诺的期间内”(大陆法)或在“合理的时间内”(英美法)承诺。如果承诺的时间迟于要约的有效期,则称为“逾期承诺”。逾期承诺有两种情况:①因迟发而迟到的承诺;这种情况承诺必须经过要约人的确认后才能生效,合同才能成立。②非因迟发而迟到的承诺。这种承诺仍属于有效的承诺,除非要约人立即表示异议。《公约》、《合同通则》及我国《合同法》都做了类似的规定,在这种情况下,要约人如果要拒绝承诺,必须要履行及时通知的义务,否则法律将推定承诺没有逾期。

(3)承诺的内容应与要约内容一致。承诺是受要约人愿意按照要约的内容与要约人订立合同的一种意思表示,因此,承诺的内容应当与要约的内容一致。如果受要约人在承诺中将要约的内容加以扩充、限制或变更,从原则上说,这就不是承诺而是一项反要约,它是对原要约的拒绝,不能发生承诺的效力,应视为是一项新的要约或反要约,它必须经原要约人的承诺才能成立合同。但是在这个问题上,各国法律规定不尽一致。

在这个问题上,美国做法较为灵活。美国《统一商法典》规定,承诺“即使与原要约或原同意的条款有所不同或对其有所补充,仍具有承诺的效力”。我国《合同法》也规定,“承诺对要约的内容作出非实质性变更的,除要约人及时表示反对或者要约表明承诺不得对要约的内容作出任何变更以外,该承诺有效,合同的内容以承诺的内容为准。”《公约》与《合同通则》也有类似的规定。

(4)承诺的传递方式应符合要约所提出的要求。要约人在要约中可以对承诺的传递方式作出具体规定,如要约人指定以电报或电传等方式作出承诺,则受要约人就不能以平信或空邮的方式传递,否则合同不能成立。一般而言,承诺应以明示或以行为的方式作出,缄默或者不行为本身不构成有效的承诺。

3. 承诺的撤回

承诺的撤回,是承诺人阻止承诺发生法律效力的一种意思表示。承诺撤回的意思表示必须在其承诺生效之前作出,才能产生使承诺消灭的法律效果。而对于承诺的生效,各国对此规定不尽相同。

大陆法系认为,承诺的生效采用“到达主义”原则,所以承诺可以撤回。

英美法系认为,承诺的生效采用“投邮主义”原则,承诺一经作出,即发生效力,合同即告成立,所以不存在承诺的撤回问题。

我国《合同法》采取的是“到达主义”原则,对于承诺也可以撤回。

案例思考

甲公司于2010年8月1日给乙公司发了一份电邮称:“现有当年产玉米50吨,每吨价格1200元,如贵方需购,望于接到之日起一周内回复为盼。”8月2日乙公司给甲公司回复称:“接受贵方条件,但望以每吨1000元成交。”

请问:

(1)甲乙之间的合同是否成立?为什么?

(2)如果乙公司在8月2日回复甲公司称:“完全接受贵方条件”,则甲乙之间的合同关系是否成立?为什么?

(3)如果乙公司在接到甲公司的电邮后,于8月2日派人直接去付款提货时,甲公司将这50吨玉米高价卖给了丙公司,甲公司是否需对乙公司承担责任?

三、对价与约因

根据某些国家的法律要求,在法律上有效的合同,除了具备当事人之间意思表示一致的要件外,还必须具备另一项要件。即对价或约因。对价是英美法的概念,约因是大陆法系中法国法的概念。两大法系中有这样一个格言:没有约因(对价)的口头合同不产生诉权。但在德国法中没有约因的概念,而是其他一些相应的规定。

(一)对价

1. 对价的概念

1875年英国高等法院法官路希在科里诉米萨一案中对“对价”是这样定义的:有价值的对价,从法律意义上来说,或是一方当事人所得到的某种权利、利益、利润或好处,或是一方当事人所做的某种克制、所遭受的某种损害、损失或所承担的某项义务。近年,英美法对于对价的解释是:对价是作为报答允诺实际给予或答应给予的东西。强调的是当事人之间的一种相互给付关系。即“我给你是为了你给我”的关系。

2. 对价的条件

在英美法中,一项有效的对价必须具备以下条件:

(1)对价必须来自受允诺人。只有对某项允诺付出了对价的人,才能要求强制执行此项允诺。例如,甲向乙许诺,只要乙帮他卖掉房子,就付给丙1万美元。如果乙帮甲把房子卖掉了,但甲最后拒绝支付1万美元给丙,则丙不能请求法院强制履行甲对其付钱的许诺。因为甲许诺的对价来自于乙,而丙没有提供任何的对价。

(2)对价必须具有某种价值,但不要求等价。对价必须真实、有价,但不要求完全等价。例如,甲以5000美元购买乙的汽车,这份合同是有对价的,至于这辆汽车是否值

5000 美元法院不予过问。

(3)法律上或职责上的义务不能作为对价。例如,甲的钱包被抢,甲边追边喊,若谁能追回他的钱包,他愿意奖励 100 块钱。结果身为警察的乙捉到小偷并拿回钱包,但是甲反悔不给 100 块钱的奖赏,则乙不能起诉甲索要奖赏,因为这是属于职责上的义务,不能成为对价。

(4)对价不能是过去的对价。英美普通法把对价分为三种:待履行的对价、已履行的对价和过去的对价。待履行的对价是指双方当事人允诺在将来履行的对价。例如,当事人双方签订一份合同,约定甲用一个月的时间为乙画一幅肖像画,画好之后乙付款给甲。这个合同中的交付画像和付款都是待履行的对价,属于有效的对价。已履行的对价是指一方当事人以其作为要约或承诺的行为,已全部完成了其根据合同所承担的义务,只剩下对方还没有履行其义务。例如:甲主动给乙发了一批货,乙很满意并接受了货物,合同即告成立。这种是以要约的行为作出的。以承诺的行为作出的,又如,甲遗失一包,悬赏如有人拾到归还即付给酬金 100 美元。后乙拾到并归还给甲,合同即告成立,乙的行为就属于已履行的对价,甲有义务给付约定的酬金。过去的对价是指一方在对方做出允诺之前已经完全履行完毕的对价。例如,甲写了一本书,他的好友乙出于好意为他校对、排版,甲很满意,答应给乙 50% 的稿费。但是乙的校对、排版行为都是甲许诺之前的行为,不能作为甲后来作出许诺的代价。

案例思考

甲生病住院,他的同学乙无微不至地照顾他直至出院,甲很感动,答应给乙 200 美元作为酬谢。

请问:甲的许诺有无对价?

(5)对价必须是合法的。对价的内容如果是法律所禁止的,则是无效的。例如,甲对乙许诺,只要乙将丙杀死,即付给乙 100 万美元。由于这种对价的内容违法,所以合同无效。

3. 对价原则的例外

(1)“不得自食其言”的原则。即若允诺人在做出允诺时,预见到或理应预见到受允诺人会信赖其允诺而做出某种实质性的行为或者放弃去做某种行为,并导致了受允诺人的损失,只有强制执行该项允诺才能避免产生不公平的后果,那么,即使该项允诺缺乏对价,也应予以强制执行。

(2)签字蜡封式的合同无须对价。英美普通法中将合同划分为两种:一种是简式合同,这种合同必须要有对价,否则无效。另一种是签字蜡封式的合同,这种合同由当事人签字,加盖印鉴并把它交给对方而做出。其有效性取决于它的形式,无须对价。

(3)修改现有合同的协议。美国《统一商法典》第 2 - 209 规定,修改原合同的协议,即使缺少对价,仍具有效力。

(二)约因

1. 约因的概念

所谓约因,是指当事人通过合同想要达到的最直接和最接近的目的。例如,甲出售货物是为了得到货款,而乙支付货款是为了得到货物。根据《法国民法典》第 1131 条规定:"凡属无约因的债,基于错误约因或不法的约因的债,都不发生任何效力。"按照此解释,任何债的产生都必须有约因,否则不发生任何效力。如果约因为法律所禁止,或约因违反善良风俗或公共秩序,此种约因即属于不法的约因,也不发生任何效力。

2. 约因的例外

在有些合同中由于采用了法律规定的形式,所以成为约因原则的例外。例如,无偿合同或赠与合同。《法国民法典》第 931 条规定,赠与合同应以通常合同的方式,在公证人前作成,并应在公证处留存合同的原本,否则赠与合同无效。正是由于赠与合同采用了特定的订立形式,加上赠与人的赠与意思表示,使其替代约因而成为合法有效的合同。

四、合同的形式

合同的形式多种多样,如书面形式、口头形式、默示形式或其他形式。一般情况下,各国法律并不干涉当事人对各种合同形式的自由选择。但是在有些合同中,为了确保交易的安全、公正,许多国家法律规定,某些特殊类型的合同必须采用相应的特定形式,否则无效或不能执行。例如,买卖不动产的合同,一般需要签订书面的合同,甚至有些国家还规定了公证和过户程序,否则买方永远无法取得该项不动产的产权。我国法律也有类似的规定。在英国订立土地处置合同就必须采取书面形式。

五、合同的合法性

意思自治、合同自由是合同法的基本原则。但是为了维护经济秩序和社会秩序,各国法律都要求当事人订立的合同须合法,并规定凡是违反法律、违反社会善良风俗与公共秩序或公共政策的合同一概无效。

(一)违反法律的合同

所谓违反法律的合同,是指合同的标的或合同所追求的目标违反法律的强制性规定。例如,买卖毒品的合同、赌博合同、卖淫合同、差使他人犯罪允诺报酬的合同、以诈骗为目的的合同等都属于违法而无效的合同。

(二)违反社会善良风俗与公共秩序或公共政策的合同

所谓违反社会善良风俗与公共秩序,是大陆法国家的概念,是指订立合同所追求的目标违背了道德准则和社会公共秩序。例如,限制人身自由的合同、违背伦理的合同等。违反公共政策是英美法国家的概念,是指损害公共利益,违反法律明确规定的政策或目标,或旨在妨碍公共健康、安全、道德以及一般社会福利的合同。例如,限制贸易的合同、限制竞争的合同、限制价格及损害社会道德的合同等。

六、意思表示的真实性

有效成立的合同是当事人意思表示一致的结果。如果当事人意思表示的内容不真实,或有瑕疵,对于这种合同,当事人可以以此抗辩,要求该合同无效或是可撤销。根据各国法律规定,导致合同意思表示不真实的原因主要有以下几种:

(一)错误

错误是指合同当事人因对其行为的性质、对方当事人、标的物的品质等事实发生误解而作出的与其真实意思不一致的意思表示。对于作出错误意思表示一方,可以主张合同无效或要求撤销合同,对此各国有不同规定。

1. 大陆法系

《法国民法典》第1110条规定:“错误仅于涉及契约标的物的本质时,始构成无效的原因。如错误涉及当事人一方愿与之订约的他方当事人个人时,错误不成为无效的原因,但他方当事人个人被认为是契约的主要原因时,不在此限。”根据上述规定,标的物性质方面的错误以及当对方当事人的身份是其订约所考虑的特别重要事项时,涉及与其订立合同的对方当事人的错误,均可以构成合同无效的原因。

《德国民法典》第119条规定,“表意人所作意思表示的内容有错误,或者表意人根本无意作出此种内容的意思表示,如果可以认为,表意人若知悉情势并合理地考虑其情况后即不会作出此项意思表示时,表意人可以撤销该意思表示。”可见,德国法认为意思表示内容的错误,例如,缔约的原因是其搞错了货物的型号,而对方也从表意人的表述中知道了错误的存在。以及意思表示形式的错误,例如,把英镑写成欧元。这些都可以产生撤销合同的后果。

2. 英美法系

在关于错误问题上,英国法与大陆法系的主要区别在于:第一,英国法的要求比大陆法系更加严格。一般而言,英国普通法不允许以单方面的错误为理由使合同无效。第二,因错误而引起的后果也有区别。法国法以法律认定的错误认为合同无效,德国法对此认为可以撤销合同;而英国普通法与衡平法却采取不同的原则,如果根据普通法,则错误可以导致合同无效,如果根据衡平法,则可以撤销合同。

美国法同样认为,单方面的错误原则上不能要求撤销合同。至于双方当事人彼此都有错误时,也仅在该错误涉及合同的重要条款,即认定合同当事人或合同标的物的存在、性质、数量或有关交易的其他重大事项时,才可以主张合同无效或撤销合同。

3. 中国法

我国法律中没有“错误”的规定,但在《民法通则》和《合同法》中有“重大误解”的表述。所谓重大误解,是指行为人因对其行为的性质、对方当事人、标的物的品种、质量、规格和数量等的错误认识,使行为的后果与自己的意思相悖,并造成较大损失的,可以认定为重大误解。在我国,因重大误解而订立的合同,并不会导致无效。

案例思考

甲是一瑞士进口商,欲向新投入家禽买卖市场的新手乙购买75000磅甲级鸡,每100磅鸡肉300美元。乙接到订单后,立刻装运第一批鸡给甲。甲订单所购之鸡为一般餐馆和家庭所用烧烤或油炸的嫩鸡,但乙所装运的为老而多筋的炖鸡。与甲的要求完全相反,致使甲客户大量退货,拒绝使用,因而甲起诉乙。

法院在审理本案时,发现双方当事人对所购为何种"鸡"发生不同之认定。原告甲主观上及客观上均认定其所下订单为适于烧烤、油炸之嫩鸡,而被告乙主观上认为原告所要求者为一般之炖鸡,双方对鸡之种类均未再进行查证,即下订单即供货。法院在对本案判决之前,向美国农业部查证,所谓鸡者何所指。在美国农业部家禽分类鸡之项下,有六种之多,包括烧、烤、炸以及被告所供应之老筋烧汤用之鸡等。

请问:法院该如何处理本案?

(二)欺诈

所谓欺诈,是指一方当事人故意告知对方虚假情况,或故意隐瞒真实情况,诱使对方当事人做出错误意思表示的行为。各国法律规定,凡因受欺诈而订立合同的,蒙受欺骗一方可以撤销合同或主张合同无效。

1. 大陆法系

《法国民法典》第1116条规定,如当事人一方不实施欺诈,他方当事人绝不会订立合同者,则此种欺诈可以构成合同无效的原因。《德国民法典》第123条规定,凡被欺诈而为意思表示者,表意人得撤销其意思表示。可见,法国法认为欺诈的结果是可以使合同无效,而德国法则认为只能导致合同可以撤销。

2. 英美法系

英美法系英国法中把欺诈称为"欺骗性的不正确说明"。所谓不正确说明指的是一方在订立合同之前,为了吸引对方订立合同而对重要事实所作的一种虚假说明。英国《不正确说明法》中把不正确说明分为两种:一种是非故意的不正确说明,一种是欺骗性的不正确说明。可见,英国法中欺诈的情形比大陆法要广。在对欺诈问题的处理上,英国法规定,对于欺骗性的不正确说明,蒙受欺骗的一方可以撤销合同或拒绝履行其合同义务,并要求赔偿损失。对于非故意且没有疏忽的不正确说明,蒙受欺骗的一方可以撤销合同,但无权主动要求赔偿,只能由法官或仲裁员酌情考虑能否以损害赔偿代替撤销合同。对于非故意且有疏忽的,则蒙受欺骗的一方则可以撤销合同并请求损害赔偿。

美国法与英国法不同,美国法将欺诈与不正确说明做了区分。欺诈,受欺诈的一方有权撤销合同。不正确说明,除非不正确说明成为诱引一方当事人与之订立合同的因素,受害一方可以撤销由此订立的合同,否则其不影响合同生效。

3. 中国法

关于欺诈,我国《民法通则》和《合同法》中都有规定。所谓欺诈,指的是一方当事人故意告知对方虚假情况,或者故意隐瞒真实情况,诱使对方当事人作出错误意思表示的,可以认定为欺诈行为。

对于欺诈在合同上的影响,我国《合同法》根据受欺骗对象的不同进行了分别规定,如果欺骗的对象是国家,则可以导致合同无效;如果欺骗的对象是公民、法人等,则可能导致合同的变更或撤销。

案例思考

2010 年,上海某水果批发商在与一外地供应商联络时,获悉其能以优惠价格供应"黄岩"蜜橘,遂大量订购,但是在投放市场后,该批蜜橘的口感、水分等均与传统的黄岩地区生产的蜜橘有较大的差别,经与供应商交涉发现,该批所谓黄岩蜜橘不是黄岩地区专门生产的蜜橘,只是邻近一个瓜果生产厂家将其生产的蜜橘使用了未注册商标"黄岩"。

请问:水果批发商是否可以提出撤销该合同?

(三)胁迫

胁迫,是指以使他人产生恐惧为目的的一种故意行为。当事人在受胁迫情况下所做的意思表示,不是其内心的真实想法,不能产生法律上的效果。因此,各国法律一致都认为,在胁迫的情况下订立的合同,受胁迫的一方可以主张合同无效或可撤销。

1. 大陆法系

《法国民法典》第 112 条规定,如行为的性质足以使正常人产生印象并使其担心自己的身体或财产面临重大且现实的危害,即为胁迫。关于胁迫对合同效力的影响,《法国民法典》第 1111 条至 1114 条都规定了,当事人受胁迫订立合同的,可以撤销合同。对缔约人的配偶、直系亲属以及合同的义务承担人进行胁迫,也成为使合同无效的原因。至于由缔约双方当事人以外的第三人实施的胁迫,大陆法各国都认为,即使合同的相对人不知情,受胁迫的一方也有权撤销合同。

2. 英美法系

英美法认为,胁迫是指对人身施加恐吓、施加暴力或监禁。英美法除普通法上的胁迫外,在衡平法中还有"不正当影响"的概念。现在,这两个概念已经合二为一。所谓不正当影响,是指一方当事人利用与另一方当事人的特殊关系或利用其特殊地位,以订立不公平的合同为手段,从中谋取额外利益的行为。例如,父母与子女、律师与当事人、监护人与未成年人以及医生与病人之间所订立的合同,如果这类合同有不公正的地方,即可推定为有"不正当影响",蒙受不利的一方当事人可以撤销合同。可见,英美法系中,在胁迫情况下订立的合同,可以导致合同的可撤销。

案例思考

甲得知乙老太太很有钱,于是甲利用作为乙长期律师的朋友丙花言巧语的影响,诱使乙签署了低息贷款的合同。后乙得知真相后,要求以不当影响为由撤销合同。

请问:乙能否以不当影响为由撤销合同?

3. 中国法

我国《民法通则》与《合同法》中有关胁迫的规定,即认为一方以胁迫手段订立合同,对方有权请求变更或撤销,而如所订立的合同损害国家和社会利益的,则合同无效。

(四)显失公平

显失公平与错误、欺诈、胁迫一样,都属于不能体现当事人真实意思表示的情形。显失公平最先起源于罗马法,《查士丁尼法典》中首创了"短少逾半规则",即买卖价金少于标的物价值一半时,出卖人可以解除合同,返还价金并请求返还标的物。现代各国法律、判例均规定,在显失公平情况下订立的合同,准许遭受不利的一方请求撤销或变更合同。

1. 大陆法系

《法国民法典》明确规定,当事人双方债务有失公平因此一方遭受损失的事实,遭受损失的一方当事人可以请求撤销合同。《德国民法典》规定,显失公平的行为就是乘他人穷困、无经验、缺乏判断力或意志薄弱而实施的法律行为,基于这种情形订立的合同,不利方得主张撤销合同。

2. 英美法系

英美法国家的法律比较强调对"显失公平"合同中的受害人的保护。如《美国统一商法典》规定,如果法院发现合同或合同的任何条款在签订时显失公平,法院可以拒绝强制执行,或仅执行显失公平部分以外的其他条款,或限制显失公平条款的适用,以避免显失公平的后果。但是,受害人对合同的"显失公平"具有举证的义务,以帮助法院做出裁决。

3. 中国法

关于显失公平,我国《民法通则》与《合同法》中都有规定。所谓显失公平,是指一方当事人利用优势或者利用对方没有经验,致使双方的权利义务明显违反公平、等价有偿原则的,可以认定为显失公平。

对于显失公平在合同上的影响,我国《合同法》规定,在订立合同时显失公平的,当事人一方有权请求法院或者仲裁机构变更或者撤销。

【技能操练】

甲拥有一块土地,面积为500平方米,2010年12月20日晚,乙在甲经营的餐厅中向甲表示:“我敢打赌你不会以50万元的价格卖掉那块地。”甲回答:“我会,因为你根本不会出价50万元。”乙表示他确实愿意出价50万元,并请求甲以书面订立合同。甲随手取出一张餐厅收据,在收据上写明“兹同意将土地以50万元的价格出售与乙”并在收据上签名。乙请求甲的妻子也在字条上签字,甲的妻子原本不愿意,但甲私下向其表示,乙肯定无足够资金,整个事件只不过是个玩笑,甲的妻子遂在字条上签名,该字条由乙自行取走,乙还拿出10万元给予甲作为定金,但甲并未接受。乙持该字条,聘请律师调查土地的所有权,但当乙准备办理土地所有权转移登记时,甲表示合同并未成立,乙遂向法院提起诉讼,要求甲履行合同。乙主张自己提出口头要约后,曾与甲讨论40多分钟,甲既然已经以书面承诺,则合同成立。甲主张合同订立时,双方已小酌数杯,且甲认为当时乙无法拿出50万元现金,为让乙难堪,于是随手取出纸张书写,此事纯属玩笑,故合同不成立。

请问:

(1)你认为甲、乙之间的合同是否成立?为什么?

(2)当事人饮酒后是否具有缔约能力?

(3)当事人之间的玩笑是否可以成立合同?

项目活动3　合同的履行

【案例导入】

甲与乙订立合同,约定甲于2010年12月1日交货,乙应于同年12月10日付款。11月底,甲发现乙的财产状况严重恶化,届时可能无法支付货款,并有确切证据可以证明前述情形。甲因担心先履行交货义务后无法收回货款,于是甲向乙提出届时将不履行交货义务,除非乙对履行合同提供适当担保。

请问:

(1)甲的做法有无法律根据?

(2)若甲提出中止履行合同之际,乙提出愿将其所有的一辆汽车抵押给乙,汽车价值远在货款之上,甲对之予以接受,则甲接下来应怎么做?

【必备知识】

一、合同履行的概述

(一)合同履行的概念

所谓合同履行,是指合同的双方当事人根据合同的规定,全面、适当地完成各自所承担的义务的行为。

(二)合同履行的基本原则

1. 全面履行原则

全面履行原则,是指合同当事人应按照合同的约定,全面、适当地履行合同义务。某些大陆法国家对当事人履行合同义务的全面性、适当性做了具体规定,即使合同的条款并未涉及,当事人也应适当履行,以体现合同法的基本原则。英美法也认为,当事人在订立合同后,必须严格按照合同条款全面履行合同义务。

2. 协助履行原则

协助履行原则,是指当事人一方不仅有适当地履行自己合同的义务,而且应当协助对方履行其义务。根据《通则》和许多国家的司法实践,如果一方当事人履行其义务时,有正当理由期待对方当事人合作,对方当事人即应予以合作,否则,要承担违约责任。

3. 促进交易履行原则

促进交易履行原则起源于罗马法中与其使契约无效,不如使之有效的规则,即合同当事人不能随意借口合同条款不全或不明确,而不去履行合同,甚至主张合同无效。

(三)合同条款的补缺

当事人在缔结合同的时候,应尽可能地将涉及双方权利、义务的条款规定得具体、明确,以利于将来合同的履行。但是,在实践中往往由于各种原因导致合同条款的疏漏,这就产生了如何补缺的问题。各国法律基本都对此做了相应的规定。下面以中国为例:

我国《合同法》第 61 条规定,合同生效后,当事人就质量、价款或者报酬、履行地点等内容没有约定或者约定不明确的,可以协议补充;不能达成补充协议的,按照合同有关条款或者交易习惯确定。

对于适用上述条款仍不能确定的,依照第 62 条的规则办理:(1)质量要求不明确的,按照国家标准、行业标准履行;没有国家标准、行业标准的,按照通常标准或者符合合同目的的特定标准履行。(2)价款或者报酬不明确的,按照订立合同时履行地的市场价格履行;依法应当执行政府定价或者政府指导价的,按照规定履行。(3)履行地点不明确,给付货币的,在接受货币一方所在地履行;交付不动产的,在不动产所在地履行;其他标的,在履行义务一方所在地履行。(4)履行期限不明确的,债务人可以随时履行,债权人也可以随时要求履行,但应当给对方必要的准备时间。(5)履行方式不明确的,按照有利于实现合同目的的方式履行。(6)履行费用的负担不明确的,由履行义务一方负担。

(四)合同履行中的抗辩权

合同履行中的抗辩权,也称为异议权。是指双务合同中,合同一方当事人对抗对方请求或者否认对方的权利而主张的权利。合同履行中的抗辩权具体包括以下三种。

1. 同时履行抗辩权

同时履行抗辩权,是指在没有约定履行顺序的双方合同中,当事人一方在对方未为对价给付以前,有权拒绝先为给付。该规则实质来自于“一手交钱、一手交货”的交易原则。

同时履行抗辩权属于延期的抗辩权,不能产生消灭对方请求权的法律效力。对此,各国法律均有规定,只有在对方发生重大违约时,才能行使该抗辩权。如我国《合同法》规定,当事人互负债务,没有先后履行顺序的,应当同时履行。一方在对方履行之前有权拒绝其履行要求。一方在对方履行债务不符合约定时,有权拒绝其相应的履行要求。

2. 先履行抗辩权

先履行抗辩权,是指当事人根据合同约定履行义务有先后顺序,负有先履行义务一方未履行,则后履行义务一方有权拒绝履行其合同义务,并追究未履行义务一方的违约责任。对此问题,各国均有相应的规定。如我国《合同法》规定,当事人互负债务,有先后履行顺序,先履行一方未履行的,后履行一方有权拒绝其履行要求。先履行一方履行债务不符合约定的,后履行一方有权拒绝其相应的履行要求。

3. 不安履行抗辩权

不安履行抗辩权,是指合同成立后,如果有证据证明,后履行合同的一方当事人届时将不履行其合同义务,先履行债务的一方在对方未履行或者未提供担保前,可以拒绝先为履行自己的合同义务的权利。

不安履行抗辩权是大陆法国家的制度。《法国民法典》、《德国民法典》都有相应的规定,如《德国民法典》中规定:"当事人之一应向他方先为给付者,如他方之财产于订约后明显减少,很难为对价给付时,在他方未为对价给付或提出担保前,得拒绝自己的给付。这与英美法系的预期违约制度存在较大差别,所以,我国《合同法》同时引进了这两项制度。我国《合同法》第68条规定,应当先履行债务的当事人,有确切证据证明对方有下列情形之一的,可以中止履行:1)经营状况严重恶化;2)转移财产、抽逃资金,以逃避债务;3)丧失商业信誉;4)有丧失或者可能丧失履行债务能力的其他情形。应先履行债务的一方行使不安履行抗辩权导致的法律效果是中止履行合同。当事人中止履行合同的,应当及时通知对方。对方提供适当担保时,应当恢复履行。中止履行合同后,对方在合理期限内未恢复履行能力,并未提供适当担保的,中止履行的一方可以解除合同,即合同由中止履行变为终止履行。

二、合同的违约责任

(一)违约

1. 违约的概念

违约,是指合同当事人没有履行或者没有完全履行合同义务的行为。各国法律一般都认为,合同一经依法成立,对当事人双方都具有法律约束力,任何一方都必须严格按照合同规定履行自己的义务,除非可以依法解除合同义务,否则,违约的一方当事人应承担相应的法律责任,以使未违约方得到适当的救济。

2. 违约责任的归责原则

违约责任,是指当事人因违反合同义务所承担的民事责任。有违约行为,是否就意味着要承担违约责任?在何种情况下,违约方须对自己的违约行为承担违约责任?对此问题,各国法律都以存在违约行为作为承担违约责任的必要条件。至于是否要求违约方主观上必须有过错,以及是否造成损害后果,则规定不同:

(1)大陆法系

大陆法系以过错责任作为违约责任的一项归责原则。所谓过错责任,即只有当事人不履行合同义务存在主观上的过错时,才承担违约责任。《法国民法典》、《德国民法典》中基本采用了过错责任原则。尽管大陆法系各国基本采用过错责任原则,但在某些情形下也适用无过错责任原则。例如,金钱债务的迟延责任、不能交付种类物的责任、瑕疵担保责任、债权人受领迟延责任等,均适用无过错责任原则。可见,在大陆法系国家,坚持过错责任原则是根本,并有条件的采用无过错责任原则。

(2)英美法系

与大陆法系正好相反,英美法系采用的是无过错责任原则。即只要允诺人没有履行其合同义务,即使他没有任何过失,也构成违约,应承担违约的法律后果,除非存在法定或者约定的免责事由。

(3)中国法

我国《合同法》采用的是严格责任原则。即在违约的情况下,只要不属于法定或约定的免责事由,违约这一客观事实本身即决定违约方应承担违约责任,而不考虑其是否存在主观上的过错。可见严格责任原则是与过错责任原则相对立的一种归责形式。

(二)违约形式

对于违约的形式,两大法系的规定差异很大。

1. 大陆法系

法国法把违约分为不履行债务和迟延履行债务两种形式。而德国法中把违约形式分为给付不能和给付迟延。

2. 英美法系

英国法把违约分为违反条件和违反担保两种形式。此外,近年来还出现了违反中间性的条款、预期违约、履行不可能等几种形式。美国法把违约分为轻微违约和重大违约两种形式。

3. 中国法

根据我国《合同法》的规定,违约的形式具体有实际违约和预期违约。实际违约分为不履行合同义务和不适当履行合同义务。预期违约分为明示的预期违约和默示的预期违约。

4.《公约》

《公约》规定了根本违约、非根本违约以及预期违约等形式。而判断是否根本违约的基本标准是:是否实际上剥夺了合同对方根据合同有权期待得到的东西。

(三)违约的救济方法

所谓违约的救济方法,是指合同的一方违约使另一方的权利受到损害时,受损害的一方为维护其合法权益，有权采取正当措施。这是法律上给予受损害一方的补偿方法。根据各国法律的规定，违约的救济方法主要有以下几种：

1. 实际履行

实际履行，是指一方不履行合同义务时，另一方当事人有权要求违约方仍按合同约定履行义务。

(1)大陆法系

大陆法系国家原则上采取以实际履行作为不履行的主要救济方法。凡是一方当事人不履行合同义务时，对方都有权要求其实际履行。法院在有未违约方提出实际履行的请求，且履行合同尚属可能的情况下，原则上也应作出实际履行的判决。只有在具体履行成为不可能时，法院才不作出实际履行的判决。但实践中，当一方不履行合同义务时，另一方大都选择解除合同并请求损害赔偿，只有在金钱赔偿不能满足要求时，债权人才会提出实际履行的请求。

(2)英美法系

英美普通法中没有实际履行这一救济方法，而主要是以损害赔偿作为最基本的救济方法。只有在涉及土地、公司债交易、古董等特定的买卖等情况下，才作出实际履行的判决。

(3)中国法

我国《合同法》中也将实际履行作为一种主要的救济方法。根据《合同法》的规定，当事人一方不履行非金钱债务或者履行非金钱债务不符合约定的，对方可以要求实际履行，但是下列三种情形除外：1)法律上或事实上不能履行；2)债务的标的不适于强制履行或者履行费用过高；3)债权人在合理期限内未要求履行的情况下，法院或者仲裁机构不得裁定实际履行。

2. 损害赔偿

损害赔偿，是指一方因违约行为而致使另一方遭受损害的，应依法律规定或合同约定对另一方的损害承担赔偿责任。

(1)承担损害赔偿责任的条件

大陆法系国家在确定损害赔偿责任时，采取过错责任原则。即大陆法系国家认为承担损害赔偿责任须具备三个条件：有损害事实；有归责于债务人的原因；损害的发生与债务人违约间存在因果关系。

英美法系国家则强调合同的一切义务都是当事人所作出的允诺，因此，不采取过错责任原则。只要当事人没有全部履行合同义务，即构成违约，对方就可以提起损害赔偿之诉，而无须证明违约方有过错，也无须以发生实际损害为前提。

我国《合同法》规定，违约人原则上无须有过错，但要有实际损害。

(2)损害赔偿的范围

关于损害赔偿的范围，各国法律规定基本相同，即应包括违约所造成的实际损失和可得利益损失。

实际损失是指既有财产或既存利益因违约行为而减少,如收入的减少或费用的增加等。可得利益损失是指如果债务人不违约,债权人本来能够取得,但因债务人违约而丧失了的利益。例如在买卖货物交易中,由于甲的违约使乙得不到货物,这属于实际损失,而乙不能将货物转卖取得利润的损失就属于可得利益的损失。

(3)损害赔偿范围的限制

根据各国法律规定,因违约造成的损失额一般不得超过违约方在订立合同时预见到或者应当预见到的因违约可能造成的损失。

知识窗口

哈德利诉巴辛达尔案

一家磨坊的机轴破裂了,磨坊主把坏的机轴交给承运人,委托他找一家工厂重做一个新的机轴,承运人交货迟延未能在合理的时间内交付新的机轴,因而使磨坊停工的时间超过了必要的时间。磨坊主要求承运人赔偿由于迟延交付机轴所造成的利润损失,但由于磨坊主并未预先告知承运人如不能及时把新机轴送到即将产生利润损失,因此,法院判决承运人对迟交期间的利润损失不承担赔偿责任。在上述案例中,由于磨坊主并未预先把迟交机轴可能产生的利润损失告知承运人,后者无从合理地预见到会产生这样的后果,他可能认为磨坊主有备用的机轴,不会因迟交新机轴而停工。因此,承运人对由于迟延交货所造成的利润损失不承担责任。

(4)减损义务

多数国家合同法都规定,在发生违约时,受损害的当事人有义务采取合理措施防止损害的扩大,否则损害扩大的部分将在损害赔偿额中扣除;受损害的当事人采取合理的措施防止损害扩大而发生的合理费用可要求违约方赔偿。例如甲在5月2日要求旅行社为其在巴黎预订一间6月1日的客房,价格为500法郎。5月15日,甲得知旅行社没有预订到。甲一直等到5月25日才委托别人预订,但只能预订到700法郎的房间了。如果甲在5月15日采取行动,可以预订到600法郎的房间。因此,甲只能从旅行社得到100法郎的赔偿。

3. 违约金

违约金,是指为了保证合同的履行,当事人双方事先在合同中约定,当一方违约时应向对方支付一定数量的金钱。对于违约金的性质,各国法律规定不一。

(1)大陆法系

大陆法系国家有惩罚性违约金和补偿性违约金两种。根据《德国民法典》规定,违约金具有惩罚性,债权人除依约向违约方要求支付违约金外,还可以请求损害赔偿。法国法则一般视违约金为预先约定的损害赔偿,不具有惩罚性。当事人可以在缔约时约定一定数额的违约金,但要求支付违约金的同时,不能请求损害赔偿。

(2)英美法系

英美法认为,一方违约,另一方只能要求赔偿,而不能加以惩罚,但允许当事人预先约定损害赔偿的金额。因此,英美法系国家法院对于合同中所规定的违约金条款,首先要区别它是罚金性质还是作为预定的损害赔偿金额。在实践中,双方当事人事先约定在违约时应支付的金额究竟是罚金还是预先约定的损害赔偿金,全凭法院的法官根据具体的案情作出他认为适当的解释,而不论当事人在合同中采用了何种措辞,即使双方当事人在合同中把约定支付的违约金额叫做预计违约的损害赔偿额,也有可能被法院解释为罚金。

(3)中国法

根据我国《合同法》规定,我国只有预定损害赔偿违约金,具有补偿性。当一方违约时,对方可取得此项约定的金额,但当违约金过分高于或低于违约所造成的损失时,当事人可以请求法院或仲裁机构予以适当减少或增加。

4. 解除合同

解除合同,是指合同当事人依约或者依法行使解除权,终止合同的权利与义务的行为。各国法律对解除合同这一违约救济方法规定不尽一致。

(1)大陆法系

大陆法各国均认为,合同一方不履行合同义务时,对方有权解除合同。但在行使解除权的方法上法国法和德国法的规定不同:法国法主张解除合同的一方当事人向法院起诉,由法院做出解除合同的判决;而德国法直接向对方表示解除合同。

至于在解除合同时能否同时请求损害赔偿,法国法认为在双务合同的一方当事人不履行债务时,债权人得解除合同并请求损害赔偿。德国法则认为债权人只能在解除权与损害赔偿请求权二者之间任选其一,而不能同时享有两种权利。

(2)英美法系

英美法系与大陆法不同,如前所述,英国法把违约分为违反条件和违反担保,美国法分为轻微违约和重大违约。所以,在英美法中,只有在违反条件或重大违约时,才发生解除合同的问题。而且在行使解除权上,英美法系认为,解除合同是一方的权利,可以向对方直接宣告合同的终了,而无须经过法院的判决。

在解除合同与损害赔偿的关系上,英美法系国家认为,两者可以同时进行,即当事人一方违反条件或重大违约时,对方可以解除合同并可请求损害赔偿。

对于解除合同的后果,英国法认为,因违约造成的解除合同,并不导致合同自始无效,只是使解除合同时尚未履行的债务不再履行。美国法则认为,合同的解除产生恢复原状的后果,不仅意味着尚未履行的合同义务不再履行,而且根据合同已获得的利益也应返还给对方。

(3)中国法

我国《合同法》第94条规定有下列情况之一的,合同可以解除:1)在履行期限届满之前，当事人一方明确表示或者以自己的行为表明不履行主要债务；2）当事人一方迟延履行主要债务，经催告后在合理期限内仍未履行；3）当事人一方迟延履行债务或者有其他违约行为致使不能实现合同目的。可见，我国法律认为，只有在当事人一方根本违约时，另一方当事人才有权解除合同。

（四）违约责任的免责

一般而言，在订立合同后，如果一方当事人不履行合同或者不适当地履行合同，都要承担违约责任。但是，如果在合同成立后，发生了某些特殊情况，阻碍了当事人一方履行合同义务，而这些特殊情况的发生是当事人无法预料到的，如：情势变迁、合同落空或不可抗力等，则根据各国法律将这些情况作为例外处理。

1. 情势变迁

（1）情势变迁的概念

情势变迁是大陆法系中的一项特有制度，是指合同成立后，作为合同关系基础的情势，由于不可归责于当事人的原因，发生了缔约时不能预见到的变化，如仍坚持履行原来的合同，将会产生显失公平的结果，有悖于诚实信用的原则，因此，对于未履行的合同义务，当事人得予以免除或者变更责任。

（2）构成情势变迁的条件

构成情势变迁的条件主要有：1）具有情势变迁的客观事实，而非主观臆想；2）情势变迁事实是发生在合同生效后至合同终止前；3）情势变迁事由的发生是双方当事人不能预见、无法避免、无法克服的；4）情势变迁不是由任何一方当事人的过失或疏忽造成的；5）发生情势变迁事由后，继续履行合同将对一方当事人没有意义或造成重大的损失。

（3）情势变迁的法律后果

情势变迁导致的结果主要是免除债务人不履行义务本来应负的损害赔偿责任，合同并非当然消灭。如果履行的障碍是临时的，则合同仅在障碍存续期间得以中止履行，只有当因情势变迁事由致使合同履行成为不可能或对债权人来说已无必要时，合同才得以解除。

2. 合同落空

（1）合同落空的概念

合同落空是英美法系国家的概念，是指在合同成立后，非因当事人自身的过错，而是由于意外事件的发生致使当事人在缔约时所谋取的商业目标受到挫折。因此，对于未履行的合同义务，当事人得予以免除或者变更责任。

（2）导致合同落空的情形

根据英美法的判例，导致合同落空的事由有：1）标的物的灭失；2）合同当事人的死亡；3）履行合同时的情况发生根本性的变化；4）法律的改变使合同违法而不能履行。另外，如果属于一方当事人的过失而造成履约不可能的，不能作为合同落空来处理。目前，在实务中这一原则的适用也受到一定的限制。

(3)合同落空的法律后果

合同落空的后果与大陆法系情势变迁不同,合同落空会导致合同本身归于终止,并且双方义务得以自动解除。所以,只要双方当事人在合同中就合同落空事由及其后果作出了明确的规定,法院在审理案件时,原则上应该遵循。但如果双方当事人未在合同中就有关合同落空问题作出规定,那么法院对于作出合同落空的判决所要求的条件是十分严格的,但这种情况在实践中发生较少。

3. 不可抗力

(1)不可抗力的概念

所谓不可抗力是指当事人在签订合同时不能预见、不能避免并不能克服的意外事件。各国立法都承认当事人在合同中约定的不可抗力免责条款的合法性和有效性。我国《合同法》中也有关于不可抗力的规定。

(2)构成不可抗力的条件

构成不可抗力的条件主要有:1)不可抗力是在合同成立以后发生的;2)不可抗力不是由任何一方当事人的过失或疏忽造成的;3)意外事故的发生是双方当事人不能预见、不能避免、不能克服的。不可抗力事故均为意外事故。这里的意外事故包括两种情况:一种是自然原因引起的,如水灾、地震、旱灾、风灾、雪灾等;另一种是由社会原因引起的,如战争、罢工、政府封锁等。

(3)不可抗力的法律后果

对于不可抗力的法律后果,两大法系的规定存在较大差异。大陆法系认为,不可抗力主要是免除债务人不履行义务本来应负的损害赔偿责任,合同并非当然消灭。英美法系认为,不可抗力的后果是合同本身归于终止,并且双方义务得以解除。我国《合同法》规定,因不可抗力不能履行合同的,根据不可抗力的影响,部分或者全部免除责任,但法律另有规定的除外。当事人迟延履行后发生不可抗力的,不能免除责任。因不可抗力不履行合同时,应及时通知对方,并应在适当的期限内提供证明。

案例思考

我国甲公司与德国乙贸易公司以较低价格达成一个合同,进口符合国际通用规格的化肥20万吨,7月起分批装运。合同签署后国际市场化肥价格上涨,6月间的市场价格较合同高出20%。6月25日,我公司接到乙公司来电,称向其供货的主要化肥厂在生产过程中发生爆炸事故,工厂全部被毁,要求援引不可抗力条款解除合同。

请问:我公司该如何处理?

【技能操练】

一个空调经销商接受了一宾馆经理60台空调的订单。空调经销商同意了先安装空调然后宾馆付50%的货款,一个月后再结清余款的要求。并且要在20天内将空调安装完毕。合同签订后第五天,经销商在报纸上看到法院的强制执行通告,表明该宾馆拖欠外债300多万元。该经销商要求解除合同,遭到拒绝。而且宾馆经理还以追究违约责任相威胁。

请问:本案中空调经销商应如何维护自己的权利?

项目活动4　合同的让与

【案例导入】

2010年9月4日,原告甲公司与被告乙公司、第三者丙公司签订债权转让合同一份。合同主要载明,第三者丙公司与被告乙公司确认,截至2010年9月4日,被告乙公司仍欠第三者丙公司垫付款本金1699万元,第三者丙公司同意将前述1699万元债权转让给原告甲公司所有。被告乙公司对第三者丙公司转让给原告甲公司的前述债权不存在任何抗辩事由或异议。该合同原告甲公司、被告乙公司、第三者丙公司都加盖了公章。原告甲公司于2011年8月21日向法院提起诉讼,请求判令被告乙公司立即付给原告乙公司1699万元以及资金占用补偿金69万元。

请问:

(1)什么是合同的让与?

(2)合同让与的形式有哪些?

(3)本案应当如何处理?

【必备知识】

合同的让与,又称为合同的转让,是指合同当事人一方将其合同的权利和义务全部或者部分转让给第三人。合同的让与实质上是合同的主体发生变更,即合同的权利的受让人成为合同之债的新债权人,合同义务的受让人成为合同之债的新债务人,而合同的内容仍保持不变。

按照合同让与的权利义务的范围不同,合同的让与可分为合同权利的让与、合同义务的让与以及合同权利义务的概括让与。

一、债权让与

所谓债权让与,是指债权人将其债权转让给第三者的行为。第三者则基于合同权利转让行为成为新的债权人,从而取代了原债权人的地位。例如,甲欠乙1000元,乙欠丙1000元,乙将其对甲的债权转让给丙,以清偿其对丙的债务。各国法律都允许债权让与,但具体的规定不甚相同。

(一)大陆法系

大陆法系认为,债权让与无须征得债务人的同意即可发生法律效力。如《德国民法典》及《法国民法典》均认为,合同债权的让与只须转让双方的合意即可,无须通知债务人,也不必征得债务人的同意。

(二)英美法系

英美法原则上承认债权让与,在债权让与的生效问题上,美国法采用自由转让原则。即不以通知为债权让与对债务人生效的要件。但是,对某些具有个人特色的合同权利不能让与,如属于提供个人劳务的合同权利,非经对方当事人同意,不能让与。

(三)中国法

我国《合同法》规定,债权人转让权利的,应当通知债务人。未经通知的,该转让对债务人不发生效力。可见,在我国债权让与采用的是通知原则。另外,我国在允许合同权利让与的同时,对此也做了限制。1)根据合同性质不得转让;2)按照当事人的约定不得转让;3)依照法律规定不得转让的合同权利不得转让给第三人。

二、债务让与

债务让与,又称合同义务的转让。是指由新债务人代替原债务人履行债务的行为。例如,甲欠乙 1000 元,丙又欠甲 1000 元,甲让丙直接向乙支付 1000 元,以清偿其对乙的债务。与债权让与不同的是,债务的让与涉及债务人的变更,而不同的债务人其资信情况以及履约能力往往不同,这就可能给债权人的利益带来重大影响,因此,各国法律对债务的让与有不同的规定。

(一)大陆法系

大陆法系各国大多认为,债务承担是一种合同关系。为了保护债权人的利益,签订债务让与合同必须取得债权人的同意。

(二)英美法系

英国法认为,合同的债务非经债权人同意是不得转让的。债务让与只能通过债的更新的方法来实现,同时必须征得债权人的同意。但美国法原则上不认可债务的让与,但在某些情况下,也允许代行债务,即允许他人代替原债务人履行债务。但替代履行并不解除债务人履行义务或对违约所产生的责任。

(三)中国法

我国《合同法》规定,债务人将合同义务全部或者部分转移给第三人的,应当经债权人同意。

三、概括让与

合同权利和义务的概括让与,是指合同一方当事人将自己在合同中的权利和义务一并转让给第三人,由第三人概括地继续承受这些权利和义务。根据各国法律规定,合同权利和义务的概括让与必须经另一方当事人的同意方可生效。在取得合同另一方的同意后,受让方将完全取代原合同当事人一方的地位,原合同当事人一方将完全退出合同关系。

合同的概括让与有两种方式:一种是合同让与,即依据当事人之间的约定而发生的债权债务的转移;另一种是因企业的合并而发生的债权债务的转移。

我国《合同法》对于合同权利义务的概括让与也作了相应的规定。

【技能操练】

某轴承厂与某运输公司的下属单位运机厂(不具备法人资格)存在业务往来,由轴承厂提供轴承给运机厂。截至2008年4月12日,运机厂尚欠轴承厂货款21956元。2009年10月,运机厂改制,组建成某机械公司,并约定原运机厂的债权债务由该机械公司负责。2010年10月18日机械公司给付轴承厂货款6612元。后机械公司在写给轴承厂的回执中注明截至2011年9月10日,结欠轴承厂货款15344元。经多次索款无果,轴承厂便以运输公司与机械公司为被告诉至法院,请求法院判令运输公司和机械公司偿还货款。庭审中,双方对拖欠轴承厂货款事实没有争议,但对运输公司是否应承担责任存在争执。

请问:本案应如何处理?

项目活动5 合同的消灭

【案例导入】

甲企业拖欠乙企业10万欧元货款未予清偿,乙企业拖欠丙企业10万欧元货款未予清偿,丙企业拖欠甲企业10万欧元货款未予清偿,均为到期债务。如果丙企业吞并了乙企业后,对甲企业主张抵销相互欠款,而遭甲企业拒绝。

请问:

(1)甲、丙之间的债权债务能否相互抵销?为什么?

(2)乙、丙之间的债权债务关系是否还存在?为什么?

【必备知识】

合同的消灭,是指合同因某种原因而不复存在。合同的消灭是英美法的一个概念,在大陆法中,合同是债的一种,所以合同消灭实际上就是债的消灭的一种。

一、大陆法系对债的消灭的规定

大陆法系认为,导致债的消灭的原因主要有:

(一)清偿

所谓清偿是指债务人向债权人履行债的内容的行为。债权人接受债务人的清偿时,债的关系即告消灭。清偿是终止合同关系最普遍、最基本的原因。

(二)免除

免除是指债权人放弃全部或部分债权从而使合同的权利与义务全部或部分归于消灭的行为。

(三)提存

提存是指债务人在债权人无理拒绝受领、迟延受领或下落不明时,将应交付的标的物寄存在法定的提存机关,从而使债的关系归于消灭的一种行为。提存的效力表现在:1)债务人免除责任;2)风险自提存之日起转移给债权人;3)提存的费用由债权人承担。

（四）抵销

抵销是指当事人双方互负债务时，以其各自的债权冲抵债务，使双方的债务在等额的范围内归于消灭。抵销有法定抵销和约定抵销之分。法定抵销是指如果两个人彼此互负债务，而且债务种类相同，并均已届清偿期，因而双方均得以其债务与对方的债务在等额范围内归于消灭。约定抵销是指当事人互负债务，标的物种类、品质不相同的，经双方协商一致，抵销彼此债务。债务抵销以后，合同确立的被抵销部分的权利与义务也告终止。

（五）混同

混同是指债的关系因债权与债务同归于一人而消灭，即一个人既是债权人又是债务人。

（六）其他原因

大陆法系国家规定的导致债的消灭的原因还包括：标的物的灭失、解除条件的成就、诉讼时效已过等。

二、英美法系关于合同消灭的规定

英美法系国家认为，合同的消灭有以下四种方式：

（一）合同因协议而消灭

英美法系国家法律认为，合同是依照双方当事人的协议而成立的，因此也可以由双方当事人的协议而解除。以协议的方式使合同消灭的情形主要包括以下几种：1）当事人约定以新的合同代替原合同。包括对原合同的某些条款加以修改或删除，则原合同规定的权利义务即告消灭。2）更新原合同。由于新的当事人加入，使新的合同替代了原合同，合同一经更新，原合同即告消灭。3）当事人在合同中约定的解除条件的成就，合同即告消灭。4）一方当事人自愿放弃其合同权利，从而解除了他方的履约责任，合同也因此消灭。

（二）合同因履行而消灭

这是合同消灭的主要原因，当事人依照合同约定履行了合同的义务，合同一经履行完毕，当事人之间的债权债务关系即告消灭。

（三）合同因违约而消灭

英美法认为，由于一方违约，有时会使对方取得解除合同的权利，因而将违约作为合同消灭的原因之一。违约不能当然导致合同消灭，当一方当事人根本违反合同，表示不愿意履行合同，以自己的行动使履约成为不可能或不履行其合同义务时，可能使对方取得解除合同的权利，行使解除权导致合同的消灭。

（四）依法使合同归于消灭

1. 合并。有两种情况：一种是以更安全的合同代替原合同；另一种是合同的权利与义务归属于同一人。

2. 破产。如果当事人破产，取得了法院的解除命令，破产人可解除其所订立的一切债务。

3. 擅自修改书面合同当一方当事人擅自对书面合同做了对其有利的重大修改时，对方有权解除合同。

三、中国关于合同消灭的规定

我国《合同法》没有合同消灭的概念，但取而代之的是“合同权利义务终止”的规定。《合同法》第91条规定有下列情形之一的，合同的权利义务终止：1）债务已经按约定履行；2）合同解除；3）债务相互抵销；4）债务人依法将标的物提存；5）债权人免除债务；6）债权债务同归于一人；7）法律规定或者当事人约定终止的其他情形。

【技能操练】

2000年，某经营部与某有限责任公司共同出资成立了某贸易公司，陈先生被聘为贸易公司的法定代表人。2004年，贸易公司与某银行签订借款合同。合同约定，贸易公司向银行借款80万元用于购料，期限2年。借款期限届满后，贸易公司没有按照约定履行归还借款及偿付利息的义务。银行多次索要未果，起诉至法院。2008年，依法院的生效判决，贸易公司偿还了银行借款80万元，并支付了利息、罚息及诉讼费。这期间，2005年，陈先生与设立贸易公司并得到经营部委托的有限责任公司签订了承包合同。约定陈先生以私人名义承包贸易公司，期限10年；陈先生每年向有限责任公司交纳承包费25万元，并承担贸易公司承包前的一切债权债务。合同履行2年后，陈先生与有限责任公司协商提前终止了承包合同，但双方对合同中约定的陈先生承担贸易公司承包前的债务条款没有处理。贸易公司在偿还了银行借款等费用后，将陈先生起诉至法院，要求陈先生偿还自己支付的银行借款及相关费用。陈先生认为，双方已解除了合同，他没有义务支付这笔款项。

请问：本案应如何处理？

■步骤三　总结

1. 关键知识

合同的概念、特点

合同的成立、要约与承诺

合同的履行、违约、违约责任及违约救济

合同的让与

合同的消灭

2. 关键技能

通过学习掌握合同成立的法律知识，并运用合同的基本知识处理有关的合同纠纷。

■步骤四 综合训练

一、单项选择题

1. 无论是英美法国家还是大陆法国家都把(　　)作为合同成立的要素。

A. 当事人所做出的许诺　　B. 合同的标的与内容必须合法

C. 双方当事人意思表示一致　　D. 合同必须具有对价

2. 甲向某编辑部乙去函,询问该编辑部是否出版了有关报关员考试的教材和参考资料,乙立即向甲邮寄了报关员考试的资料五本,共120元,甲认为该书不符合其需要,拒绝接受,双方因此发生了争议。从本案来看(　　)。

A. 甲乙之间合同已经成立　　B. 甲乙之间合同未成立

C. 甲乙双方已经完成要约和承诺阶段　　D. 合同是否成立无法确定

3. 乙公司对甲公司要约的承诺通知于7月5日从乙地发出,7月9日到达甲公司所在地,7月10日下午到达甲公司传达室,7月11日上午甲公司经理阅及此通知。依大陆法系国家合同法规定,乙公司接受的生效时间是(　　)。

A. 7月5日　　B. 7月9日　　C. 7月10日　　D. 7月11日

4. 甲向乙买了一台二手电脑,但没有约定交款与交货的先后次序,那么应当如何确定甲与乙履行义务的次序(　　)。

A. 甲先付款,乙后交货

B. 乙先交货,甲后付款

C. 一手交钱,一手交货,同时履行

D. 必须确定先后次序,否则合同因为不能确定履行顺序而归于无效

5. 甲在报纸上刊登广告一则,许诺如有一人找到他所丢失的驾驶执照,将付给报酬100英镑。乙见报后找到失物交还给甲,合同成立,乙的行为就属于(　　)。

A. 过去的对价　　B. 为履行的对价

C. 约因　　D. 已履行的对价

6. 甲购买乙的衣橱,误认为是路易十五的衣橱,但后来发现不是。这是(　　)。

A. 错误　　B. 胁迫　　C. 欺诈　　D. 乘人之危

7. 根据法国法,合同违约责任的归责原则是(　　)。

A. 结果责任原则　　B. 过错责任原则

C. 严格责任原则　　D. 公平责任原则

8. 依照英国法,对于违反担保,非违约方可采取的补救措施是(　　)。

A. 只能请求解除合同,不能请求赔偿损失

B. 不能请求解除合同,有权请求赔偿损失

C. 既能请求解除合同,又能请求赔偿损失

D. 或者请求解除合同,或者请求赔偿损失

9. 提存作为债的消灭方式,当债务人将提存物提存后,提存物的风险应由( )。

A. 债权人承担　　B. 提存所承担

C. 债务人承担　　D. 债权人和债务人共同承担

10. 甲汽车配件厂对乙汽车厂负有合同债务,此时两公司合并,致使该债务归于消灭,从而使原合同关系亦不复存在。这种合同消灭的方式被称为( )。

A. 抵消　　B. 免除　　C. 混同　　D. 混合

二、多项选择题

1. 根据德国法,( )所订立的合同将不产生任何法律效力。

A. 未满七岁的未成年人

B. 处于精神错乱状态,不能自由决定意志,而且按其性质此种状态并非暂时者

C. 限制行为能力人

D. 患精神病被宣告为禁治产者

2. 出现下列情形之一的,要约失效( )。

A. 拒绝要约的通知到达要约人

B. 要约人依法撤销要约

C. 承诺期限届满,受要约人未做出承诺

D. 受要约人对要约的内容做出实质性变更

3. 下列属于要约邀请的是( )。

A. 悬赏广告　　B. 商品目录　　C. 订货单　　D. 商品报价单

4. 按照英国的法律,必须采用签字蜡封形式订立的合同有( )。

A. 有对价的合同

B. 没有对价的合同

C. 转让船舶的合同

D. 转让地产或地产权益的合同,包括租赁土地超过 3 年的合同

5. 承诺的形式要求有( )。

A. 要约中对承诺的形式未作规定的,承诺人可以自由选择承诺的形式

B. 要约中对承诺的形式有明确规定的,承诺必须符合规定的形式

C. 承诺可以缄默或者不行动作出

D. 承诺原则上应采取通知的形式,但根据交易习惯或者要约表明可以通过行为作出的除外

6. 根据各国法律,下列关于损害赔偿的表述,错误的是( )。

A. 大陆法系国家关于损害赔偿责任的成立一般要具备三个条件,即有损害的事实、有归责于债务人的原因、损害的发生与债务人之间存在因果关系

B. 按照德国法,损害赔偿以金钱赔偿为主,以恢复原状为辅

C. 依照英美法的解释,对损害赔偿以恢复原状为主,以金钱赔偿为辅

D. 依照法国法,只要一方当事人违反合同,对方就可以提出损害赔偿的要求,而无

须证明违约方有过错，也无须以发生实际损害为前提。

7. 下列不能视为合同落空的情形有（　　）。

A. 在订立合同后，货物价格突涨20%

B. 货币贬值，汇率变动

C. 发生了必须向原定供货人以外的要价更高的另一供货人取得供货的情况

D. 合同履行时，比签订时想象得更加困难，需花费更大的开支

8. 英美法认为，合同的消灭（　　）。

A. 因协议而消灭　　B. 因履行而消灭

C. 因违约而消灭　　D. 因法律规定而消灭

三、判断题

1. 单方当事人的民事法律行为不能构成合同关系。（　　）

2. 要约和承诺既能被撤回，也能被撤销。（　　）

3. 要约与要约邀请的区别在于是否包含着愿受约束的意旨。（　　）

4. 根据英美法，"不得自食其言"原则是对"对价"原则的限制。（　　）

5. 一方在合同订立后，如果认为对方的履约能力严重缺陷或者对方显然将不履行大部分重要的合同义务，则可以终止履行自己的合同义务。（　　）

6. 所有违法合同均是无效合同，因此，无效合同也就是违法合同。（　　）

7. 我国《合同法》规定，当事人约定的违约金无论是高于或低于违反合同造成的损失，违约一方都必须支付给守约的一方。（　　）

8. 合同中债务人一方将合同义务转让给第三人，须经债权人同意。（　　）

9. 在法国法中，欺诈的结果将导致合同的撤销。（　　）

10. 大陆法系国家都规定法院只有在债务人履行合同尚属可能时，才会作出实际履行的判决。（　　）

四、简答题

1. 简述构成有效要约与承诺的要件。

2. 合同的生效要件包括哪些？

3. 在实践中如何运用合同履行中的抗辩权？

4. 合同一方当事人违约时，合同相对方可采用哪些违约救济方法来维护自己的合法权益？

5. 根据我国《合同法》，合同终止的主要原因有哪些？

五、案例分析题

1. 长江公司于5月6日传真："本公司有马钢生产各种规格钢筋供应，质量可靠、交货及时，敬请光顾。"黄河公司于5月10日上午传真："需马钢产6米钢筋200吨，货到黄河价格每吨3500元，货到付款，一个月内交货，请在一周内电复。"

在以下情形下，请回答相应问题：

(1)长江公司收到黄河传真的次日即回复:“一周内送货,请备妥货款。”请问:该买卖合同应如何履行?

(2)黄河于5月12日发传真:“因情况有变,撤销我方5月10日发价,见谅。”请问:黄河是否成功撤销了要约?

(3)若黄河5月10日传真中“请一周内复”改为“请复”,黄河5月12日传真内容不变。请问:黄河是否成功地撤销了要约?

(4)长江收到黄河10日传真的次日复:“一个月内交货可行,运费由贵方承担,请备妥货款。”黄河未回电。长江于一周后送货至黄河,黄河拒收。长江表示愿承担运费,黄河仍拒收。请问:黄河拒收是否有理?

2. 甲刊登广告介绍其所制造的叫做“卡尔波利克烟球”的药物时说:此药防流感,如有人在规定的时间内按照规定的方法嗅闻烟球后患流感,则可获得赔偿金100英镑,为了表示诚意,已经将1000英镑存入银行。卡里尔夫人按照规定嗅闻烟球后患了流感。

请回答以下问题:

(1)该广告的性质是什么?为什么?

(2)卡里尔夫人按照规定嗅闻烟球的行为是否是对该要约的承诺?

(3)他们之间是否成立合同关系?

3. 依据我国《合同法》回答下列问题:

(1)甲于3月1日向乙发出一商业要约普通信函,要以优惠价购买乙的某种商品。3月5日到达乙处。问:该要约何时生效?

(2)在(1)中,要约函3月5日到达乙的信箱,恰巧乙外出办事,3月7日回来后才发现该要约函。问:该要约何时生效?

(3)在(1)中,甲3月1日发出要约后,逢3月2日市场行情突变,于是于3月3日发出撤回原要约的信函,以特快专递寄出,3月4日到达乙处。问:3月5日到达乙处的要约有无效力?

(4)在(1)中,乙收到要约时准备于3月8日下午发出承诺。3月5日,甲发现市场行情突变,于当日发出撤销要约的通知,以特快专递邮出,于3月8日一早到达乙处。问:乙能否在3月8日下午发出承诺?

(5)请根据以上问题回答:“要约的撤回”的定义及条件是什么?“要约的撤销”的定义及条件是什么?

4. 甲乙签订广告承揽合同,约定:甲为乙制作一广告牌,并负责安置于乙地火车站客运入口处,费用为12000元,乙预付3000元。数日后甲将广告牌制作完成,并安置于站内乘客检票处。乙发现后提出异议,认为甲应将公告牌安置于候车大楼大门处,并表示如不照此办理,则解除合同。甲认为乘客检票处即为客运入口处,并提出合同约定的广告订做安置费用是参照检票处广告牌设置费用标准收取的,现乙要求安置于候车大楼大门处需加收1万元,且需承担1000元的搬迁费。由于双方对合同约定的客运入口处的含义理解未达成一致,乙拒绝支付余下的费用9000元,遂起纠纷。

请问：

(1)该合同是否属于重大误解的合同？为什么？

(2)该合同是否有效？为什么？

(3)本案应如何处理？

5. 美国甲公司与中国乙公司签订购销大米的合同。合同约定：数量为4万吨，合同总金额125万美元，在中国上海港交货。由于乙公司货源紧缺，双方约定先交付2万吨，其余推迟至次年交货。次年恰逢我国发生特大洪涝灾害，于是乙公司以不可抗力为由，要求免除交货责任，但乙公司的要求遭到甲公司的拒绝，甲公司并称该商品市场价格上涨，由于乙公司未交货已使其损失40万美元，要求乙公司无偿供应其他种类粮食以抵偿其损失，乙公司拒绝。对此，甲公司根据仲裁条款规定向中国的仲裁机构提出仲裁，强调乙公司所称不可抗力的理由不充分，并指出如乙方不愿以其他粮食抵兑其损失，就坚持索赔损失40万美元。在仲裁机构调解下，双方经过多次协商，以乙公司赔偿甲公司15万美元告终。

假设你是仲裁员，请判断：

(1)乙公司的抗辩事由是否成立？

(2)该合同的违约赔偿额应如何确定？

6. 中国的甲公司应德国乙公司的请求，发出出售某优质木材10000立方米的要约。乙公司接到要约后，立即回电，要求甲公司增加数量，降低价格，并延长要约的有效期。甲公司最后将产品的数量增至15000立方米，价格每立方米降低100欧元，并将有效期延长至6月26日。乙公司接到要约后，立即组织资金，于6月25日上午汇至甲公司的账户上。甲公司于6月25日下午回电给乙公司，“货已卖与他人”。乙公司接到电话后，立即要求甲公司继续履行合同。经查，甲公司尚存20000立方米该种优质木材。

请问：

(1)乙公司要求增加数量、降低价格的行为是否属于承诺？为什么？

(2)乙公司的承诺是否有效？为什么？

(3)甲、乙公司之间的合同是否成立？为什么？

(4)乙公司要求甲公司继续履行合同的要求是否合理？是否还能采取其他的救济措施？

工作任务五　国际货物买卖法

■步骤一　宣布本次教学的工作任务及目标

教学内容：整体上认识国际货物买卖法的基本知识。

教学目标：重点掌握国际货物买卖合同买卖双方的基本义务和救济方法。

■步骤二　工作任务

项目活动1　国际货物买卖法概述

【案例导入】

中国N省物资贸易公司与澳门制衣公司签订了货物购销合同，由制衣公司向物资公司出售5000套制服。制衣公司在收到信用证后却未能如期交货。

请问：物资贸易公司应如何处理？

【必备知识】

一、概念

（一）国际货物买卖法

是指调整国际货物买卖关系的法律规范的总称，包括国际条约、国际贸易惯例，也包括各国有关货物买卖方面的法律规范。

国际货物买卖是国际商事交易中最重要也是数量最大的一种，也是最古老的国际商事交易形式。与国内货物买卖相比，具有以下几个特点：

1. 当事人位于不同的国家，他们之间缺乏了解，缺乏信任。

2. 当事人所处国家的法律制度不同，由此导致当事人权利义务不同，争议解决方法不同，而且争议解决的时间长、难度大。

3. 货物交付一般很少由买卖双方直接交接，需要经过长距离运输，货物较长时间处于第三人控制之中，程序增多，风险增大，质量有可能发生变化。

4. 货物与货物的有关单据是分别处理的，具有不同的法律效力。

5. 货款支付一般很少即时结清。

（二）国际货物买卖合同

又称国际货物买卖销售合同，是指营业地处于不同国家的当事人之间达成的规定有关货物买卖而产生的权利义务关系的协议。

国际货物买卖合同中的“国际”不要求合同当事人的国籍属于不同的国家,而是指双方当事人的营业地处于不同的国家。有时双方当事人是同一国人,但因为双方的营业地在不同的国家,其签订的合同仍是国际货物买卖合同。构成合同要约和承诺的行为一般在不同的国家完成,或者虽然在一个国家完成,但货物的交付和合同的履行必须在另外一个国家。

知识窗口

国籍(Nationality)是指一个人属于某一个国家的国民或公民的法律资格。具有一国国籍的人,与其所属国有着固定的法律联系,基于这种联系,他接受该国的法律管辖和外交保护。国籍的取得大致有因出生而取得和因加入而取得两种方式。因出生而取得国籍有三种情况:血统主义(依据父母国籍而取得);出生地主义(以出生地作为取得标准);混合制(兼采血统主义和出生地主义)。因加入取得国籍是指根据本人的意愿或某种事实在具备条件后取得国籍,比如申请入籍、婚姻、收养等。

二、国际货物买卖法的渊源

(一)国际条约

由于各国的货物买卖法有所不同,发生法律冲突在所难免,这对于发展国际贸易是不利的。因此,一些国际组织试图通过制定统一的国际货物买卖法来协调这种冲突。1980 年通过的《联合国国际货物销售合同公约》(以下简称《公约》)是目前最为重要的调整国际货物买卖的国际公约,为大多数国家所认可。截至 2010 年 8 月,核准和参加《公约》的国家已达到 76 个。我国于 1986 年 12 月 11 日向联合国秘书处交存了关于该公约的核准书,从而成为《公约》的最早缔约国之一。

1.《公约》的适用范围

《公约》第一条规定:该公约适用于营业地点处于不同国家的当事人之间所签订的货物买卖合同。

(1)《公约》强调它只适用于国际性的货物买卖合同,并且在确定某项买卖合同是否具有国际性的时候,仅以合同当事人的营业地是否处在不同国家作为唯一的判断标准。不考虑国籍因素,也不考虑货物是否发生了跨国运输,或合同当事人发生的要约和承诺是否在不同的国家。

案例思考

A 和 B 都是美国人,他们分别在加拿大和墨西哥设立了公司。请问这两家公司之间的货物买卖是否属于国际货物买卖?是否适用《公约》?

(2)合同当事人所在国必须是《公约》的缔约国。如果当事人所在国不是《公约》的缔约国,但根据国际私法的规则导致适用某一缔约国的法律,那么《公约》也适用于这些当事人之间订立的国际货物买卖合同。具体地说,就是合同当事人的所在国并不是缔约国,他们之间的合同纠纷本不应适用《公约》,但根据国际私法规则,争议的解决需要适用另一国的法律,该国恰好是《公约》的缔约国,那么无论当事人在该国是否有营业场所,都应适用《公约》来解决纠纷。这就扩大了《公约》的适用范围,把《公约》适用到了非缔约国,同时也是对缔约国国内法适用的限制。

2. 不适用《公约》的交易

(1)购供私人、家人或家庭使用的货物的销售,除非卖方在订立合同前任何时候或订立合同时不知道而且没有理由知道这些货物是用于这种用途;

(2)经由拍卖的销售;

(3)根据法律执行令状或其他令状的销售;

(4)公债、股票、投资证券、流通票据或货币的销售;

(5)船舶、船只、气垫船或飞机的销售;

(6)电力的销售。

《公约》规定,不适用于供货一方的绝大部分义务是提供劳务或提供其他服务的合同,也不适用于买方提供制造货物的大部分重要原材料的合同(来料加工)。

3.《公约》适用的非强制性

《公约》适用并不是强制性的,即使双方当事人营业地都在缔约国,也可以在合同中明示或默示排除适用《公约》,选择其他法律作为准据法,从而改变《公约》的效力。

4. 我国参加《公约》时所作的保留

我国在核准该公约时,提出了两项重要保留:

(1)关于适用范围的保留。《公约》规定,适用于营业地处于不同的缔约国的当事人之间订立的买卖合同,如果他们的营业地所在国不是该公约的缔约国,根据国际私法规则导致适用某一缔约国的法律,合同也适用公约。对于这一点,我国在核准公约的时候提出了保留,即我国认为该公约的适用范围仅限于双方的营业地分处于不同缔约国的当事人之间所订立的货物买卖合同,意在限制《公约》的适用,从而扩大中国国内法的使用机会。根据这一保留,中国当事人与来自非《公约》缔约国当事人之间订立的销售合同争议,如果没有就法律适用问题达成协议,法院根据冲突法的指引决定适用中国的法律时,只能适用中国国内法,而不是《公约》。

(2)关于书面形式的保留。《公约》规定,销售合同无须以书面订立或书面证明,在形式方面也不受任何其他条件的限制,对国际货物销售合同的订立没有任何特定的形式要求,即无论采用口头或书面形式订立的合同都是有效的。这与当时我国的《中华人民共和国涉外经济合同法》中关于涉外经济合同必须采用书面形式订立的规定是不一致的,因此我国对此条进行了保留。不过在 1999 年实施的《合同法》中,已经不再要求合同必须采用书面形式订立,与《公约》的规定相一致,所以这一保留不再具有意义。不过,我国至今没有撤销对该条款的保留。

案例思考

加拿大A公司(买方)与美国B公司(卖方)签订一份汽车买卖合同,约定B向A提供2000辆汽车。1月,B提供500辆汽车,经A检验,因质量不合格退货,但500辆汽车的货款已支付。B自知不能提供合格的汽车,于是向A提议邀请美国的C公司负责提供1500辆汽车,货款由A直接汇付给C。3个月后,C如期履约,汽车质量经检验合格。但A将1500辆汽车的货款汇付给C时,扣除了其已向C支付的500辆不合格汽车的货款。

请问:(1)A、B、C三方之间的口头协议是否有效?

(2)A扣付C公司500辆汽车货款的行为能否得到支持?为什么?

(二)国际贸易惯例

国际贸易惯例是国际货物买卖法的渊源之一,由各国的商业习惯做法及诸如国际商会、联合国欧洲经济委员会、国际法律协会以及其他国际组织所制定的各种标准组成。

有关国际货物销售的国际贸易惯例很多,比如国际商会的《2010年国际贸易术语解释通则》、国际法协会的《1932年华沙—牛津规则》、《美国1941年对外贸易定义修订本》、国际统一私法协会的《国际商事合同通则》等。

国际贸易惯例并不具有普遍约束力,双方当事人可以采用,也可以不采用。只有当双方当事人在订立国际货物销售合同时,约定采用某个国际贸易惯例来确定他们之间的权利、义务时,该项惯例才对双方当事人产生等同于法律的约束力。

(三)各国国内法

除了国际条约和国际贸易惯例之外,各国还通过国内立法对货物买卖关系进行了规范。如英国的《1893年货物买卖法》、《美国统一商法典》、《法国民法典》、《德国民法典》及我国的《合同法》等。

【技能操练】

一家摩纳哥(非《公约》缔约国)企业和一家加拿大(《公约》缔约国)企业签订货物销售合同,没有约定法律适用问题。发生争议后,加拿大企业在本国起诉。加拿大法院根据国际私法的最密切联系原则,决定适用加拿大法律。

请问:该合同纠纷是否适用《公约》?

项目活动2 买卖双方的义务

【案例导入】

中国甲公司凭样品成交,向美国乙公司出口皮鞋,合同规定买方收到货物后90天内检验。乙公司收货检验后无异议。1 年后,乙公司来电称:该批皮鞋存在质量问题,提出降价要求,否则全部退回。经甲查验留存的复样,也发现有质量问题。甲拒绝乙的要求,理由为该交易是凭样品成交,对方收货检验未提出任何异议,说明已接受了该批货物,在1 年后再提出质量问题,不符合合同约定,因此拒绝乙的要求。

请问:该案应如何处理?

【必备知识】

一、卖方的义务

(一)按合同或法律规定的时间、地点和方式交货的义务

如果合同对交货的时间、地点与方式都有明确的规定,卖方就必须按合同的规定办理。如果合同对此没有作出规定,则应按《公约》的有关规定和有关国家的买卖法的规定交货。

1. 交货时间

(1)大陆法的有关规定

卖方应在合同约定的时间交货。如果合同没有对交货时间作出具体规定,买方有权要求卖方立即交货,但应该给卖方合理的准备时间;卖方也有权在合同成立后即时交货。

(2)英美法的有关规定

如果合同没有规定期限,卖方应在合理时间交货。如果买方授权或要求卖方把货物运交买方,则卖方应负责订立适当的运输合同。

(2)《公约》的有关规定

如果合同规定了交货时间或根据合同可以确定交货日期,卖方应在该日期交货。如果合同规定了一段交货时间,除了买方有权选定一个具体日期外,则卖方可以在此期间的任何一天交货。其他情况下,卖方应根据交易的具体情况,在合同成立后的一段合理期限内交货。

案例思考

甲、乙双方以 FOB 条款订立 10000 吨铁矿砂合同,交货期为 2010 年 8 月。买方所派船只于 8 月 3 日到达起运港,但卖方尚未将货物备齐。卖方备齐货物开始装船日期为 8 月 21 日。船公司向买方索要滞期费。

请问:买方能否就滞期费向卖方追偿?

2. 交货地点

(1)大陆法的有关规定

卖方应按照合同规定的地点交货。如果没有指定地点,应根据所交付的货物是特定物还是种类物来确定交货的地点。如果是特定物,根据法国、日本和瑞士法律,卖方一般应在订约时该特定物所在地交货;如果是种类物,应在卖方的营业所在地交货;但日本的

民法典则规定在买方营业地交货。

(2)英美法的有关规定

英国法规定,如果合同没有约定交货地点的,一般应在卖方的营业地交货。如果合同标的物是特定物,而且买卖双方在订约时已经知道该特定物在其他地方,则应在该特定物所在地交货。

案例思考

中国甲公司与日本乙公司签订了出口一批无公害绿色农产品,约定单价为每箱2000美元,共500箱,共计100万美元,10月20日前交货,即期不可撤销信用证付款。9月20日,甲公司将货物在成都火车站装车运往上海港转船运往日本。

请问:本案中的甲公司在何地完成交货义务?为什么?

(3)《公约》的有关规定

如果合同没有明确约定具体的交货地点,所交货物涉及运输,即要求卖方把货物运送给买方,卖方应将货物移交给第一承运人,通常就视为交货。这里实际上是将承运人视为买方接收货物的代理人。

所交货物不涉及运输时,如果所交货物是特定物,或从特定库存中提取出来的货物,或者是尚待加工生产或制造的未经特定化的货物,而在订立合同时双方当事人已经知道这些货物是在某一地点或将在某一特定地点制造生产的,卖方应在该地点交货。

除了以上情况外,卖方的交货义务是在其订立销售合同时的营业地点把货物交给买方处置。卖方应完成一切准备工作,如货物的包装、划拨等,使货物处于交付状态,使买方能够占有货物。

3. 交货方式

交货的方式有两种:一是卖方自愿将货物移交给卖方,即卖方把货物置于买方实际占有和支配之下,称为实际交货。二是卖方将代表货物的单据或者凭以提取货物的单据甚至存放货物的建筑物的钥匙交给买方,成为象征性交货。在国际货物买卖中经常采用象征性交货,即卖方按照合同规定的时间、地点将货物交给承运人,取得提单,然后将提单和其他有关货物运输的单据交给买方或代理人,完成交货责任。

(二)卖方提交单据、安排运输和通知、转移所有权的义务。

1. 提交单据的义务

按照国际贸易惯例,在大多数情况下,卖方都有义务向买方提交有关货物的各种单据,而且买卖合同也往往规定,以卖方移交装运单据作为买方支付货款的条件。因此《公约》明确规定,移交有关货物的单据,是卖方的一项主要义务。

这些单据通常包括提单、保险单、商业发票、品质检验证书、领事签证等，有时还包括装箱单、原产地证书、重量单。这些单据是买方提取货物、办理报关手续、转售货物以及向承运人和保险公司请求赔偿所必不可少的文件。如果所需提交的单据在合同中没有约定，则只能按照国际贸易惯例和诚实信用原则来处理具体问题。

案例思考

我国某贸易公司（买方）与澳大利亚某矿产公司（卖方）签订购买某类矿产的合同。到了合同履行期3月份的最后一天，澳方提出未装船发货的原因是中方没有按照合同规定及时提供商品检验证明、详细的装箱单和申请享受普惠制度待遇的表格。中方称合同规定这些文件由买方提供属于打字错误。中方申请仲裁，澳方反诉要求中方赔偿违约责任。

请问：我国某贸易公司是否应该赔偿？

2. 卖方安排运输和通知的义务

《公约》规定，如果买卖合同涉及货物运输，卖方通过承运人把货物运交给买方时，卖方还应承担以下义务：(1)如果卖方按照合同或本公约的规定将货物交付给承运人，但货物没有以货物上加标记，或以装运单据或其他方式清楚地注明有关合同，卖方必须向买方发出列明货物的发货通知。(2)如果卖方有义务安排货物的运输，他必须订立必要的合同，以按照通常运输条件，用适合情况的运输工具，把货物运到指定地点。(3)如果卖方没有义务对货物的运输办理保险，他必须在买方提出要求时，向买方提供一切现有的必要资料，使他能够办理这种保险。但是按照某些国际贸易惯例，即使买方没有提出要求，卖方也应当提供这类资料。

3. 转移所有权的义务

《公约》规定，卖方必须按照合同和本公约的规定，交付货物，移交一切与货物有关的单据并转移货物所有权。也就是说，卖方应做出一切努力，使买方得到货物的所有权。比如说不动产买卖合同本身不能起到转移不动产所有权的效力，在交付之外，还必须进行登记。

（三）卖方的品质担保义务

品质担保是指卖方应保证所交付的货物没有瑕疵，符合合同、法律以及有关贸易惯例对于有关货物应具备的内在素质和外观形态的规定。

1. 大陆法的有关规定

大陆法把品质担保称为瑕疵担保；即卖方应当保证出售的货物没有瑕疵。如果买方在订立合同时，已经知道出售的货物有瑕疵，卖方可不负瑕疵担保责任。如果买卖的标的是根据质权以公开拍卖的方式出售者，卖方对货物的瑕疵不负担保责任。

知识窗口

质权是指债务人或第三人把特定的财产交给债权人占有，作为债权的担保，在债务人不履行债务时，债权人有权以该财产折价或拍卖、变卖所得优先受偿的权利。

质权和抵押权都是为了保证债权的实现而设定的担保物权，但质权的对象只能是动产和可转让的权利，抵押权的对象可以是动产和不动产。

当事人之间设定动产质权必须转移标的物的占有，而抵押权的成立不以转移标的物的占有为必要。

2. 英美法的有关规定

英国法认为卖方的品质担保义务是合同的默示条件，凡是凭说明出售的货物，卖方的所交付的货物必须与说明相符。不是凭说明出售的货物，则应当包含一项默示，即货物应具有适销品质或者具有买方已经知道的特定用途等。如果卖方在订立合同时已告知买方货物存在缺陷，或者买方在订约前已经检验并能够发现货物缺陷的存在，那么卖方不负担保货物的品质。

美国法则是把卖方对货物的担保义务分为明示担保与默示担保两种。明示担保是指卖方明确地、直接地保证自己的货物达到的品质。明示品质担保一般在合同的条款中体现，但卖方在合同订立后对货物品质所作的口头、书面保证和说明也可以构成明示品质担保。比如说卖方提供的样品、模型、在广告中对货物品质的说明等，该许诺是对事实方面所作的，且构成了双方当事人交易的基础，就可以构成一项明示的品质担保。例如卖方在出售服装的标签上写明“100%纯棉”，就是一项明示担保。

默示品质担保是指当事人没有在合同中约定，而是依据法律的规定或交易习惯、惯例产生的有关货物品质的担保。这种担保意味着只要买卖双方没有在合同中作出相反的约定，则根据法律和习惯、惯例的规定这种担保应当包括在合同中，且依法适用于买卖双方之间的合同。

3.《公约》的有关规定

关于卖方品质担保义务，《公约》作了如下规定：卖方交付的货物必须与合同所规定的数量、质量和规格相符，并须按照合同所规定的方式装箱或包装。除双方当事人已另有协议外，货物除非符合以下规定，否则即认为与合同不符。

(1)货物适用于同一规格货物通常使用的目的。

(2)货物适用于订立合同时曾明示或默示地通知卖方的任何特定用途，除非情况表明买方并不依赖卖方的技能和判断力，或者这种依赖对他是不合理的。例如买方时凭自己指定的品牌选购货物，或者使用高度技术性的规格来描述他所需要的货物，那就可以认为买方时凭对自己的自信来选购货物，而不是以来卖方的技能和判断力来为他提供货物，这种情况下，卖方就不承担提供适合特定用途的货物的义务。

(3)货物的质量与卖方向买方提供的货物样品或样式相同。

(4)货物按照同类货物通用的方式装箱或包装,如果没有此种通用方式,则按照足以保全和保护货物的方式装箱或包装。

以上四项义务,是在双方当事人没有其他约定的情况下,由《公约》加诸在卖方身上的义务。它们反映了买方在正常交易中对购买的货物所保有的合理期望。因此只要双方当事人在合同中没有做出与此相反的规定,《公约》的上述规定就适用于他们之间的合同。

《公约》还规定了卖方可以免责的情况,即如果买方在订立合同时知道或者不可能不知道货物不符合同,无须调查用肉眼即可发现的,卖方无须对此负责。

根据《公约》,买方有检验货物的权利,但必须在发现或理应发现不符情形后一段合理时间内通知卖方,说明不符合同情形的性质,否则就丧失声称货物不符合同的权利。这一合理时间最长不超过买方实际收到货物之日起的2年,除非这一时限与合同规定的保证期限不符。如果货物不符合同规定指的是卖方已知道或不可能不知道而又没有告知买方的一些事实,即卖方存在欺诈行为时,买方仍可向卖方主张权利。

案例思考

卖方将奎宁出售给买方,卖方知道买方意图将这些货物在阿根廷出售。在奎宁中含有一定量的水杨酸,但买卖双方都不知道。然而出售含有水杨酸的奎宁在阿根廷是违法的。当奎宁运到阿根廷后,被阿根廷有关部门扣下。

请问:卖方是否违约?

(四)卖方对货物的权利担保义务

权利担保是指卖方保证其出售的货物享有完整的合法的权利,任何第三方不得就该项货物向买方主张任何权利,卖方也没有侵犯任何第三方的权利。在货物买卖中,卖方最重要的义务就是保证他确实享有出售货物的权利。各国法律规定,权利担保义务是卖方的一项法定义务,即使在买卖合同中对此没有做出规定,卖方依法也应当承担此项义务。

权利担保义务主要有三方面的内容:一是卖方对其出售的货物享有合法的权利,如所有权。二是卖方保证在其出售的货物上不存在任何未向买方透露的担保物权,如抵押权、留置权等。三是卖方保证所出售的货物没有侵犯他人的权利,如商标权、专利权等知识产权。

《公约》规定:1. 卖方所交付的货物,必须是第三方不能提出任何权利或要求的货物,除非买方同意在这种权利或要求的条件下,收取货物。此规定表明卖方必须对所交付的货物享有合法权利,保证善意买方收到货物后不受任何第三方的干扰。如果任何第三方对所售货物提出任何权利或请求,卖方应承担责任,但是如果买方在知道有第三方可能会对合同的货物提出权利或要求后仍然收取了该项货物,那么卖方不承担责任。

2. 卖方所交付的货物不得侵犯任何第三方的工业产权或其他知识产权,但有限制。

(1)卖方只有在订立合同时已经知道或不可能不知道第三方对其货物会提出工业产权方面的权利或要求时，才对买方承担责任。

(2)第三方依据任何一国的法律提出工业产权或知识产权的权利或请求时，卖方并不是都要承担责任，只有在一定情况下才需要向买方负责。

A. 如果卖方在订立合同时已经知道买方打算把该项货物转售到某一国境内或作其他使用，第三方依据该国法律提出的有关工业产权或知识产权的权利请求，卖方应对买方负责。

B. 在任何其他情况下，第三方根据买方营业地所在国家的法律所提出的关于侵犯工业产权或知识产权的请求，卖方应对买方承担责任。

(3)如果买方在订立合同时，已经知道或者不可能不知道第三方会对货物提出请求，则卖方对此产生的后果不负责任。

(4)第三人对货物的权利或要求的发生，是由于卖方要遵照买方所提供的技术图样、图案、程式或其他规格而引起的，卖方对此不承担责任。

案例思考

中国A公司向美国B公司购买机床。A在签订合同的时候，明确告知B机床将转口至土耳其，但该机床并未转口至土耳其，而是到了意大利。一位意大利生产商发现该批机床的制造工艺侵犯了其两项专利权，因此向意大利法院起诉，要求法院禁止该批机床在意大利境内使用和销售，并要求损害赔偿。经调查，机床确实侵犯了该生产商在意大利注册的两项专利，其中一项还在中国注册。A要求B承担违约责任，B认为自己在订立合同时不知道该批机床将转口至意大利，拒绝承担违约责任。

请问：B是否应承担违约责任？

二、买方的义务

(一)支付货款

买方应按照合同规定的时间、地点、方式、币种和金额支付价款，如果合同中未作规定，则买方应依照有关法律履行此项义务。对于这些问题，《公约》的规定比许多国家的国内法都要更为详细和具体。

1. 履行必要的付款手续

买方应按合同规定履行付款的必要手续，应按法律规章的要求采取支付货款所必需的步骤和手续，以便货款得以支付。如向银行申请信用证或银行保函；在实行外汇管制的国家，须向政府部门申请进出口许可证及所需外汇等。如果买方没有完成这些步骤和手续，导致无法付款，就构成买方违反付款义务，应承担违约责任。

2. 确定货物的价格

如果合同已有效成立,但没有明示或暗示规定价格或规定如何确定价格,在没有任何相反表示的情况下,双方当事人应视为已默示地同意引用在订立合同时,此种货物在有关贸易的类似情况下销售的通常价格。《公约》规定,如果价格是按货物的重量规定的,如有疑问,应按净重确定。

3. 付款地点

如果双方在买卖合同中对付款的地点已经有明确约定,买方应在合同规定的地点付款。如果没有做出具体规定,买方应按照《公约》的规定,在以下地点付款:(1)卖方的营业地;(2)如凭移交货物或单据支付价款,则买方应在移交货物或单据的地点支付货款。如果卖方营业地在订立合同后发生变动,则需承担由此增加的支付方面的有关费用。

4. 付款时间

(1)如果买卖合同没有规定买方应当在什么时候付款,买方应当在卖方按照合同和公约规定,将货物或代表货物所有权的单据(如提单)交给买方处置时,支付价款。卖方可以把支付价款作为移交货物或单据的条件,即付款与交单互为条件。如果买方不付款,卖方就没有义务把货物或单据交给买方,反之,如果卖方不把货物或单据交给买方,买方也没有义务支付货款。

(2)如果合同涉及货物的运输,卖方可以在发货时订明条件,规定必须在买方支付价款后,方可把货物或单据移交给买方。

(3)买方在未有机会检验货物前,没有义务支付价款,除非这种检验机会与双方当事人约定的交货或支付程序相抵触。

(4)买方必须按合同和《公约》规定的日期付款,无须卖方提出任何要求或办理任何手续,即无须卖方提出请求或办理任何催告的手续。如买方不按时付款,应负延迟付款的责任,应支付延迟利息。

(二)收取货物

1. 买方采取一切理应采取的行为,以便卖方能够交付货物。即买方应采取必要的合作措施,如及时指定交货地点或按合同规定安排有关运输事宜,以便卖方能履行其义务。

2. 在卖方交货时,买方有义务及时接收货物。如买方不及时接收货物,有时可能会对卖方的利益产生直接影响。如买方不及时提货,卖方可能要向承运人支付滞期费及其他费用,对此买方应承担责任。

知识窗口

买方接收货物不等于接受货物。接受表明买方认为货物符合合同的规定,但接收仅表示买方收取货物,并不表明在货物严重不合格的情况下放弃拒绝接受的权利。

【技能操练】

日本A公司与英国B公司签订商标为“K”牌室内跑步机的进口合同。随后,A将该批货物转售给本国内的C公司。不久,C发来书面通知,称“K”牌室内跑步机已在10年前由英国授权给日本的D公司,并以D的名义注册了商标。现D公司提出,C侵权,要求C停止在日本境内销售该品牌的室内跑步机。

请问:(1)C公司是否侵权?为什么?

(2)该案应如何处理?

项目活动3　对违反货物买卖合同的救济方法

【案例导入】

2005年7月,中国甲公司(买方)与澳大利亚乙公司(卖方)在广州签订了购销实木地板合同,以信用证付款。合同签订后,甲向乙交付了预付款人民币30万元。但是乙没有依约向甲交货,也没有将预付货款返还甲。经甲多次索还,乙均拒绝返还。

请问:甲应如何维护自己的权益?

【必备知识】

货物买卖合同订立后,合同的双方当事人都应严格按照合同的规定履行其义务,如果当事人没有正当理由而没有履行合同规定的义务,则构成违反买卖合同,违反合同的当事人应承担相应的违约责任。

在了解《公约》对违反合同的救济方法的规定前,必须先了解根本违约的有关内容。一方当事人违反合同的结果,使另一方当事人蒙受损害,以至于实际上剥夺了他根据合同有权期待得到的东西,就属于根本违约。《公约》对根本违约所采取的衡量标准,是看违反合同的后果是否使对方蒙受重大的损失,也就是违约后果的严重程度,至于损害是否重大,应根据每个案件的具体情况来确定。例如违反合同所造成损失金额的大小,或违反合同对受害一方其他活动所产生的消极影响的程度等等。需要注意的是,如果违反合同的一方能够证明他并没有预见到会产生这种严重后果,而且也没有理由会预见到这种严重后果,他就可以不承担根本违约的责任。

是否构成根本违约,与当事人可能采取何种救济方法有直接的关系。如果某种违约行为已经构成根本违约,受损害的一方就有权宣告撤销合同,并要求赔偿损失或采取其他救济方法。如果不构成根本违约,则不能撤销合同,而只能要求赔偿损失或采取其他救济方法。

一、买卖双方都可以采取的救济方法

(一)损害赔偿

根据《公约》的规定,损害赔偿是一种主要的救济方法,当一方违反合同时,对方都有权利要求赔偿损失,而且要求损害赔偿的权利,并不因其已采取其他救济方法而丧失。也就是说即使已经采取了撤销合同或其他救济方法,他仍然可以要求违约一方给予损害赔偿,两种救济方法可以同时行使。

1. 原则

《公约》采取“无过错责任”原则,即只要一方违反合同,并给对方造成了损失,对方就可以要求其赔偿损失,无需证明违约的一方有过失。许多大陆法国家都采取过失责任原则,即只有当违约的一方有过失,并给对方造成损害时,对方才承担损害赔偿责任。英美法系和我国的《合同法》都采取无过错责任原则。

2. 赔偿范围

《公约》规定,损害赔偿的范围应与对方因其违约而遭受的损失额相等,包括利润在内,就是假如合同履行的话,受损害的一方得到的赔偿与他本应得到的金额相同。这一点与大多数国家包括我国《合同法》的规定是一致的。

在赔偿范围上,《公约》有个很重要的限制:损害赔偿的范围不得超过违约一方在订立合同时,依照他当时已知道或理应知道的事实和情况,对违反合同预料的或理应预料的损失。即违约一方的赔偿责任仅以其在订立合同时可以预见到的损失为限,对于那些在订约时不可能预见到的损失,违约的一方可以不负责任。所以在订立合同时,一方当事人应向另一方说明如果违约将造成损失的严重程度,否则守约方无权就违约的异常损失请求违约方支付巨额的、超过可预见的赔偿额。

3. 减轻损失的义务

当一方违约时,另一方有义务采取必要的措施,以减轻因对方违约而造成的损失。如果另一方不采取这种措施,违反合同一方可以要求从损害赔偿中扣除原应可以减轻的损失数额。我国的合同法与其他一些国家的国内法也有类似的规定。

4. 可以同时采取其他救济方法

《公约》认为损害赔偿的请求权不因为当事人采取其他救济方法而受到影响。买方可能享有的要求损害赔偿的任何权利,不因他行使采取其他补救办法的权利而丧失。也就是说,即使他已采取了撤销合同或其他救济方法,仍然可以要求违约一方给予损害赔偿,两种救济方法可以同时使用。

(二)因一方预期违约而采取的救济方法

预期违约是指在合同规定的履行期到来以前,一方通过声明或行为表明其不履行合同或不能履行合同。这种预期违约的情况可能出现在买方身上,也可能出现在卖方身上,所以《公约》将其作为买卖双方都可以采用的救济方法。

1. 中止履行

《公约》规定:如果订立合同后,另一方当事人由于下列原因显然将不履行其大部分重要义务,一方当事人可以中止履行义务:

(1)一方当事人的履约能力和信用严重下降。如买方在订立合同后失去偿付能力或已宣告破产。

(2)当事人在准备履行合同或履行合同中的行为已经显然表明他将不履行其大部分

重要义务。此外,如果订立合同后,一方当事人所在国家发生战争或实行封锁禁运,也可以认为他将不能履行其大部分重要义务。

宣告中止履行合同的当事人必须立即通知预期违约的另一方当事人,如果对方对履行合同义务提供了充分的担保,则必须继续履行合同,如果该担保不充分仍然可以中止履行。例如当买方信用下降时,可由银行为其提供信用担保(如银行保函),宣告中止履行的一方仍须继续履行其合同义务。这一点与我国《合同法》的规定基本上是一致的。

案例思考

法国某公司与美国某公司签订一份医疗监视器买卖合同,约定法国公司应当按照医疗监视器制造的进度支付货款。在合同履行过程中,法国公司发现美国公司生产的设备质量存在问题,故通知美国公司:"你公司所制造医疗监视器质量存在问题,故我方暂时中止履行支付货款的义务。"美国公司在收到通知后,立即表示可以保证所生产的设备质量符合合同规定,并取得了美国某银行的担保。但法国公司仍然坚持中止履行义务。

请问:法国公司的做法是否合理?

2. 宣告合同无效

(1)如果在履行合同日期之前,明显看出一方当事人将根本违反合同,另一方当事人可以终止履行,撤销合同。

(2)发生违约情况,违约方在另一方规定的合理的额外时间内仍不履行,或声称将不在这段额外时间内履行的,可以撤销合同。

(三)对分批交货合同违约的救济方法

分批交货合同是指一个合同项下的货物分成若干批交货。如一个购买20吨小麦的合同,可以分成5批交货,每批交4吨,就属于分批交货合同。对于分批交货合同,如果一方对其中一批货物没有履行义务,并构成根本违约,对方能否撤销整个合同?或者只能宣告合同对该批货物无效而不能撤销整个合同?《公约》分三种情况加以规定。

1. 在分批交付货物的合同中,如果一方当事人不履行对任何一批货物的义务,便对该批货物构成根本违反合同,则另一方当事人可以宣告合同对该批货物无效,即宣告撤销合同对这一批交货的效力,而不能撤销整个合同。

2. 如果一方当事人不履行对任何一批货物的义务,使另一方当事人有充分理由断定对今后各批货物将会发生根本违反合同,该另一方当事人可以在一段合理时间内宣告合同今后无效。即撤销合同对今后各批货物的效力,但对在此以前的已经履行义务的各批货物不能予以撤销。

3. 当买方宣告合同对任何一批货物的交付无效时,如果合同项下的各批货物互相依存、不可分割,不能将其中的任何一批货物单独用于双方当事人在订立合同时所设想的目的(如大型设备分批装运交货),买方可以同时宣告合同对已交付的或今后交付的各批货物均为无效,即可宣告撤销整个合同。

案例思考

我国某企业向德国一家生产商订购了一套钢坯生产设备,合同规定该设备分四批到货。前三批设备均按期按质到货,但在收到第四批设备时,发现有严重的质量问题,这种情况下,我方依《联合国国际货物销售合同公约》的规定,应该如何处理?

二、卖方违约时买方的救济方法

卖方违约的形式主要有拒绝交货、延迟交货和交付的货物与合同规定不符三种。

(一)卖方不交货时买方的救济方法

1. 实际履行

《公约》规定,卖方不履行合同义务或公约规定的任何义务,买方可以要求卖方履行其义务。但这一救济方法受到一定限制:当买方向法院提起要求卖方实际履行的诉讼时,法院是否做出强制卖方交货的判决,必须取决于法院所在国家的法律对其他类似买卖合同如何处理。

大陆法国家的法院可能会判决卖方实际履行,但英美法国家可能不会做出这种强制执行的判决。《公约》做出这种有限制的救济方法,原因就在于大陆法和英美法在此问题上分歧较大,前者认为实际履行是主要的救济方法,后者则认为它是辅助性的救济方法,仅在其他法律上的救济方法不足以弥补受损害一方的损失时才能采用。这种规定照顾了两大法系的不同观点,是一个折中的产物。

2. 在一定条件下可以撤销合同

《公约》规定,卖方不履行合同义务或公约规定的义务,构成根本违约时,买方可以撤销合同。卖方的违约行为如果构成根本违约,买方可以撤销合同,并要求损害赔偿;如果不构成根本违约,则只能请求损害赔偿或采取其他救济方法。

买方也可以给卖方规定一段合理的额外时间,让其履行交货义务。如果卖方不在该时间内交货,或声明他将不在上述时间内交货,买方即可撤销合同,因为卖方的这种行为构成了根本违约。

3. 损害赔偿

根据《公约》规定,损害赔偿是一种主要的救济方法,当卖方违约时,买方具有任何要求损害赔偿的权利,并不因为他行使采取其他救济方法的权利而丧失。《公约》对损害赔偿所采取的基本原则是:使受损害一方的经济状况同如果合同得到履行时应有的经济状况相等。损害赔偿额的计算方法主要有以下两种:

(1)当卖方不交货时,买方可以撤销合同,在其后的一段合理时间内,以合理的方式购买替代货物。这种情况下,买方可以向卖方索赔合同价格和替代货物的交易价格之间的差价,以及因卖方违约而受到的其他损失。

(2)买方在撤销合同后,也可以不进行实际的替代交易,而以宣告撤销合同时该项货物原应交货的地点的时价和合同价格之间的差价,以及由于卖方因违约所造成的损失提起损害赔偿。

(二)卖方延迟交货时买方的救济方法

买卖合同签订之后,卖方不按期交货,这在国际贸易中是常见的。有时是卖方按时交货确有困难,此时应及时通知买方,请求买方同意延长交货期;有时是由于市场行情发生剧烈变化,卖方故意不交货。对于买方来说,卖方延迟交货可能会使自己遭受巨大的损失。

卖方迟延交货,买方可以给一段合理额外时间,让卖方履行义务,但是,如果卖方不在该时间内交货,或声明他将不在新规定的额外时间内交货,买方可以撤销合同。如果卖方的迟延交货已构成根本违约,则不给宽限期,而直接宣告撤销合同。这里关键在于是不是构成根本违约。

案例思考

1. 出售圣诞节食用火鸡合同案。买方从国外进口一批供圣诞节出售的火鸡,交货时间为11月底至12月初,而卖方交货在12月底。由于圣诞节已过,火鸡难以销售,使买方遭受重大损失,买方订立合同的目的没有得到实现。这种情况下,卖方延迟交货可以认为是根本违约,买方有权撤销合同,拒绝接受迟交的货物。

2. 出售普通鸡肉合同案。合同规定卖方应于7月至8月装运,但卖方9月初才装运,在这段时间里,肉鸡的市场价格并没有发生什么变化,供销情况正常。在这种情况下,卖方延迟交货就不能认为是根本违反合同,买方不能撤销合同。

如果买方在订立合同时告诉卖方有特定用途,而卖方延迟交货,就构成根本违约,可撤销合同,拒收货物,并要求损害赔偿。

(三)卖方所交货物与合同规定不符时买方的救济方法

1. 交付替代物

《公约》规定,卖方所交货物与合同规定不符,买方可以要求卖方交付替代物,但这种权利只能在所交货物与合同规定不符已构成根本违约的时候行使。这是因为卖方交付替代物给买方,处理已交付的不符合同规定的货物的费用,往往高出买方因收受不符货物而遭受的损失,因此此项规定仅适用于货物不符合同构成根本违约的情况。如果所交货物不符合同的情况不严重,不构成根本违约,买方就不能要求卖方交付替代物,而只能采取其他救济方法。买方要求卖方交付替代物的请求应该在合理的时间内作出。

2. 要求卖方修补不符合合同的货物

卖方所交货物与合同规定不符合,但情况尚不严重,只需要加以修补即可符合合同需求。但如果买方要求卖方进行货物修补是不合理的,比如修补给卖方带来的损失比向买方支付损害赔偿金要大得多,则买方不能要求卖方对货物进行修补。

3. 要求减价

卖方所交货物与合同规定不符合,但买方仍然收下这批与合同不符合货物,要求卖方减价,减少价金应按照实际交货时的价值与符合合同规定的货物在当时的价值两者之间的比例计算。但是如果卖方已对货物进行补救,或买方拒绝卖方依照公约的规定,对货物不符之处进行补救的履行,则买方不能减低货价。

降低货款这种救济方法是大陆法的特点。在德国法中,减低价款被作为一种独立的救济方法来看待,但在英美法中没有减价制度,虽然英美法也允许买方扣除赔偿金,但这种扣除赔偿金是买方要求损害赔偿的一种方法,而不是独立的补救方法。《公约》的这种规定是受了大陆法的影响。应该注意的是,在国际贸易中,通常使用信用证的方式付款,因而减少货款的可能性比较小,买方只能通过要求损害赔偿的方式挽回损失。

4. 宣告撤销合同

买方撤销合同的权利不是绝对的,《公约》对此进行了限制,卖方交货不符合合同规定或有瑕疵时,只有下面的情况买方才可以撤销合同:

第一,卖方所交货物与合同规定不符,不履行合同义务已构成根本违约,买方可以立即撤销合同。

第二,如果卖方所交货物未构成根本违约,买方可以规定一段合理的额外时间,让卖方履行其义务。如果卖方未能在规定的时间内交付与合同相符的货物,或对与合同规定的不符状况进行修理以做出补救,或声明他将不交货的,买方即可撤销合同。

第三,卖方所交货物与合同规定不符,买方必须在发现或理应发现不符情形后的一段合理时间内通知卖方,说明不符合同情形的性质,否则就丧失了声称货物不符合同的权利。

5. 当卖方只交付部分货物或所交货物只有一部分符合合同规定时买方可采取的救济方法

根据《公约》规定,当卖方只交付部分货物或所交货物只有一部分符合合同要求时,买方只能对漏交的货物或对与合同要求不符的那一部分货物采取退货、减价、要求损害赔偿等救济方法。但一般不能宣告解除整个合同或拒收全部货物,除非卖方完全不交货,或不按合同规定交货已构成根本违约,买方才可以宣告撤销整个合同。

如在机器设备买卖中,卖方所交机器设备里有一重要零件与合同不符,使整个机器不能使用,或漏交了这个重要零件,影响了全局,构成了根本违约,在这种情况下,买方可宣告撤销整个合同。

6. 当卖方提前交货或超量交货时买方可采取的救济方法

《公约》规定,如果卖方在合同规定的日期以前交货,买方可以收取货物也可以拒绝收取货物。但如果卖方在提前交货遭拒绝后,等到合同规定的交货期临到的时候再次向买方提交货物,买方仍须收取这批货物。

如卖方所交货物的数量大于合同规定的数量,买方可以收取全部货物,也可以拒绝收取多交部分的货物,只收取合同规定数量的货物,但不能拒收全部货物。如买方收取多交部分的货物,就必须按合同规定的价格付款。

7. 请求损害赔偿

当卖方交货与合同不符时,买方有权要求损害赔偿。当卖方交货与合同不符构成根本违约,或在买方给予的宽限期内未能就不符修补时,买方可拒收货物,解除合同,并按卖方不交货要求损害赔偿。当卖方交货与合同不符,不构成根本违约,或在宽限期内进行了修补,买方虽有权解除合同,但接收了与合同不符的货物,买方仍有权要求损害赔偿。

三、买方违约时卖方的补救办法

买方主要有两项义务,一是按合同和《公约》的规定支付货款,二是受领货物。违反上述义务的行为就是买方的违约行为。《公约》对买方不支付货款和不按合同规定受领货物,为卖方规定了以下救济方法。

(一)实际履行

《公约》规定,卖方可以要求买方支付价款、收取货物或履行他的其他义务,除非卖方已采取与此要求相抵触的某种补救办法。但这一救济方法受到一定限制。当卖方向法院提起要求买方实际履行的诉讼时,法院是否做出强制买方付款的判决,必须取决于法院所在国家的法律对其他类似买卖合同如何处理。

(二)请求损害赔偿

在买方不支付货款和不受领货物时,《公约》规定,卖方可以要求损害赔偿,其金额应当相当于他由于买方违约时所造成的包括利润在内的损失,但不得超过买方在订立合同时,依照他当时已经知道或者应该知道的事实和情况,对违反合同预料到可能的损失。

1. 卖方以合理方式把货物另行出售,可以取得合同价格和转售价格之间的差额,以及因为买方违约而造成的其他损失的赔偿。

2. 如果在撤销合同后卖方没有转售货物,则卖方可以取得合同价格与撤销合同时交货地点的现行时价之间的差额,以及因买方违约而造成的其他损失的赔偿。

3. 如果买方延迟付款,卖方可以要求赔偿利息损失。利息应从付款之日起到做出裁决实际付款之日为止。

(三)规定额外的合理时间让买方履行义务

在国际贸易实务中,经常出现的问题是很难判断买方违约是否构成根本违约,所以规定一段额外的合理时间,催告买方履行义务是一个行之有效的方法。如果买方不按合同规定的时间履行其支付货款、收取货物或其他义务,卖方可以规定一段额外的合理时间让买方履行。如果买方声称他将不在所规定的时间内履行义务,卖方可以撤销合同,并要求损害赔偿。在这段合理时间内,卖方不得采取其他补救办法。但是,卖方并不因此丧失对买方迟延履行可能享有的要求损害赔偿的权利。

(四)撤销合同

1. 一般来说,当买方拒绝支付或拒绝收取货物时,构成根本违约,卖方有权撤销合同。因为这是一种与卖方不交货同样严重的违约行为,它完全剥夺了卖方根据合同规定有权期待得到的东西。

2. 当买方违约是延迟付款或延迟收取货物时,大多数情况下并不构成根本违约,但在某些情况下,构成根本违约。比如在国际货物买卖中,双方约定使用信用证付款,买方必须在合同规定的时间开出信用证,如果买方不按时开证,则属于根本违约。在订立合同时,买方能预见如果自己不按时支付合同货款,卖方将遭受严重损失(如面临破产),那么买方的延迟支付也构成根本违约。

3. 撤销合同的后果。《公约》规定,卖方在宣告撤销合同后,就解除了双方在合同中的权利义务,这就意味着卖方不需要交货,买方不需要付款,若卖方已交货,可要求归还货物。同时,撤销合同并不终止违约一方对其违约行为所引起的一切损害承担赔偿责任,也不终止合同中关于解决争议的任何规定。比如合同中的仲裁条款不会因为撤销合同而终止其效力,双方仍可按照该条款进行争议仲裁。

4. 在撤销合同时,卖方应注意,如果买方已支付货款,卖方原则上就丧失了宣告撤销合同的权利。特别是在买方延迟支付时,卖方必须在买方支付货款之前宣告撤销合同,否则,一旦买方已支付货款,卖方就失去了撤销合同的权利。对于买方延迟履行义务以外的任何违法合同的情形,卖方必须在知道或应该知道这种违约情形的一段合理时间内宣告撤销合同,否则卖方将失去宣告撤销合同的权利。

(五)自行确定货物的具体规格

买方应根据合同规定订明货物的形状、大小或其他特征,而他在议定的日期或在收到卖方的要求后一段合理时间内没有订明这些规格,则卖方在不损害其可能享有的任何其他权利的情况下,可以依照他所知的买方的要求,自己订明规格。如果卖方自己订明规格,他必须把订明规格的细节通知买方,而且必须规定一段合理时间,让买方可以在该段时间内订出不同的规格。如果买方在收到这种通知后没有在该段时间内这样做,卖方所订的规格就具有约束力。

这种方法不宜经常适用,因为买方不提供样品规格一般是不再愿意与卖方订立合同,而如果按照卖方规格,可能与信用证规定的不一致而导致无法收到货款。

【技能操练】

中国A公司与外国B公司签订了一份买卖合同,合同规定,B向A提供8000只计算器,价格条件为CIF广州。B按照合同规定的时间将合同项下的货物运抵广州,经检验,证明计算器存在严重质量缺陷。A与B达成索赔协议,要求B在2个月期限内将质量合格的计算器发运给A。但B交来的货物仍不符合合同规定。A经考虑,要求解除该合同,并要求B赔偿损失。B不同意解除合同,认为合同签订后双方都应履行合同,合同不得解除。

请问:A是否可以要求解除合同?

项目活动4　货物的所有权与风险转移

【案例导入】

营业地在新西兰的卖方,4月20日从新西兰运出20吨罐装奶粉,因故另寻买家。4月25日,该卖方与一买方签订了出售这批奶粉的合同。货到港后买方检验发现奶粉在运输途中遭到海水浸渍而损坏。

请问:该风险应由谁来承担?

【必备知识】

一、货物的所有权转移

(一)货物所有权的转移和所涉及的法律问题

所有权是指所有人对其财产享有的占有、使用、收益和处分的权利,其中处分权是所有权的核心,是决定财产命运的权利。一切货物买卖合同都要求卖方把货物的所有权转移给买方,这是买卖合同区别于其他各种合同(加工、承揽、租赁)的一个主要特点。

货物所有权转移是指在一定时间、一定条件下货物的所有权从卖方转移给买方,即由买方取得货物的所有权。从法律上看,货物的所有权主要涉及以下问题:所有权转移到买方的时间、条件;所有权转移与风险转移的关系;对第三人权利的影响;买卖双方一方破产对另一方地位的影响;卖方保留对货物的处分权与所有权的效力等等。

在国际贸易中,货物的所有权从何时由卖方转移于买方,是关系到买卖双方切身利益的一个重大问题,对第三人也会产生重大影响。因为一旦货物的所有权转移于买方之后,如果买方拒付货款或遭遇破产,卖方将蒙受重大的损失。除非卖方保留了对货物的所有权,或在货物上设定了某种担保权益,否则,一旦买方在付款前破产,卖方只能以普通债务人的身份参与破产财产的分配,其所得可能会大大少于应收货款。同样,若买方预付了部分货款,而卖方在转移货物所有权前破产,买方也只能以普通债务人的身份参与卖方剩余财产的分配。

买卖合同订立后,在货物所有权尚未转移给买方之前,卖方仍享有对货物的处分权,他可以将货物转卖给第三人,并使后者取得对货物的所有权,尽管卖方这种做法违反了他与原买主之间订立的买卖合同,但这并不影响第三人(第二买主)取得货物的所有权。反之,如货物的所有权已转移给买方,卖方仍有可能把货物卖给第三人,第三人就很难取得货物的所有权。

各国法律对所有权的转移问题都做了一些具体规定,一般都允许买卖双方当事人在合同中明确规定货物所有权转移的具体时间。但是在实际业务中,买卖双方是很少在合同中具体确定所有权转移的时间的。为了解决这个问题,各国法律都规定了一些原则,以便在双方当事人都对此没有做出明确规定的情况下能够迅速确定所有权应于何时转移:(1)以实际交货时间为准;(2)以所有权文件(提单)的交接为转移标准;(3)以货物的特定化作为准绳;(4)以合同成立为转移的标准。

(二)大陆法的规定

1. 法国民法典

原则上是以买卖合同的成立决定货物所有权的转移。在审判实践中,还有一些例外情况,需要适应不同的原则。

(1)如果买卖的标的物是种类物,则必须经过特定化后,所有权才转移与买方,但无须交付。

(2)买卖双方可以在合同中规定所有权转移的时间,例如可以规定所有权必须在货物运到目的地后转移,或是买方支付货款后转移。

2. 德国民法典

德国法认为所有权的转移属于物权法的范畴,而买卖合同属于债权,买卖合同本身不能起到转移所有权的效力。依照德国法,所有权的转移必须符合下列要求:动产须以交付标的物为必要条件,在卖方有义务交付物权凭证(如提单)的场合,卖方可以通过交付物权凭证而把货物的所有权转移给买方;不动产的所有权转移须以向主管机关登记为条件。

(三)英美法的规定

1. 英国

按照英国《货物买卖法》的规定,货物的风险是随着货物所有权的转移而转移的,所以一旦货物的所有权由卖方转移于卖方,货物的风险也随着由买方承担。因此,当货物由于发生意外事故而遭到损害或灭失时,究竟是由卖方还是买方承担损失,就取决于货物所有权是属于买方还是卖方。

(1)特定物的买卖

在特定物或已经特定化的货物买卖中,货物所有权转移给买方的时间,应按双方当事人的意思来决定,即当事人想要什么时候转移就在什么时候转移。如果当事人在合同中对此没有做出明确的规定,则法院可根据合同的条款、双方当事人的行为以及当时的具体情况来确定订约双方的意思。

A. 不附条件的特定物的买卖合同,如果该特定物已处于可交付的状态,则货物所有权在合同订立时就转移给买方。

B. 虽然是特定物的买卖合同，但该项货物尚未处于适宜交货的状态，即卖方还需要做某些工作才能交货，则货物所有权须在卖方履行此项行为，并通知买方后，才转移给买方。

C. 如果货物是按照“试验买卖”或“余货退回”的条件交付给买方的，则当买方向卖方表示认可或接受该项货物，或以其他方式确认这项交易时，货物所有权就转移给买方。或者买方虽然没有向卖方表示认可接受货物，但他收到货物后，在合同规定的退货期届满之前，没有发出退货通知的，货物所有权在期满后转移给买方。

（2）非特定物的买卖

非特定货物是指仅凭说明进行交易的货物。《货物买卖法》规定，凡是凭说明买卖，没有经过指定或未经特定化的货物，在货物特定化之前，其所有权不发生转移。

所谓特定化是指把处于可交货状态的货物无条件划拨于合同项下的行为，也就是对货物进行包装，加上标记并分开堆放，或是在装船后将通知送给买方。经过划拨的货物，卖方不得随意处置。

无论是在特定物的买卖还是非特定物的买卖中，即使货物已经特定化了，卖方都可以保留对货物的处分权，在这种情况下，在卖方所要求的条件得到满足以前（如要求支付货款），货物的所有权不转移给买方。

2. 美国

美国《统一商法典》规定，确定货物所有权转移于买方的时间，主要有以下两种不同的情况：

（1）当货物需要运输时

如果按照合同的规定，卖方需要把货物运交买方，但并未规定具体的目的地，则货物的所有权应于货物装运的时间和地点转移于买方，如果要求卖方把货物运到指定目的地，则货物的所有权应于目的地交货时转移于买方。

（2）当货物不需要运输时

有时卖方可能把货物交给第三人保管，如已把货物存入仓库而让买方到指定的仓库提货，在这种情况下，卖方在交货时就无需移动货物，而只要把仓库收据交给买方让其自行提货即可。这时，货物的所有权：

A. 保管人对货物出具了可转让的物权凭证，那么货物的所有权在卖方将此物权凭证背书交给买方时转移于买方。

B. 如果保管人没有出具任何可以转让的物权凭证，而且货物在订立合同时已经确定在合同项下，货物的所有权应在订立合同时转移于买方。

（四）公约及其他国际贸易惯例

《公约》不涉及买卖合同对所售货物所有权转移的问题，除了原则性地规定卖方有义务把货物所有权转移给买方，并保证所交付的货物必须是第三方不能提出任何权利或请求权的货物之外，对所有权转移给买方的时间、地点和条件，以及买卖合同给第三方货物所有权产生的影响等问题，都没有做出任何规定。这是因为各国关于所有权转移的法律分歧较大，很难在这个问题上达成一致。

但是有些国际贸易惯例对所有权转移的时间作了具体规定。《华沙－牛津规则》规定，在CIF合同中，货物所有权转移的时间，应当是卖方把单据交给买方手中的那个时刻，也就是说货物所有权既不是在订立合同的时候转移，也不是在交货的时候转移，而是在交单的时候才转移给买方。虽然《华沙－牛津规则》并没有普通的约束力，它只有在双方当事人自愿采纳的时候才能适用于他们之间订立的合同，但在国际贸易中，《华沙－牛津规则》的上述规定已经得到普遍的承认。

（五）中国

我国《民法通则》规定，财产所有权从交付时起转移，法律另有规定或当事人另有约定的除外。《合同法》的规定是一致的。在最高人民法院的有关意见中，如果财产已经交付，但当事人如约定财产所有权转移附随条件的，在所附条件成就时，财产所有权方为转移。这实际上已改变了上述规定。

二、货物风险的转移

（一）风险、风险转移的概念和意义

风险指的是货物可能遭受的各种意外损失，包括盗窃、火灾、沉船、破碎、渗漏及不属于正常损耗的腐烂变质等。货物风险的转移是指货物发生灭失等各种意外损失的可能性何时从卖方转移给买方。

风险转移的中心问题是时间，即从什么时候起货物的风险从卖方转移给买方。在商业实践中，风险转移的问题比所有权转移更为重要，因为它直接涉及买卖双方的基本义务，关系到是由买方还是卖方承担货物所遭受的损失。

风险的转移对卖方权利和利益有巨大影响。例如，卖方已将货物装船发运，而风险仍未转移，货物在途中遭受灭失、受损的风险均由卖方承担；并且如果此时买方尚未付款，则卖方货、款均遭受损失，还要承担不交货的责任，并赔偿买方的损失，除非卖方能证明这种损失是由于不可抗力造成的。虽然在国际贸易中均会对货物进行保险，但保险公司只承担在承保范围之内的损失，超出承保范围的损失仍由卖方承担。对买方而言，如果货物的风险已转移给买方，即使货物遭受灭失、损害，买方仍需支付货款。

（二）各国法律的有关规定

1. 由所有权转移时间决定风险转移时间

也就是“物主承担风险”原则，英国和法国属于这一类。

根据英国《货物买卖法》，除双方当事人另有约定外，在货物的所有权转移给买方之前，货物的风险由卖方承担，但一旦所有权转移给买方后，货物的风险就由买方承担，至于是否交货，在所不问。

需要注意的是，如果合同规定由买方负责投保货物的海上运输保险时，卖方在把货

物交给承运人之后，应及时把情况通知买方，以便让买方投保。如果因为卖方怠于通知，致使买方未能投保，一旦货物在运输途中遭受到损害或灭失，应由卖方承担一切责任。

2. 由交货时间决定风险转移时间

以交货时间来确定风险转移的时间，而不管货物的所有权是否已转移给买方。此类以美国、德国为代表。以美国《统一商法典》为例：

(1)买卖双方可以通过协议来划分双方承担风险的界限，也可以通过采用某种国际贸易术语来确定各方应承担的风险。

(2)如果没有约定，也没有发生违约的情况下：

A. 当货物需要承运人运输时，货物的风险应于卖方把货物适当地交付给承运人之时转移给买方。如果买卖合同要求卖方把货物交到指定地点，则货物的风险须于卖方在目的地向买方交付货物时才转移，运输途中的风险仍由卖方承担。

B. 当货物是在受托人手中无须移动即可交货时，如果受托人所出具的是可以转让的物权凭证，那么货物的风险从卖方把物权凭证交给买方时转移。如果受托人所出具的凭证是不可转让的，那么买方应在合理的时间内把自己对货物的权利通知受托人之后，风险才转移给买方。

(三)我国的规定

1. 货物买卖的风险一般是在货物交付时转移

《合同法》规定，标的物毁损、灭失的风险，在标的物交付之前由出卖人承担，交付之后由买受人承担，但法律另有规定或者当事人另有约定的除外。从这一规定可以看出，我国法律对货物买卖的风险的转移原则上是以交付来确定的，这与所有权的转移是一样的。

2. 货物在运输途中出售时风险的转移

出卖人出卖交由承运人运输的在途标的物，除当事人另有约定的以外，毁损、灭失的风险自合同成立时起由买受人承担。

3. 货物涉及运输时风险的转移

当事人没有约定交付地点或者约定不明确，标的物需要运输的，出卖人将标的物交付给第一承运人后，标的物毁损、灭失的风险由买受人承担。

我国企业在国际贸易业务中一般都采用某种贸易术语来确定买卖双方分担风险的界限，例如采用 FOB、CFR、CIF 时，货物的风险都是在装运港装运越过船舷时起由卖方转移给买方，即货物越过船舷以前的风险由卖方承担，越过船舷以后的风险由买方承担。我国这种做法与国际贸易惯例的解释以及大多数国家的做法基本上是一致的。

(四)《公约》的规定

双方当事人可以在合同中使用某种国际贸易术语，或者以其他方法来规定货物损失的风险如何转移。除了约定外，货物风险的转移时间以交货时间来确定。货物交付给买方后,风险由买方承担;货物未交付前,风险由卖方承担。

货物在风险转移到买方承担后遗失或毁损,买方支付货款的义务并不因此解除,除非这种遗失或毁损是由于卖方的作为或不作为造成的。例如,在一项购买大米的买卖合同中,卖方租用一艘曾装运过有毒物质的船舶来装运大米,致使大米受到污染,无法食用。在这种情况下,即使大米的风险在卖方把大米交付给承运人时已经转移给买方,但这种损失是由于卖方的行为造成的,买方可以不付款。

案例思考

买卖双方约定以 FOB 方式买卖 100 包 1 号棉花。卖方将棉花装上了船。但棉花在运输途中被火烧焦,不能用了。买方在付款前进行了检验,并拒绝支付货款,理由是该棉花不符合合同规定。请问买方是否应该付款?

另外,《公约》还对特殊情形下的风险转移问题做了规定。

1. 合同涉及运输时

(1)没有规定卖方在某个指定地点交付货物的,货物风险在卖方按照合同把货物交付给第一承运人以转交买方时转移给买方。

(2)卖方有义务在某一特定地点把货物交付给承运人,则在货物于该地点交付给承运人以前,风险不发生转移。卖方保留控制货物处置权的单据,并不影响风险的转移。

2. 运输途中出售货物时风险的转移

当卖方先把货物装上开往某个目的地的船舶,然后再寻找适当的买主订立买卖合同时,这种交易就是在运输途中进行的货物买卖,在外贸业务中称之为“海上路货”。

(1)原则上从订立合同时起,风险就转移给买方承担。

(2)情况表明有需要时,则由货物交付给签发载有运输合同单据的承运人时起,风险由买方承担。

(3)如果卖方在订立合同时已经知道或理应知道货物已经遭受损坏或灭失,而又不把这一事实告知买方,则这种损失应由卖方负责。

3. 不涉及货物运输时的风险转移

(1)从买方收受货物时起,或者如果买方不在适当时间内收受货物,则从货物已交给买方而他违反合同不受领货物时起,风险即转移给买方承担。这一条主要适用于卖方在其营业地点把货物交给买方处置的场合,即由买方自备运输工具到卖方的营业地提货的场合。

(2)如果买方有义务在卖方营业地以外的某一地点(如某一仓库)收取货物,则当交货时间已到而买方知道货物已在该地点交给他处置时,风险才转移给买方承担。

(3)但是,如果合同所出售货物在上述事件尚未确定在该合同项下,即尚未特定化,则在这些货物清楚地确定在该合同项下以前,不得视为货物已交给买方处置,风险也不转移至买方。

案例思考

合同规定买方应在5月到卖方仓库提取货物。5月1日,卖方将货物包装好,并标记上买方名称和地址,放在仓库里存放待提。5月23日,货物被火毁损。请问:该风险应由谁来承担?如果买方在6月2日来提货,而货物在6月1日因火灾灭失。请问:该风险应由谁来承担?

4. 根本违反合同时风险的转移

卖方根本违约不影响货物风险的转移,也不影响索赔的权利,也就是说,即使卖方根本违反合同,也不影响货物的风险按《公约》的规定转移给买方。但是,在这种情况下,买方对卖方根本违约所享有的要求补救的权利不受影响,买方仍然可以采取撤销合同、请求损害赔偿及交付替代货物等补救方法。

案例思考

卖方12月3日交给买方一批货物,买方12月4日验货时发现货物与合同规定严重不符,以致构成根本违约。12月5日,买方仓库发生大火,货物灭失。12月6日,买方宣告撤销合同。请问:买方的要求是否合理?

【技能操练】

买卖双方约定以FOB方式销售一批货物,货物出口时已由商检机构检验并出具检验证书,装船时情况良好,但在目的港卸货时发现包装破裂,货物散失,部分货物由于包装破裂而毁坏。

请问:该案应如何处理?

■步骤三　总结

1. 关键知识

买卖双方的义务

对违反货物买卖合同的救济方法

货物风险的转移

2. 关键技能

初步了解《联合国国际销售合同公约》的有关规定,具备一定灵活运用有关规定解决问题的能力。

■步骤四 综合训练

一、单项选择题

1. 依《国际货物买卖合同公约》规定,当合同对交货的地点未作明确约定,而货物是特定物的,卖方交货的地点是( )。

A. 货物所在地　　B. 卖方的营业地

C. 买方的营业地　　D. 将货物交给第一承运人

2. 根据1980年《联合国国际货物买卖合同公约》的规定,如果合同没有规定货物的价格或确定价格的方法,应按照( )来确定货物的价格。

A. 订立合同时的合理价格　　B. 订立合同时的通常价格

C. 交货时的合理价格　　D. 交货时的通常价格

3. 根据《联合国国际货物买卖合同公约》,根本违反合同与非根本违反合同所导致的法律后果的区别在于( )。

A. 能否要求对方实行履行　　B. 能否要求损害赔偿

C. 能否宣告合同无效　　D. 能否要求对方降低合同的价格

4. 根据《国际货物买卖合同公约》规定,如果买卖合同对风险没有约定,卖方又有义务在某一特定地点将货物交给承运人,则货物风险转移的时间为( )。

A. 卖方将货物交给第一承运人时

B. 卖方将货物交给买方时

C. 卖方将货物在该特定地点交给承运人时

D. 卖方将货物起运时

二、多项选择题

1. 我国对《公约》所作的保留包括( )。

A. 互惠保留　　B. 适用范围保留　　C. 书面形式保留　　D. 最惠国保留

2.《联合国国际货物销售合同公约》的适用范围是( )。

A. 营业地处于不同缔约国的当事人之间订立的合同

B. 营业地处于同一缔约国的当事人之间订立的合同

C. 当事人中有一方的营业地处于缔约国内,他们之间订立的合同

D. 营业地处于不同的非缔约国的当事人之间订立的合同,但因国际私法的规则导致适用某一缔约国法律

3. 国际货物买卖合同中,买方的义务有( )。

A. 支付货款　　B. 收取货物

C. 移交与货物有关的单据　　D. 保证货物不侵犯第三人权利

三、判断题

1. 卖方根本违反合同并不影响货物风险按《公约》的规定转移给买方。（ ）

2.《公约》规定，买方或卖方宣告撤销合同后，就不能要求损害赔偿。（ ）

3. 货物风险转移给买方前发生灭失或损坏，买方支付货款的义务并不因此解除。（ ）

4.《公约》规定，损害赔偿的范围应与对方因其违约而遭受的损失额相等，不包括利润。（ ）

四、简答题

1. 简述《联合国国际货物销售合同公约》的适用范围。

2.《公约》中，卖方和买方的义务各有哪些？

3. 当卖方违反交货义务时，买方可以得到哪些补救？

4.《公约》关于货物风险转移的时间、地点是如何规定的？

五、案例分析题

中国A公司与某国B公司签订一国际货物销售合同，由A公司向B公司出口5万套玩具，共计30万美元。货物分两批交付。买方预付款10%，余款在买方提货后10日电汇给卖方。一方违约需支付违约金1万美元。合同订立后，买方如约支付了预付款，卖方按时发运了第一批货物。买方收到货物后借故不按时付余款，直到收货后3个月才汇付第一批货款。这一期间，卖方通过中国驻外商务机构了解到买方被其他债权人起诉，财产被查封，随时有破产可能，遂中止履行第二批交货。

根据《联合国国际货物销售合同公约》回答以下问题：

(1)卖方中止履行第二批交货是否有法律依据？

(2)如买方在合理时间内提出有效银行保函并请求卖方履约，卖方仍不履行，怎么办？

(3)如第二批交货双方最终都不履行，可否因此解除整个合同？为什么？

工作任务六　票据法

■步骤一　宣布本次教学的工作任务及目标

教学内容:1. 学习掌握票据基本理论。

2. 简单了解汇票、本票和支票。

教学目标:掌握票据的概念、种类;掌握票据权利与责任的内容;掌握票据行为、票据签章的内容;掌握票据记载事项、票据丧失及补救的有关内容。

■步骤二　工作任务

项目活动1　票据法概述

【案例导入】

2009年3月20日,甲公司为支付设备款向某进出口公司签发面额为60万元的银行承兑汇票,承兑行是乙银行,汇票到期日为2009年9月20日。同年6月10日,进出口公司将汇票背书转让给商场购买办公设备,转让时写明“不得转让”字样。后商场将汇票质押给丙银行申请贷款。2009年9月20日,丙银行向乙银行提示付款遭拒绝,理由是汇票已写明“不得转让”,质押无效,丙银行无权行使票据权利。丙银行向进出口公司追索,进出口公司认为自己写明“不得转让”字样,对汇票的被书人不再承担担保付款责任。

请问:(1)乙银行的拒付理由是否成立?为什么?

(2)进出口公司的抗辩理由能否成立?为什么?

(3)如果“不得转让”字样是由甲公司记载,情况是否不同?

【必备知识】

一、票据的概念

(一)票据的产生

票据是最早产生、最典型的有价证券。西方票据的起源可以追溯到古希腊和古罗马时代的“自笔证书”,证书持有人在请求债务人偿付债务时,应当提示。在获得清偿后应当退还证书给债务人。“自笔证书”与现代的票据是非常相似的。

我国票据的起源最早是在盛唐时期,当时中国出现了诸如帖、书帖和飞钱等票券,这被视作中国最早的票据。到了公元11世纪北宋时期,商人发明了用以代替货币流通的“会子”和“交子”,这被认为是本票的雏形;明朝末年,商人为交易方便设立票号(或称票庄、汇兑庄),发行类似汇票、本票的票券,经营汇兑业务以及存放款业务;清朝末年,随着西方对中国的军事、经济入侵,西方的票据制度也传到我国。

知识窗口

我国历史上票据的黄金时代是在清代。据记载,当时北京所发的钱票"宽二寸许,长约五寸,中记钱额,盖方印……"。据此,我们可以清楚地知道当时的票据与现代票据已经具有相当的相似性。

在现代国际贸易中,由于各国普遍对货币实行了严格的管制,加上货币运输费用高、风险大,国际贸易结算很少使用现金。而票据结算则可以避免或降低上述问题,票据票面无论金额大小,携带都很方便,还可以用限定性文句确保付款安全。另外,票据也可以作为债权凭证流通转让,可以抵押等等。票据在加快商品交易速度、推进规模化交易方面发挥了重要作用,因而被认为是最佳的交易工具,已经成为当今国际贸易领域广泛使用的支付工具和信用工具。

(二)票据的定义

票据在各国一般是指具备一定格式、可以流通转让的货币债权凭据。

在我国,票据是指由出票人依法签发的,约定由自己或指定他人在见票时或者确定的日期,按票面所载文义无条件支付一定金额给收款人或持票人的一种有价证券。

票据就其性质来说,与股票、债券一样属于有价证券。因而,票据也具备有价证券的基本特征,即:它是财产性权利的表现,是一定的财产价值的转化物;它是权利与证券的结合,而不是单纯的权利证明;它是权利运行的载体,其所表现的权利的发生、转移或者行使,须依证券才能进行。

二、票据的法律特征

根据世界上多数国家的观点,票据的特征主要有以下几点:

1. 票据是设权证券。即票据的权利是由票据行为——出票而创设,没有票据就没有票据上的权利。同样,义务也因票据的设立而产生。与设权证券相对的是证权证券,即用来证明已经存在的权利,如公司的股票、债券等。

2. 票据是无因证券。即票据权利依原因关系发生之后,只要具备法定条件,票据权利即告成立,票据义务随之产生,票据权利与该原因关系相分离,成为独立的票据债权关系,不再受先前的原因关系的影响。

3. 票据是要式证券。票据有严格的形式要求,票据的做成必须依法定的方式才能产生票据上的效力,如果票据的必要记载事项有欠缺,除票据法另有规定外,票据无效。

4. 票据是文义证券。票据的权利和义务完全根据票据上所记载的文字意义所确定,并以法律规定的解释方式进行解释,不得以票据记载以外的任何理由改变票据的效力。

5. 票据是金钱证券。票据以金钱为给付标的,因此票据能够代替货币作为支付工具和流通工具,至于该货币是哪一国发行的则不论。

6. 票据是流通证券。票据到期以前,持票人可以通过背书或者交付自由转让其权利。其他证券的转让则可能需要登记过户或到特定的场所进行,比如股票、债券等。

知识窗口

奉系军阀张作霖虽然没读过什么书,但办起事来却非常精明。张作霖在批核帅府上开销所用票据的时候,既不签字,也不盖章,而是用一支朱砂笔往票据上一戳,就可以拿着这张票据到银号取钱了。张的秘书见有机可乘,就自己偷偷填好一张票据,找了一支朱砂笔,往票据上一戳。秘书在银号取钱时,却被银号掌柜发现了破绽。原来张作霖的那支朱砂笔的笔尖里藏有一根针。他每次用笔往票据上一戳,在朱砂墨迹中间就会留下一个小洞。银号掌柜见了有这种记号的票据,就会马上付钱。而那个秘书所伪造的票据上没有针眼,掌柜据此判断,秘书是想冒领钱财,便火速通知大帅府的人,将秘书抓了起来。

三、票据立法现状

票据法是指规定票据的发生、转让及其行使关系的法律规范法的总称。各国票据法律规范的形式和内容很不一致,主要分为英美法系和大陆法系两大法系。

(一)英美法系

英国很早就有票据的判例,1882 年《英国票据法》就是对各种票据判例的总结,在 1957 年英国又制定了《支票法》对 1882 年《英国票据法》进行补充。英国票据法严格区分票据关系与票据基础关系,这一规定对原英属殖民地各国立法影响很大。

美国在 1896 年制定了《统一流通证券法》,1952 年该法被《统一商法典》的第 3 编所取代。美国票据法深受英国票据法的影响,但是在具体规定上比英国法更加灵活,更有利于现代商业票据的发展。在立法上,美国用法典式的方法,既有概括规定,又在具体章节对票据的流通、转让、承兑、付款等具体问题进行规范,避免了不同票据之间不必要的雷同重复规定。

(二)大陆法系

在票据法上,大陆法系原先存在两个分支法系,即法国法系和德国法系。

法国早在 1807 年《拿破仑商法典》中对汇票和本票作出了规定,1865 年又制定了《支票法》。法国票据法的主要特点是将票据作为资金的输送工具,强调票据基础关系,只承认票据指示作用。这种传统不能适应高度发达的商品经济社会的“非现金化”的需要,因此,法国票据法在 1935 年按《日内瓦统一票据法公约》进行了大量的修改。

德国在 1871 年公布了全国统一的《票据法》,1908 年颁布了《支票法》。德国票据法重视票据的流通作用,对票据的形式要求很严格,而且不承认判例的法渊源地位。

由于各国票据法存在着重大的分歧和差异,票据在国际经济贸易领域和国际一般交往中的使用和流通严重受阻。在 1930 年和 1931 年,在国际联盟的主持下,在日内瓦签署了六个票据方面的公约，统称为《日内瓦统一票据法公约》。由于日内瓦统一票据法主要是按照德国的票据法传统制定的，英美等国拒绝参加日内瓦公约。因此，目前在西方国家仍主要存在着《日内瓦公约统一票据法》和英美法系的票据法两种。

为促进全球范围内的票据法统一，联合国国际贸易法委员会起草并在 1988 年正式通过了《联合国国际汇票与国际本票公约》，并于 1990 年开放签字，但至今仍未生效。该公约的适用范围仅限于“国际票据”，并不是同时适用缔约国国内的票据法规范。

我国在 1995 年正式制定公布了《中华人民共和国票据法》（以下简称《票据法》），自 1996 年 1 月 1 日起生效。在 2004 年 8 月 28 日，第十届全国人民代表大会常务委员会第十一次会议对《票据法》进行了修改。我国票据法所称的票据，是指汇票、本票和支票。

【技能操练】

1. 票据的特征之一是（　　）。

A. 设权证券　　B. 物权证券　　C. 资本证券　　D. 有因证券

2. 票据的效力取决于其在形式上是否符合《票据法》要求，而不取决于使用的原因。票据因此得名为（　　）。

A. 债权证券　　B. 文义证券　　C. 流通证券　　D. 无因证券

3. 我国《票据法》不规范（　　）。

A. 仓单　　B. 汇票　　C. 本票　　D. 支票

项目活动 2　票据行为与票据关系

【案例导入】

甲公司购买乙公司价值 5 万元的货物，在付款时，甲公司签发一张支票，并授权乙对支票金额进行补记。乙在票面上填写的金额为 10 万元，并背书转让给丙公司，用以偿还一年前乙公司欠丙公司的 10 万元设备款。在丙向甲主张票据权利时，如果甲能提供充分证据证明自己应该负担的金额只是 5 万元。

请问：甲承担的支票付款义务到底是 5 万元还是 10 万元？

【必备知识】

一、票据行为

（一）票据行为的概念和特征

1. 票据行为的概念

广义的票据行为是指以发生、变更或消灭票据法律关系为目的的法律行为，包括出票、参加承兑、付款、参加付款、保付、见票、划线、涂销等。狭义的票据行为是指以发生票据上的权利义务为目的所实施的要式法律行为。

我国票据法上的票据行为是指票据当事人以发生票据债务为目的、以在票据上签名或盖章为权利义务成立要件的法律行为。

2. 票据行为分类

票据行为分为基本票据行为和附属票据行为。基本票据行为是指票据的发票（又称为出票)行为,即创设票据的行为,票据上的权利义务都由出票而产生。其他票据行为则是以出票为前提才发生的,所以叫附属票据行为。

我国票据法中票据行为包括出票、背书、承兑、保证四种。

3. 票据行为的特征

票据行为具有如下的特征:

第一,票据行为具有无因性,票据行为一经完成,其效力即不再受其所赖以发生的原因关系存废变更的影响;

第二,票据行为具有要式性,行为人必须依法律规定的行为方式,为相应的票据行为,未按照法律规定的行为方式所为的票据行为,可能导致票据行为无效;

第三,票据行为具有独立性,在同一票据上的若干票据行为,在效力上互不牵连,均独立地发生效力。

第四,票据行为的连带性。在同一张票据上进行的各种票据行为都是负担同一票据债务的承诺,所有票据债务人对票据债务承担连带责任。

(二)票据行为的要件

1. 票据行为的实质要件

票据行为的实质要件,包括行为人的票据能力和行为人的意思表示两个方面。

(1)票据能力

票据能力包括票据权利能力和票据行为能力。前者是指可以享受票据权利或承担票据义务的资格;后者是指独立以法律行为取得票据上权利或承担票据上义务的资格。

所有的自然人,无论其有无意思能力,终生享有票据权利能力。法人的票据权利能力亦开始于登记,终止于解散后清算终了。

法人票据权利能力不受法人章程所订目的范围限制。因为票据是无因证券,法人章程所订的目的范围,亦非一般人所知,所以如果票据行为有基于法人的目的范围外的原因而进行,该票据不应该因此无效。

(2)意思表示

民法上要求行为人的意思表示必须真实、合法,票据法也不保护虚伪、非法的意思表示。但票据行为人的意思表示是否真实、合法,有时不易查知。加上票据的流通性使之常常辗转流通在许多不特定人之间,为了保护善意第三人的权利,促进票据的流通,对票据行为人的意思表示,应注意其特殊性。比如国外一些票据法规定,票据行为人在下列情形下所为的意思表示,可使票据行为无效:a. 一方以暴力、胁迫的手段或者乘人之危,使对方在违背真实意思的情况下所为的;b. 恶意串通以使他人蒙受损失为目的所为的;c. 一方以虚伪陈述使对方在票据上签名的;d. 违反法律或社会公共利益的。

2. 票据行为的形式要件

票据行为的形式要件有三个：

(1)票据记载事项

票据记载是确定票据权利内容的唯一根据，也是票据行为成立的形式要件之一。票据记载可以分为以下三类：

①必要记载事项

票据法规定在票据上应当进行记载的事项，为必要记载事项。在必要记载事项中，包括绝对必要记载事项和相对必要记载事项。前者为应当记载，且不可缺少的事项；在其未记载时，则票据行为当然无效；后者则为应当记载但可缺少的事项；在其未记载时，视为已依法律规定的内容进行记载，票据行为有效。

②无益记载事项

票据法规定在票据上不应进行记载的事项，为无益记载事项。在无益记载事项中，包括绝对无益记载事项和相对无益记载事项。前者为不应记载且禁止记载的事项；在发生该记载时，则票据行为当然无效；后者为不应记载但可存在的记载，在发生该记载时，视为未记载，不影响票据行为的效力。

③有益记载事项

票据法规定在票据上可以进行记载的事项，为有益记载事项。在有益记载事项中，包括绝对有益记载事项和相对有益记载事项。前者为可以记载且记载后即发生票据法上规定效力的事项；后者为可以记载，但记载后不发生票据上效力的事项。

(2)票据签章

票据签章乃是确定票据义务人的唯一根据，票据行为人只有通过在票据上签章，才能表明自己参加票据关系、承担票据债务的意思，成为票据义务人。行为人在票据上的签章，可以是签名或盖章，或者签名加盖章。法人的签章则须为法人单位的盖章加其法定代表人或授权代理人的签章。

(3)票据交付

票据行为的成立，要求行为人将票据交付相对方。在通常情况下，票据行为的完成必然有票据交付，而在特别情况下，只要持票人取得票据时为善意，即应推定已有票据交付。

案例思考

张先生在某银行开设了支票账户。2009 年，张先生受到严重刺激，精神失常。2011 年 4 月 1 日张先生签了一张 60 万元的转账支票给大地房地产公司购买一套房屋。

请问：张先生的出票行为是否有效？其所签发的票据是否有效？

二、票据关系与非票据关系

票据的法律关系是指在票据出票以及流转过程中在当事人之间所发生的债权债务关系，主要包括票据关系和非票据关系。票据关系是基于票据行为而直接产生的，非票据关系虽然与票据有关，但不是基于票据行为直接产生。

（一）票据关系

根据票据行为的不同，票据关系主要有如下几种：

1. 出票与出票法律关系

出票行为是以设立票据权利为目的，制作票据并依法将其交给收款人的票据行为。出票行为也称为票据的签发行为，是票据关系产生的基础。出票行为由做成票据和交付票据两个环节构成。在出票行为中，这两个环节缺一不可，共同构成了出票行为的法律要件。票据所记载的权利和义务，是在票据制作并交付后才发生的。所以，出票行为是基本票据行为，也称主票据行为。

出票法律关系是指出票人在制作和交付票据过程中与收款人之间发生的权利义务关系。主要内容是出票人向收款人交付票据的义务，出票人担保票据承兑或付款的义务。

2. 票据背书与背书法律关系

背书是指收款人或持票人在票据背面或者粘单上记载有关事项并签章的行为，目的是将票据权利转让给他人或者将一定的票据权利授予他人行使。背书包括两个内容：一是做成背书，二是交付他人。持票人将汇票权利转让给他人的背书称为转让式背书；持票人将一定的汇票权利授予他人行使的背书称为授权式背书。

背书法律关系是指因背书授权而产生的背书人与被背书人之间的法律关系，包括背书人向被背书人交付票据的关系，票据权利由被背书人代替行使的关系。

3. 票据承兑与承兑法律关系

票据承兑是指汇票付款人承诺在汇票到期日支付汇票金额并签章的行为。只有汇票才有承兑行为发生。持票人提示票据请求承兑，付款人可以承兑或者拒绝承兑。

承兑法律关系是指因付款人承兑行为而发生在承兑人与持票人之间的法律关系。如果付款人承兑，则付款人成为承兑人，承兑法律关系因而产生；如果付款人拒绝承兑，则付款人不能成为承兑人，产生有关追索关系，即出票人、背书人向持票人担保承兑的关系。担保承兑关系主体是出票人、背书人、持票人。

4. 票据保证与保证法律关系

票据保证是指票据债务人以外的人，为担保特定债务人履行票据债务而在票据上记载有关事项并签章的行为。

保证法律关系是指票据保证人、被保证人和持票人之间因保证行为而产生的权利义务关系。主要内容是保证人在持票人不获得付款时，要向持票人付款；保证人在进行票据清偿后与被保证人及其前手之间有追索关系。

5. 票据付款与因付款而发生的法律关系

票据付款是指持票人向付款人提示票据并请求付款,付款人向持票人付款并收回票据。票据付款的主体是付款人和持票人,此时,票据关系消灭。如果付款人拒绝付款,会产生持票人向其他债务人进行追索的关系。追索关系的主体是持票人、出票人、背书人、承兑人。

案例思考

A 公司和 B 公司签订一项购销合同,A 公司向 B 公司开出票后一个月付款的银行汇票。B 公司将汇票背书的向 C 公司转让,C 公司又背书后向 D 公司转让。

请问:如果银行拒绝支付,D 公司作为持票人能否直接向 A 公司要求赔偿? B 公司和 C 公司对票据债务应否负责?

(二)非票据关系

非票据关系是指与票据有关,但非基于票据行为而直接产生的法律关系。非票据关系包括票据法上的非票据关系与民法上的非票据关系。

1. 票据法上的非票据关系

票据法上的非票据关系是指由票据法直接规定的与票据行为有联系,但不是票据行为本身所发生的法律关系。主要包括两类:

(1)票据返还关系

票据返还关系是指票据的正当权利人与非法或恶意取得票据者之间的票据返还关系。

(2)利益返还关系

票据债权的取得一般包含有相等的利益,当持票人因某种原因不能实现票据债权时,对方通过票据交换得到的利益或对价,应当返还。因此而产生的法律关系即票据法上的利益返还关系。

2. 民法上的非票据关系

民法上的非票据关系是指票据关系赖以产生的民事基础法律关系,又称为票据基础关系或票据实质关系。票据基础关系是独立于票据关系的另一类法律关系。但由于票据关系的产生是基于一定的票据原因,因此,在一定情况下票据关系与票据基础关系又处于彼此牵制的状态。

民法上的非票据关系主要分为三类:

(1)票据原因关系

票据原因关系一般是指授受票据的直接当事人之间基于授受票据行为而产生的法律关系。授受票据的直接当事人有出票人与收款人、背书人与被背书人。

在经济贸易活动中,交易情况复杂多样,票据原因也千差万别。最常见的票据原因有:为支付买卖货物的价款而签发有关票据,为接受他人的赠与而收受的票据,为交付合同定金或预付款而转让票据,为支付税款而签发票据等等。

(2)票据资金关系

票据资金关系一般是指汇票或者支票的付款人与出票人或者其他资金义务人之间所建立的委托付款法律关系。在汇票或支票中,付款人之所以愿意承兑或者付款,是因为付款人与出票人之间有关于资金的约定。这种对资金的约定就是票据资金关系。从实质上讲,票据资金关系也是原因关系的一种,只是这种原因关系仅发生在付款人与出票人等特定的当事人之间。

(3)票据预约关系

票据预约关系指票据行为人与其相对人之间就票据行为,尤其是就票据的签发或者转让所达成的合意。当事人之间有了原因关系后,在授受票据前,他们一定达成一个约定,作为授受票据的依据,这个约定就是票据预约关系。这种约定,可以通过明示的方式建立,也可以通过默示的方式建立。实务中,当事人往往通过书面形式进行票据预约,这种约定使用的书据有时候被称为临时票据,但这种临时票据不是票据法上的票据,不能产生票据法上的效力,其本质仅仅是一种民事合同。

票据预约关系属于票据基础关系的一种,票据法通常不会对其进行规定,而是通过民法的一般规定对其进行调整。

【技能操练】

2008 年 1 月,天易公司与华茂发展公司签订了名为联营实质上是借贷性质的《联营合同》,约定华茂公司向天易公司借款人民币 500 万元,交通银行某分行(下简称为交行)对该借款作担保并给天易公司出具了担保书。之后,天易公司签发了以浙江某服装厂为收款人,到期日为 2008 年 8 月底的 500 万元商业汇票一张,还同该厂签订了虚假的《购销合同》,将该汇票与合同一并提交给农业银行某支行(下简称为农行)请求承兑,双方签订了《委托承兑商业汇票协议》。天易公司告知农行拟使用贴现的方式取得资金,并承诺把该汇票的贴现款项大部分汇回该行,由该行控制使用。其后,该农行承兑了此汇票。而后收款人浙江某服装厂持票到建设银行浙江某分行贴现,并将贴现所得现款以退货款形式退回给天易公司,后者则按《联营协议》的约定,将此款项全部借给华茂发展公司。汇票到期后农行以受天易公司等诈骗为理由拒绝付款给贴现行,而当天易公司要求华茂发展公司及交行归还借款时,该行则以出借方签发汇票套取资金用于借贷不合法为由,拒绝承担保证人责任。

请问:(1)此案中哪些属于票据关系?

(2)此案中有哪几种非票据关系?

(3)农行和交行的理由能否成立?为什么?

项目活动3 票据权利

【案例导入】

2010年7月间，工商银行A市分行某办事处办公室主任李某与其妻弟密谋后，利用工作上的便利，盗用该银行已于1年前公告作废的旧业务印鉴和银行现行票据格式凭证，签署了金额为人民币100万元的银行承兑汇票一张，出票人和付款人及承兑人记载为该办事处，汇票到期日为同年12月底，收款人为某省建筑公司，该建筑公司系李某妻弟所承包经营的企业。李某将签署的汇票交给了该公司后，该公司请求某外贸公司在票据上签署了保证，之后持票向某城市合作银行申请贴现。该合作银行扣除利息和手续费后，把贴现款96万元支付给了该建筑公司。汇票到期，城市合作银行向A市分行某办事处提示付款遭拒绝。

请问：(1)本案中有哪些票据行为？其效力如何？为什么？

(2)某市合作银行是否享有票据权利？如有，应如何行使？如没有，该如何处理？

(3)如果李某用已经作废的旧票据格式凭证（无出票人一栏）签署银行承兑汇票，在其他情节相同的情况下，对某市合作银行有何影响？

【必备知识】

一、票据权利的概念和种类

票据权利是指依票据行为所发生的，持票人向票据债务人请求支付票据金额的权利。

票据权利基于特定的票据行为而产生，票据权利产生后就与票据同时存在。不占有票据就不能行使票据权利。权利与票据不可分离，离开了票据就无所谓票据权利。比如，后手对前手的追索权就是典型的票据权利。

与票据权利对应的一个概念是非票据权利。非票据权利离开了票据仍能存在，例如，出票人与汇款人之间的民事债务就是非票据权利，非票据权利不可以对抗票据权利。

票据权利具体包括付款请求权和追索权。

（一）付款请求权

付款请求权即持票人可对票据主债务人或关系人请求按票据上所记载的金额付款的权利，也称为票据权利的第一次请求权。

票据主债务人，就汇票而言是指汇票的付款人或承兑人及其保证人，就本票而言是指本票出票人及其保证人，就支票而言是指支票的付款人以及保付支票的保付人。

行使付款请求权的权利人是持票人。根据《日内瓦统一汇票本票公约》规定，这里的持票人可能是收款人，也可能是最后的被背书人，还有可能是汇票、本票中付款后的参加付款人。

（二）追索权

追索权又称偿还请求权，是持票人在行使或保全票据上权利后，向其前手请求偿还被拒绝的票据金额以及其他法定款项的权利，也称为票据权利的第二次请求权。

追索权只有在票据权利的第一次请求得不到实现时，即持票人行使付款请求权遭拒绝或有其他法定原因时方可行使。追索权行使的对象包括出票人、背书人、汇票和本票的保证人等。依照台湾地区《票据法》的规定，还有汇票中的参加承兑人及其保证人。

根据付款请求权与追索权理论，我们知道，票据权利虽然是一种债权，但它与一般的债权不同，后者只有一个请求权，而票据权利则有两个请求权。当第一次请求权得到满足时，可行使第二次请求权以资补救。这种制度更加体现了票据法侧重保护权利人，以促进票据流通的宗旨。

知识窗口：

追索权制度是票据法为了加强票据安全性、促进票据流通性而特设的一项制度。这不仅表现在设立该项制度本身，还表现在行使该项制度过程中，法律对保护持票人权益所创造的尽可能多的便利。其中最为典型的就是在持票人对于追索权对象的确定上，法律允许任意选择和变更。持票人可以根据自己的意愿，选择任意一个或多个甚至全体票据债务人进行追索。

二、票据权利的取得

票据权利的取得有两种方式，一是原始取得，即因票据的创设而取得票据权利，二是继受取得，即因票据的转让，或因继承、合并等法定原因而取得票据权利。

票据的取得，必须给付对价，即应当给付票据双方当事人认可的相对应的代价。但因税收、继承、赠与可以依法无偿取得票据的，不受给付对价的限制。需注意的是，未支付对价所享有的票据权利不得优于其前手的权利，这里的前手是指在票据签章人之前或者在持票人之前签章的其他票据债务人。

（一）票据权利的原始取得

票据权利的原始取得，是指持票人不经由其他前手权利人，而最初取得票据权利的方式。包括出票取得和善意取得两种方式。

1. 出票取得，是指权利人依出票人的出票行为，而取得票据权利。

2. 善意取得

票据权利的取得根据取得人的主观心态可分为善意取得和恶意取得。善意取得是指票据上的受让人依票据法规定的转让方法，从票据无处分权人处取得票据，而且在主观上无恶意或重大过失的，就可以享有票据上的权利。

票据法对善意取得人给予特殊的保护，同时也对善意取得规定了严格的要件：(1)主观上无恶意和重大过失；(2)所取得的票据必须具备票据法规定的形式要件，以背书转让的，背书应该连续无间断；(3)支付了相应的对价。

明知或应当知道票据转让人无处分票据的权利而受让票据的是恶意取得。根据我国《票据法》规定："以欺诈、偷盗或者胁迫等手段取得票据的，或者明知有前列情形，出于恶意取得票据的,不得享有票据权利。持票人因重大过失取得不符合本法规定的票据的,也不得享有票据权利。”

(二)票据权利的继受取得

票据权利的继受取得是指持票人从有票据处分权的前手权利人受让票据,从而取得票据权利。票据权利的继受取得,包括票据法上的继受取得和非票据法上的继受取得。

票据法上的继受取得,主要是依背书转让而取得票据权利。

非票据法上的继受取得,包括依普通债权转让方式转让、继承、赠与、公司合并等方式取得票据权利。非票据法上继受取得的票据权利,通常只能得到一般法律的保护,不能得到票据法对合法持票人的特别保护。

案例思考

甲商场与某空调制造公司签订一份买卖合同,合同规定该制造公司向商场供应分体空调机5000台,货款1500万元。甲商场为此开具一张1500万元的汇票给空调机制造公司,空调机制造公司随后将该汇票背书转让给某原料供应商。后来,原料供应商为了争取更大的市场竞争力,与A钢材加工制造公司合并,成立了新B钢材加工制造公司。

请问:本案例中不同主体先后获得了票据权利,各自属于票据权利取得的哪种取得方式?

三、票据权利的转让

(一)票据权利可以通过交付转让,或经背书并交付而转让,且不必通知债务人。票据权利的转让不同于一般债权的转让,票据的持票人只要按法定方式把票据转让给受让人,债务人就须按票据向受让人承担到期付款的义务,而无须履行通知债务人的义务。

(二)善意而支付了对价的受让人可取得票据的所有权,并且其享有的票据权利不因让与人对票据权利有缺陷而受到影响。

【技能操练】

1. 持票人虽取得票据但不享有票据权利的情形是(　　)。

A. 恶意取得票据　　B. 因清偿取得票据

C. 因税收取得票据　　D. 因发行取得票据

2. 属于票据法规定的保护持票人利益的非票据权利是(　　)。

A. 追索权　　B. 空白票据补充权

C. 利益返还请求权　　D. 涂销权

3. 票据到期被拒绝付款,持票人可行使(　　)。

A. 付款请求权　B. 追索权　C. 起诉权　D. 转让权

项目活动4　票据的伪造、变造、更改和涂销

【案例导入】

A向B转让出票人是C的远期汇票一张,票面金额为700元人民币,付款人为D银行。B接受该汇票后为支付货款将该汇票背书转让给E公司,但在转让之前将票面金额改为7000元人民币。E公司工作人员因失误在提示付款前将该汇票丢失。自然人李某拾得该汇票后伪造了E公司的签章将该汇票转让给了自然人王某。王某持该汇票向付款人提示承兑被拒,遂欲向其前手追索。

请问:王某可向哪些前手追索相应的票据金额?

【必备知识】

一、票据的伪造

票据的伪造是指假冒他人的名义或未经授权而用他人的名义在票据上签名的行为。票据的伪造包括假冒他人名义在票据上签名,也包括盗用他人的印章在票据上盖章。

(一)票据伪造构成要件

票据伪造必须具备下面三个要件:

1. 行为人的行为在外观上具备票据行为的特征,具有外在的法律效力。如果行为人伪造票据行为的后果,使得“票据”在外观上都不构成票据,则不能称为票据伪造。

2. 行为人须假冒他人的名义在票据上签章。这是票据伪造的核心,是与票据变造的根本区别。票据伪造的行为人在伪造票据签章的同时,还伪造票据金额、日期、付款地等内容的,仍应当认为是票据伪造。

3. 行为人的目的在于行使票据权利。如果行为人伪造票据不是为了行使票据权利,而是为了教学或者研究等,则不构成票据伪造。例如为教学需要制作票据样本。

(二)票据伪造的法律效力

在伪造签名特别是伪造背书的问题上,英美法和大陆法存在严重分歧,下面以汇票为例,简单介绍如下:

1. 日内瓦公约关于汇票伪造签名的规定

汇票上的伪造签名是指假冒他人名义或未经授权而用他人名义在汇票上签名的行为。日内瓦公约强调保护善意的持票人。

(1)汇票上的伪造签名对被伪造者和伪造者都没有拘束力,但对于在汇票上作了真实签名的人则不因之而减少其义务。

(2)无论由于任何方式而失去汇票的人,都不能要求以一系列背书方式取得票据权利的持票人交还汇票,除非持票人在取得汇票时有恶意或有重大过失。

(3)凡在到期日付了款的付款人即可解除对汇票的责任,除非付款人有欺诈行为或有重大过失,付款只须证明背书的连续性,但对背书签名的真实性不负责任。

2.《英国票据法》关于伪造签名的规定

《英国票据法》着重保护票据的真正所有人的利益。《英国票据法》第24条规定:伪

造签名或未经授权而以他人名义在汇票上签名，是完全不起作用的，任何人都不能依据这种签名而取得该汇票权利，也不能因为对该汇票付款而解除责任，或提出强制执行付款的要求。

综上所述，大陆法系国家与英美法系国家的分歧主要在于对背书连续性的要求不同以及所保护的票据当事人不同。

大陆法系所指背书连续是指背书形式上连续即可，伪造的背书在外观上具备背书的形式连续，不影响背书的连续性，这种规定更有利于保护善意第三人的利益。

英美法要求背书必须实质上连续，即票据上的每一背书都必须是真实的，伪造的背书等于空白，会导致背书不连续。这种规定有利于保护票据真正权利人的利益。

3.《联合国国际汇票和国际本票公约》

两大法系关于背书伪造法律效力的分歧给国际贸易法律适用带来了冲突，1988 年联合国大会法律委员会审查通过了《联合国国际汇票和国际本票公约》。该公约虽然尚未生效，但是在调和两大法系分歧方面取得了一定的成果，主要体现为三点：

(1)在伪造签名对被伪造人的效力上，公约规定，伪造的签名不应使被伪造人承担任何责任，这是英美法和大陆法系共同的做法。

(2)在伪造的背书是否影响背书的连续性上，公约采取了大陆法的规定。公约认为持票人取得的在形式上背书连续的票据，并且持票人对背书伪造或未经授权不知情，就可以成为票据的持票人，其票据权利受票据法保护。

(3)公约区分伪造签名和未经授权的签名。公约虽然区分伪造签名和未经授权的签名，但是两种签名的法律效果仍是相同的，即都是无效的签名。

我国票据法采用大陆法系的做法，票据伪造的法律效果如下：

①被伪造人因没有真正在票据上签章而不负票据上的责任；

②伪造人除负刑法规定的伪造有价证券的刑事责任和民事赔偿责任外，也不负票据法上的责任；

③票据的伪造不影响其他真实签章的效力，故票据上既有伪造签章又有真实签章时，真实签章人应以票据上所记载的文义负责。

知识窗口

伪造、变造金融票证罪，是指伪造、变造汇票、本票、支票、委托收款凭证、汇款凭证、银行存单、信用证或者附随的单据、文件，以及伪造信用卡等金融票证的行为。金融票证的范围不限于汇票、本票和支票。

伪造金融票证，是指无权制作金融票证的人假冒他人或虚构他人的名义擅自制作金融票证的行为。也就是说伪造的金融票据是全假的，不仅仅指假冒签名。

用真的金融票据，填虚假内容的行为，属变造，构成变造金融票据罪。

二、票据的变造

票据的变造是指无权限而改变票据上除签章以外的其他记载事项，以影响票据责任的行为。

（一）票据变造的构成要件

票据变造的构成需具备以下要件：

1. 必须是变更票据上除签章以外的有效记载事项

首先，将票据变造限定为签章以外记载事项的变更，是各国票据法的普遍做法。

其次，必须是变更有效的记载事项。对于不产生票据效力的事项的变更，因为不会改变票据的内容，不应该称为票据的变造。

最后，变更前后票据形式上都必须是有效的。如果票据在变造前就是无效票据，则不存在变造票据的问题。如果变更后使原本形式有效的票据成为形式上无效的票据，此种变更也不是票据的变造。

2. 必须是无变更权人对票据的更改

有变更权的人对票据上记载事项的更改称为票据的更改，而不是票据的变造。

3. 行为人的目的是行使票据权利

如果行为人变更票据记载内容后，目的不是行使票据权利，没有去提示付款或提示承兑或背书转让，而是将其保存起来以供观赏，则不构成票据的变造。这一点与票据伪造的构成要件相同。

（二）票据变造的法律责任

票据被变造时，票据上的所有签章都是真实的，且变造前后的票据都是有效的。关键是，各票据签章人实施票据行为是在变造前还是在变造后。对他们的责任是否相同，大陆法系和英美法系的规定是有很大分歧的。

大陆法规定，在变造之前签章的人，对原记载事项负责，在变造之后签章的人，对变造之后的记载事项负责。而英美法则认为，未经全体票据前手同意而对票据进行实质性更改的，可以以更改为抗辩理由对抗更改人、授权更改人、同意更改人的人及其后手背书人，但更改不能对抗后来的正当持票人，正当持票人依据票据的原有文义行使票据权利。

《联合国国际汇票和国际本票公约》采取了折中的办法，吸收两大法系的规定，同时进一步补充规定，对不能辨别是在票据被变造之前还是变造之后签章的，视同在变造后签章，签章人按照变造后的文义负责。

我国票据法规定与上述各种规定既有相同之处，同时又有不同点。相同的比如，各票据关系人按其在票据上签章的时间确定其责任。在变造之前签章的人，对原记载事项负责；在变造之后签章的人，对变造之后的记载事项负责。不同点比如，对不能辨别是在票据被变造之前或者之后签章的，视同在变造之前签章。

案例思考

甲向乙开具金额为100万元的汇票以支付货款。乙取得该汇票后背书转让给丙,丙又背书转让给丁,丁再背书转让给戊。现查明,甲、乙之间并无真实交易关系,丙为未成年人,票据金额被丁变造。

问题:1. 该汇票有效吗? 2. 丙在票据上的签章有效吗?

3. 票据被丁变造后,票据有效吗? 4. 戊能不能向甲、乙行使票据上的追索权?

三、票据的更改

(一)票据更改的基本含义及方法

票据更改是有更改权的人的行为,更改权人限于原记载人。票据更改是合法行为,与违法行为的票据伪造和票据变造有本质的区别。例如出票人更改出票时记载的付款人,背书人更改背书时记载的"不得转让"事项等。无更改权的人擅自改写他人记载的事项的,不发生更改的效力,构成伪造或者变造。至于原记载人因何更改,票据法未作限制性规定。

原记载人只能更改票据法允许更改的记载事项,对不可更改的事项进行更改将导致票据无效。而且,原记载人须在更改之处签章,签章是更改的必要条件,不签章者,自然不能发生更改的效力。

更改须经持票人和其他签章人同意。票据转让之前需要更改的,应经受让人同意,票据转让之后需要更改的,不经持票人同意就无法更改。更改会引起票据权利人行使权利的条件发生变化,引起票据责任履行条件的变更,因此,更改应当经其他签章人同意,否则,其他签章人仍依更改前的票据文义负责。例如,票据债务人未经其保证人同意而更改票据,该保证人即可视更改之后果,主张其保证责任范围,若更改后果对保证人增加不利负担,保证人便可依更改前之文义负担责任。

(二)票据更改和票据变造的区别

票据更改和票据变造的区别在于:

(1)行为的性质不同。票据更改是合法行为,票据变造是违法行为;

(2)行为人有无更改权限不同。票据更改人有更改权,票据变造人无更改权;

(3)行为的款式不同。票据更改时,票据上应有更改人签章证明,票据变造时,一般不显露痕迹,且无签章证明。

四、票据的涂销

票据涂销(cancellation of bill)是指将票据上的签名或其他记载事项加以涂抹消除的行为。

涂销的方法包括浓墨涂抹、橡皮擦拭或纸片糊盖,用化学方法,或在背书栏内外用文义表明铲除其背书部分等,被涂销的文义是否能辨别则在所不同。如果票据涂销后已难以辨别是否为票据,则构成票据的毁损或灭失。

票据涂销在形式上主要可以分为背书涂销、承兑涂销以及支票划线涂销三种,其中背书涂销较为常用。有鉴于此,各国票据法都承认涂销,赋予当事人以涂销权。

背书的涂销必须具备两个要件:

其一,必须由票据权利人来进行,主要包括背书人和合法的票据持有人;

其二,必须是票据权利人故意所为。

只有具备涂销权的票据权利人基于故意所为的背书涂销行为,才能发生票据法上背书涂销的效力。如果背书的涂销是由有涂销权的票据权利人过失所为,或者是由无涂销权的非票据权利人所为,则不构成票据法上的背书涂销,不发生背书涂销的效力。

票据涂销与票据的变造与更改均属对票载事项的变更,从某种意义上说,涂销还是变造与更改的一种工具,一种过程。但它们的法律性质却有所不同。

1. 票据涂销仅限于对票载内容的消除(包括签名),不包括对原载内容的增加,而票据变造与更改不仅消除原记载,而且还要增加新的内容(除签名之外),并有用新的记载来确定票据关系的目的;

2. 票据的涂销一般为有相应权限的人所为,这点与更改相同,但票据的变造须为无变更权限的人所为,包括持票人对他人记载事项的变更,原记载人在票据交付后未经其他关系人同意,而对自己原载事项的变更以及任何人对票据法禁止更改的事项的变更;再次,票据涂销多为一种合法行为(从票据行为),而票据变造是一种触犯票据法甚至刑法的行为,应该依法承担相应的法律责任。

各国票据法关于涂销的规定,在方法和内容上均有一定差异。

日内瓦统一法中没有关于涂销的概括性规则,而是将涂销分别规定在各有关票据行为的内容中,所以日内瓦统一法关于涂销的分类,主要是依票据行为来进行,例如背书涂销、承兑涂销、支票划线涂销等。大陆法系国家采取类似日内瓦统一法的体例,如德国票据法、日本票据法以及法国商法典等都做如此规定。

英美票据法则不同。英国汇票法将涂销区分为:持票人的涂销和非持票人的涂销;故意的涂销和无意的涂销。对背书涂销、承兑涂销以及支票划线的涂销都予以了规范。美国统一商法典简略地规定了涂销是解除当事人责任的一种方式及实现消极背书的一种手段,此外,没有更具体的涂销规则。

中国台湾票据法关于涂销的规定方法,既有概括性规定,也有具体票据行为的涂销规定,其主要分类是将票据的涂销区分为有权利人的涂销和无权利人的涂销,故意的涂销和无意的涂销等。在涂销的分类上,中国台湾票据法与英国票据法相近似。

联合国《国际汇票和国际本票公约》在"转让"一章中也有关于票据涂销的规定,持票人可向一个前手当事人或向受票人转让该票据,但如果被转让人以前曾是该票据持有人则不需要背书,任何有碍于使他取得持票人资格的背书均可划掉。从内容上看,实际是指背书人再度受票时的"消极背书"情形,立法上未免有失粗陋。

案例思考

A 签发了一张 B 为收款人的银行汇票并交付给 B,B 将该汇票背书给 C,C 后又背书给 D。D 将 B 的背书涂销后,向 C 要求其履行票据付款义务。C 认为自己已经不承担票据给付义务,由此拒绝 D 的请求。D 认为其涂销 B 的行为是有权行为,并没有免除后手 C 的票据责任,因此诉至法院,要求 C 承担票据法上的责任。

请问:1. D 的背书涂销行为是否有效? 2. D 的诉讼请求能否获得法院支持?

【技能操练】

1. 持票人在票据背面或粘单上记载有关事项并签章的票据行为被称为(　　)。

A. 变造　　B. 付款　　C. 背书　　D. 涂销

2. 票据变造与票据伪造的区别在于(　　)。

A. 伪造是针对签章,变造是针对其他事项

B. 伪造是私自印刷票据,变造是更改记载事项

C. 伪造是无权限人所为,变造则不一定

D. 伪造的危害程度大于变造

3. 票据涂销的后果是(　　)。

A. 被涂销人免除票据责任　B. 票据无效　C. 票据被更改　D. 票据被变造

项目活动 5　票据的抗辩

【案例导入】

甲公司向乙公司背书转让一张由丙公司为出票人的经过丁银行承兑的汇票以清偿债务。乙公司将该汇票质押给戊银行作为贷款担保。贷款到期后乙公司未还款,戊银行向丁银行提示付款遭拒绝,理由是戊银行并非持票人而只是质权人,且由于丙公司申请承兑时涉嫌诈骗,现正接受警方调查。试问:

(1)丁银行的抗辩理由是否成立?为什么?

(2)在丁银行拒绝付款后,戊银行如何依据票据法维护自己的利益?

【必备知识】

一、票据抗辩的概念

在通常情况下,票据义务人必须依法履行其票据义务,向持票人无条件地支付票据金额。但在某些特别的情况下,票据义务人亦可以依法拒绝履行其票据义务,即主张票据抗辩。

票据抗辩是指票据债务人根据票据法的规定,对票据权利人拒绝履行票据义务。

二、票据抗辩的种类

依抗辩事由和抗辩效力的不同,票据抗辩可以分为对物抗辩和对人抗辩两类。

(一)对物抗辩

物的抗辩,也称绝对的抗辩、客观的抗辩,是指基于票据本身的事由发生的抗辩。票据债务人可以以物的抗辩对抗一切票据债权人,并不因持票人的变更而受到影响。

物的抗辩分为两类,如下:

1. 一切票据债务人可以对一切票据债权人行使的抗辩

一切票据债务人可以对一切票据债权人行使的抗辩,包括以下几种情形:

(1)票据上欠缺票据法规定的绝对必要记载事项,或票据上记载了不得记载的事项,而使票据无效。

《日内瓦统一汇票本票法》规定,汇票出票的绝对必要记载事项包括:无条件支付的委托、付款人姓名、收款人或其指定人的姓名、出票日期以及出票人签名共计五项;本票出票的绝对必要记载事项包括:无条件支付、收款人或其指定人姓名、出票日期以及出票人签章共计四项;

《日内瓦统一支票法》规定,支票出票的绝对必要记载事项包括:无条件支付的委托、付款人姓名、出票日期以及出票人签章共计四项。

(2)票据的付款日期尚未届至。

(3)票据债务人已依法付款或依法提存而使票据权利归于消灭。

(4)票据因法院作出除权判决而被宣告无效。

2. 特定票据债务人可以对一切票据债权人行使的抗辩

特定票据债务人可以对一切票据债权人行使的抗辩。具体包括以下几种情形:

(1)欠缺票据行为能力的抗辩

无民事行为能力人或者限制民事行为能力人在票据上签章的,其签章无效,但是不影响其他签章的效力。据此,任何票据债权人都不得依据无行为能力人或限制行为能力人签章向无行为能力人或限制行为能力人主张权利或请求付款。

(2)无权代理的票据行为的抗辩

根据各国票据法的规定,无代理权而以代理人的名义在票据上签名时,无权代理人应自负票据上的责任。被代理人可以在相应的票据责任范围内以自己没有授权为由,对持票人进行抗辩。

(3)票据伪造或变造的抗辩

票据被伪造时,由于被伪造人在票据上没有真实的签章,依法不负票据上的责任。被伪造人可以以此理由对抗任何持票人。

发生票据变造时,在变造前签名的票据债务人,只对变造前的票据文义负责,因此他可以在票据权利人主张变造后的票据权利时,进行抗辩。

(4)欠缺票据权利保全手续的抗辩

即未为票据提示或未做成拒绝证明或未收到退票通知的，票据债务人可以依此抗辩，拒绝向票据债权人履行票据责任。

(5)票据权利因时效届满而消灭的抗辩

如果权利人对某一票据债务人的权利因时效完成而消灭，则该债务人可以此理由对任何持票人进行抗辩。

(6)承兑撤销的抗辩

《日内瓦统一汇票及本票法公约》规定，付款人已在汇票上承兑，而在将汇票交还持票人前，涂销其承兑者，视为拒绝承兑。除有相反证明外，此项涂销被视为在票据交还前所为。

所以，付款人可以以自己已经撤销承兑为由对任何持票人行使抗辩权。

案例思考

陈谋为某集团公司的总经理，陈女13岁，中学生。2009年9月间，陈女趁陈某疏忽，擅自动用陈谋的个人支票凭证本，冒充陈谋签名签发了一张票据金额为12万元的支票，并加盖了陈谋的私章，到某购物中心购买了一架价值12万元的遥控模型直升机。某购物中心的经理认识陈谋和陈女，故对她交付的支票深信不疑。但在提示付款时被退票。银行告知购物中心，支票印鉴不符。购物中心向陈谋追索遭拒绝。陈谋的理由是：我的印鉴是我的女儿背着我盖上去的，且该私章不是我的支票预留印鉴，我不负责。

请问：陈某的抗辩是什么性质的抗辩？如果所述各情节得以证实，其抗辩能成立吗？为什么？

(二)对人抗辩

对人的抗辩，又称相对抗辩或主观抗辩，是指基于人的事由发生的抗辩。人的抗辩是基于持票人自身或者票据债务人与持票人之间的特殊关系而发生的抗辩。

人的抗辩也可分为两类，具体如下：

1. 一切票据债务人可以对特定票据持票人行使的抗辩

此类抗辩主要是针对特定票据持票人的资格而言的，具体包括以下几种情形：

(1)票据持票人欠缺受领能力的抗辩

当持票人被法院宣告破产或者票据债权被法院扣押禁止付款时，该持票人实际上丧失了受领票据金额的能力，任何票据债务人都不得对该持票人履行票据债务。

(2)票据持票人欠缺形式上受领票据金额资格的抗辩

票据持票人要行使票据权利，必须具有票据权利人的资格。持票人欠缺形式上的受领资格，即是说明持票人并非票据权利人，票据债务人当然可以拒绝履行票据债务。

根据各国及地区票据法的规定，对于记名票据，持票人应以背书的连续证明其权利的存在，只有符合这一条件时，持票人才具有形式上的受领票据金额的资格。

(3)票据持票人取得票据不符合法律规定，因而不享有票据权利的抗辩

持票人取得票据不符合法律规定的条件，即使持票人持有票据也不享有票据权利。此时，无论向谁主张权利都会遭到拒绝。

根据英美票据法规定，只有正当持票人才享有票据权利。正当持票人取得票据时必须善意，即不知转让人的权利存在瑕疵。若持票人以欺诈、胁迫、暴力、恐吓等手段取得票据，均将被认定为非正当持票人，不得享有票据权利。

2. 特定票据债务人可以对特定票据债权人行使的抗辩

此类抗辩是基于直接当事人之间的原因关系或者特别约定而产生的抗辩，具体包括以下几种情形：

(1)原因关系无效或不成立的抗辩

在直接当事人之间，原因关系的当事人与票据关系的当事人具有同一性，因此票据债务人可以以原因关系不成立或无效为由，对票据债权人进行抗辩。

(2)因禁止背书产生的抗辩

禁止背书属于票据上的任意记载事项，依各国和地区票据法的规定，出票人和背书人都可以在票据上记载"禁止转让"、"禁止背书"等字样，以限制票据的流通。因此，如果收款人以外的人持有票据向出票人或承兑人主张票据权利，出票人或承兑人可以记载了"禁止背书"为由进行抗辩。对于背书人来说，禁止背书可以避免其直接后手以外的人对其行使追索权，同时可以防止追索金额的扩大。因此，书写"禁止背书"的背书人可以对其直接后手以外的其他持票人行使抗辩权。

(3)基于当事人之间特别约定的抗辩

票据债务人可以对不履行约定义务，且与自己有直接债权债务关系的持票人进行抗辩。

案例思考

甲为出票人，因汽车买卖而签发自己为付款人的汇票交给乙。按照双方的约定，在乙交付汽车的同时，甲亦承兑了自己签发的汇票。后，甲、乙双方因汽车质量纠纷而诉诸法院。诉讼期间，乙又将本案所涉汇票背书给知悉该诉讼的丙。

请问：(1)丙能否向甲主张票据权利？为什么？

(2)假如甲在质量纠纷诉讼中全部胜诉，其退货给乙的主张得到法院支持，甲据此拒绝支付票款给丙，那么，甲的这种抗辩属于什么性质的抗辩？

【技能操练】

1. 根据《票据法》的规定,下列各项中,属于汇票债务人可以对持票人行使抗辩权的事由是(　　)。

A. 汇票债务人与出票人之间存在合同纠纷

B. 汇票债务人与持票人前手之间存在抵消关系

C. 汇票背书不连续

D. 出票人存入汇票债务人的资金不够

2. 根据有关规定,下列各项中,汇票债务人可以对持票人行使抗辩权的事由是(　　)。

A. 背书不连续

B. 出票人存入汇票债务人的资金不足

C. 汇票债务人与出票人之间存在合同纠纷

D. 汇票债务人与持票人的前手存在抵消关系

3. 下列情形中,属于对物抗辩理由的有(　　)。

A. 背书不连续　　B. 票据被伪造

C. 票据债务人无行为能力　　D. 直接后手交付的货物存在质量问题

项目活动6　汇票、本票和支票

【案例导入】

出票人甲将汇票交付给收款人乙,乙通过背书将汇票转让给丙,丙又将汇票转让给丁,丁又将票据转让给戊,戊为最后持票人。

请问:在这一系列的当事人之间,谁是票据上的前手和后手?这样的区分有何意义?

【必备知识】

一、汇票

(一)汇票概念

我国《票据法》规定,汇票是出票人签发的,委托付款人在见票时或者在指定日期,无条件支付确定的金额给收款人或者持票人的票据。

《英国票据法》规定,汇票是一人向他人出具的无条件书面委托,由出具人签名,要求对方即日或定日或在未来的特定期间内,向特定人(或按特定人的委托),或向持票人支付一定的金额。

台湾地区《票据法》称汇票者,谓出票人签发一定之金额,委托付款人在指定之到期日,无条件支付给收款人或执票人之票据。

综上,汇票指的是委托他人在指定的到期日,无条件支付一定金额给持票人的一种票据。

(二)汇票当事人

在汇票关系中,包括三个基本当事人:出票人、付款人和收款人。

出票人是签发汇票,委托付款人进行付款行为的人;付款人则是汇票上载明的、受托承担付款的人,在付款人进行承兑后,则成为承兑人;收款人是汇票上载明的、有权持有汇票并接受付款的人,而从收款人处依法受让汇票的人,则为持票人。在通常情况下,汇票上所载收款人也就是第一持票人。

(三)汇票的种类

1. 按照出票人的不同,汇票分为银行汇票和商业汇票

(1)银行汇票是以银行为出票人和付款人的汇款。出票银行与付款银行不必为同一银行,而且在通常情况下并非同一银行。银行汇票是出票银行签发的,由其在见票时按照实际结算金额无条件支付给收款人或者持票人的票据。

(2)商业汇票是指由实施商业行为的企业或公司开具,付款人可能是其他法人、企业或自然人的汇票。

2. 依汇票付款期限的不同,汇票还可分为即期汇票和远期汇票

(1)即期汇票也称为见票即付汇票,即在汇票上无到期日的记载,而在收款人或者持票人向付款人提示汇票、请求付款之时,即为到期,付款人应即时付款的汇票。

这种汇票无须承兑,该汇票上的付款人不负绝对的付款责任。

大多数国家票据法明确规定了见票即付汇票的付款提示期间。

《日内瓦统一汇票本票法》规定:见票即付的汇票,应当自出票日期起1年内为付款之提示。此项期限,出票人得缩短或延长之。以上期限,背书人得缩短之。

《日内瓦统一汇票本票法》还规定:出票人可以规定在指定日期前持票人不得提示请求付款。这样规定的目的是准备汇票资金。

台湾地区《票据法》对即期汇票提示期限规定为自出票日期起6个月,出票人可以延长或缩短,延长期限不得超过6个月。

(2)远期汇票则是在汇票上记载到期日,付款人在到期时承担付款的汇票。

远期汇票依到期日记载方式的不同,又分为:

定日付款汇票又称为定期汇票、定日汇票,是指出票人签发汇票时,记载一个固定日期为到期日的汇票。如出票人在汇票上记载"于2011年10月1日付款"字样,或"2011年国庆节付款"字样均可。

出票后定期付款汇票又称为约期汇票,即在收款人或者持票人向汇票上所载付款人提示见票之日后、一定期间届满时为到期日的汇票。如出票人在汇票上记载"自出票日6个月付款"字样,这张汇票即为出票后定期付款汇票。

见票后定期付款汇票又称为注期汇票,是指出票人记载见票日后一定期间付款的汇票。所谓见票,在汇票中是指持票日内请求付款人承兑时向其为票据的提示,付款人记载"承兑"并签名的行为。所以这种汇票的到期日是自承兑日期算才能确定。例如,出票人在汇票上记载"见票日后3个月付款",这张汇票的到期日即为3个月后承兑日的对日,比如,承兑日为3月18日,付款日即为6月18日。

另外,在英美国家和我国台湾地区,还有一种分期付款的汇票。即将汇票金额分为

几部分，并就该部分分别确定到期日的汇票。台湾《票据法》规定，分期付款的汇票，其中任何一期到期不获付款时，未到期部分视为全部到期，但不应包括视为到期实为未到期部分的利息。

3. 依汇票上当事人地位的不同，汇票也可以分为一般汇票和变式汇票

一般汇票即通常概念上的汇票，是出票人、付款人和收款人分别为三个不同当事人的汇票。

变式汇票则是在出票人、付款人和收款人中，由同一个当事人兼有两种或者两种以上身份的汇票。在变式汇票中，出票人同时为付款人时，称为对己汇票；出票人同时为收款人时，称为指己汇票；付款人同时为收款人时，称为付受汇票；而出票人、付款人、收款人均为同一人时，则称为己付己受汇票。在票据法中，通常并不特别限制同一当事人兼有两种或者两种以上汇票的地位。

4. 按记载收款人的方式不同，分为记名汇票、指示汇票和无记名汇票

记名汇票的收款人特定，需经背书后票据才可转让；指示汇票虽然记载了收款人，同时还附加记载"或其指定人"的字样，指示汇票经背书可转让给背书人指定的人；无记名式又称来人式汇票，即汇票上不记载收款人，谁持有汇票谁就拥有票据权利，凭交付即可转让。

我国票据法和日内瓦票据法公约不承认无记名汇票，并规定，若汇票上不记载收款人的名称，则该汇票无效。

但英美法认为，汇票上可以指定收款人，也可以不指定收款人。英国票据法规定，汇票的收款人有三种记载方式：

(1)限制性抬头，通常写明"仅付与甲公司"，或"付与甲公司，不许转让"；

(2)指示式抬头，汇票上载明"付与甲公司或其指定的人"；

(3)来人式抬头，汇票上只写明"付与持票人"。

5. 按汇票的签发与支付地点不同，分为国内汇票和国外汇票

凡在一国境内签发并在其国内支付的汇票称为国内汇票；凡在国外签发而在国内支付，或在国内签发而在国外支付的汇票均称为国外汇票或国际汇票。

知识窗口

许多留学机构都提醒初次赴国外留学的学生，在国外缴纳学费最好用汇票。学生可以在国内银行开具两张汇票，一张汇票用于付学费，收款方为学校；另一张汇票的收款方为学生本人，学生到达美国后在美国当地的银行开户，并托收这张汇票，用于支付在校的食宿费和生活费。

原因有两个：一是出国时不允许携带大量现金，不能现金支付学费；二是由于学费额度较大，在国外信用卡刷卡容易遇到问题；可见，汇票在支付结算方面十分安全、方便、快捷，极大地迎合了现代跨地域的消费的需要。汇票正越来越多的地融入普通人的生活。

（四）汇票规则

1. 出票

（1）出票的概念及其法律效力

出票是指出票人签发票据并将其交付给持票人（即收款人）的票据行为。在全部票据活动中，出票是最初始的票据行为，是创设票据同时创设票据权利的行为。

出票包括两个内容：一是做成票据并在票据上签章；二是将票据交付给收款人。汇票的出票人必须与付款人具有真实的委托付款关系，并且具有支付汇票金额的可靠资金来源。不得签发无对价的汇票用以骗取银行或者其他票据当事人的资金。出票人签发汇票后，即承担保证该汇票承兑和付款的责任。出票人在汇票得不到承兑或者付款时，应当依法向持票人清偿汇票金额及有关损失和费用。

（2）汇票的记载事项

汇票的必须记载事项：

①表明“汇票”的字样；②无条件支付的委托；③确定的金额；④付款人名称；⑤收款人名称；⑥出票日期；⑦出票人签章。汇票上未记载前款规定事项之一的，汇票无效。签章为签名、盖章或者签名加盖章。法人和其他使用票据的单位在票据上的签章，为该法人或者该单位的盖章加其法定代表人或者其授权的代理人的签章。在票据上的签名，应当为该当事人的本名。

汇票的相对记载事项：

汇票上记载付款日期、付款地、出票地等事项的，应当清楚、明确。

①付款日期，即汇票到期日，可以按照下列形式之一记载：见票即付、定日付款、出票后定期付款、见票后定期付款。汇票上未记载付款日期的，为见票即付。

②付款地。即付款人为票据金额支付的地域。汇票上未记载付款地的，付款人的营业场所、住所或者经常居住地为付款地；汇票上未记载出票地的，出票人的营业场所、住所或者经常居住地为出票地。

③出票地。即出票人为出票行为时所在的行政区域。出票地未记载时，以出票人的营业场所、住所或者经常居住地为出票地。

④汇票上可以记载本法规定事项以外的其他出票事项，但是该记载事项不具有汇票上的效力。

2. 背书

（1）背书的概念和法律效力

背书是指在票据背面或者粘单上记载有关事项并签章的票据行为。背书包括两个内容：一是做成背书；二是交付他人。持票人可以将汇票权利转让给他人或者将一定的汇票权利授予他人行使。出票人在汇票上记载“不得转让”字样的，汇票不得转让。

背书可以依其是否具有票据权利转让的效力，分为实质背书和形式背书。实质背书即在实质上具有权利转让效力的背书，也称为转让背书。

形式背书又称为非转让背书,是指虽具有背书转让的形式,但并非以转让为目的,在实质上不具有权利转让效力的背书。又称为形式背书。主要有两种:

①委任背书,即背书人委托被背书人收款的背书。背书记载“委托收款”字样,被背书人有权代背书人行使被委托的汇票权利。但是,被背书人不得再以背书转让汇票权利。

②设质背书,即背书人以汇票设定质押而为的背书。质押时应当以背书记载“质押”字样,被背书人依法实现其质权时,可以行使汇票权利。

(2)背书的效力

①背书由背书人签章并记载背书日期。背书未记载日期的,视为在汇票到期日前背书;

②汇票以背书转让或者以背书将一定的汇票权利授予他人行使时,必须记载被背书人名称;

③背书不得附有条件。背书时附有条件的,所附条件不具有汇票上的效力;

④将汇票金额的一部分转让的背书或者将汇票金额分别转让给二人以上的背书无效;

⑤以背书转让的汇票,背书应当连续。背书连续,是指在票据转让中,转让汇票的背书人与受让汇票的被背书人在汇票上的签章依次前后衔接。持票人以背书的连续,证明其汇票权利;

⑥汇票被拒绝承兑、被拒绝付款或者超过付款提示期限的,不得背书转让;背书转让的,背书人应当承担汇票责任。

案例思考

甲公司董事会将总经理对外签署合同和票据的权限限定在金额50万元以下。某日,甲公司总经理为支付工程款签发了金额为62万元的支票。但该支票因空头被银行退票。持票人要求甲公司支付票款,被甲公司拒绝。其理由是:(1)该支票是总经理超越授权范围签发,公司不认可其行为,所以后果由行为人自行承担,公司不承担票据责任。(2)该支票因为空头而无效,故不需要履行。(3)持票人提供的工程存在质量问题,甲公司有权抗辩。

要求:对甲公司的上述理由逐一加以分析。

3. 承兑

(1)承兑的概念

承兑是指汇票付款人承诺在汇票到期日支付汇票金额的票据行为。付款人承兑汇票的,应当在汇票正面记载“承兑”字样和承兑日期并签章;见票后定期付款的汇票,应当在承兑时记载付款日期。汇票上未记载承兑日期的,以付款人收到提示承兑的汇票的第四日为承兑日期。

承兑与其他票据行为一样,也是要式的单方法律行为。票据法规定付款人在为承兑时应记载、可记载以下若干事项。

因承兑有正式与略式之分,所以绝对应记载的事项也不一样,各国票据法对此都作了明确规定。日内瓦《统一汇票本票法》第25条第1款规定:"承兑应于汇票上记载承兑或其他同义字样,由付款人签名。付款人仅在票面签名者,构成承兑。"根据以上规定,正式承兑绝对应记载的事项包括:a. 付款人签章。这是承兑人须负票据责任的依据,也是承兑行为得以成立的首要条件。b."承兑"及同义字样。该字样不限于"承兑"二字,凡足以表示承兑意旨的,如"兑"、"照兑"、"兑付"、"照付"等字样,都可以。

略式承兑中绝对应记载的事项只有一个,就是付款人签章。由于付款人没有在汇票上表示"承兑"的意旨,所以付款人所为的签章实质上是否为承兑,容易引起纠纷,为杜绝纠纷,保护持票人的利益,票据法视其签章为承兑。

承兑时可记载的事项:

①担当付款人。日内瓦《统一汇票本票法》第27条第1款规定:"发票人以付款住所以外之地为付款地,而未指定第三者之住址为付款处所时,付款人于承兑时得指定此项第三者。无此记载者,视为承兑人自己承担在付款地付款之责任。"其中的第三者便是担当付款人。

②付款住所。一般说来,发票人本可以记载付款处所,但付款人也可以记载,并且不以发票人无记载时为前提。在发票人已经记载的情况下,付款人还可以重复记载。至于付款人能否涂销或变更发票人的记载,法律无明文规定。解释上可比照关于担当付款人的记载,即可以涂销或变更。因为付款人一经承兑就负担汇票主债务,付款处所的有无或付款处所的变动,并不构成严重影响。

承兑时不得记载的事项:

一般说来,付款人在承兑时不得记载与汇票的性质、承兑的特性相悖的事项。各国票据法对此大都未作明确规定。

(2)承兑的效力

付款人做成承兑并将汇票交还持票人后,承兑即发生法律效力。承兑的效力体现在以下几个方面:

①对付款人的效力

付款人在承兑后,应当承担到期付款的责任,这是各国票据法都确认的。汇票付款人在承兑之前,仅是汇票关系人而不是汇票债务人,但一经承兑便成为承兑人,即汇票第一债务人。在票据权利因时效消灭之前,负绝对的付款责任,即使他未曾从发票人处接受资金,也不免责。

②对持票人的效力

在付款人承兑之前,持票人就所持汇票享有的权利仅为期待权,即一种不确定的权利。付款人一经承兑,持票人的期待权即成为现实权,一届汇票到期日,持票人便可向承兑人请求付款,除因时效完成之外,在任何情况下,持票人都不会丧失付款请求权。

③对发票人和背书人的效力

付款人承兑之后,发票人和汇票上的所有背书人都免受期前追索。拒绝承兑是持票人行使期前追索的法定原因之一。

就汇票本身来讲,承兑行为可增强其信用,并促进其流通。

(4)参加承兑

参加承兑是指当汇票不能获得承兑或付款人、承兑人死亡、逃避或其他原因无法向其作承兑指示或付款人、承兑人被宣告破产时,为了防止追索权的行使,由第三人以参加承兑人的身份加入票据关系的行为,即参加承兑行为须以不获承兑,并作成拒绝证书为前提。英国票据法称参加承兑为"信誉承兑"。

参加承兑的效力主要表现在两个方面:一是,当付款人不付款时参加承兑人应负责向持票人付款;二是如果持票人允许参加承兑他就不能在汇票到期日前对被参加承兑人及其后手行使追索权。

案例思考

2009 年 12 月 10 日,某建筑公司为购买建筑器材,向建筑器材厂签发了一张远期银行承兑汇票,付款方为某商业银行,付款期限为出票后 3 个月,票载金额为人民币 500 万元,收款人为建筑器材厂。2010 年 1 月 3 日,建筑器材厂将该票据提示承兑,同日将该票据背书转让给 C 钢材厂。2010 年 2 月 15 日,C 钢材厂又将该票据背书转让给某医药公司,2010 年 3 月 15 日,某医药公司持该汇票要求某商业银行付款,商业银行以建筑器材厂所供的钢筋质量不符合合同约定为由予以退票。

请问:(1)经过提示承兑并背书转让的汇票效力是否受出票的基础关系即购买建筑器材行为的影响?(2)法院应如何判决?

4. 保证

保证制度为汇票、本票、支票共同具有的制度,因此汇票的保证又称票据保证。票据保证是票据债务人以外的第三人为担保票据债务的履行,以负担同一内容的票据债务为目的所为的一种附属票据行为。

票据保证与民法上的保证同属于人的担保,都是无偿行为,都以担保主债务的履行为目的。但是票据保证是票据行为的一种,与民法上的保证区别总结如下。

(1)票据保证是要式行为。票据保证人的保证行为必须在票据或者票据粘单上记载票据法规定的事项,否则不产生法律效力。民法上的保证虽然也是要式行为,但其内容和形式没有票据保证严格。

(2)票据保证是单方法律行为。票据保证只需要保证人完成保证记载即可成立。民法上的保证是双方法律行为。

(3)票据保证具有一定的独立性。即使被保证的债务无效,保证人仍要负票据责任,但是,被保证人的债务因汇票记载事项欠缺而无效的除外。例如,因为被保证人无行为能力或受欺诈、胁迫或被保证人的签章是伪造的等原因,而使被保证的债务无效,保证人仍要负票据责任。民法上的保证则是从属性的,如果主债务无效或被撤销,保证也会无效。

(4)票据保证人向债权人的抗辩权,如自己受欺诈或签章被伪造等原因的抗辩,保证人不得援引来对抗票据权利人。民法上的保证中,主债务人所能行使的抗辩权,保证人都能行使。

(5)票据保证人如果为两人以上的,所有保证人都必须对债权人负连带责任。而在民法上的保证中,有一般责任保证与连带责任保证两种。

(6)票据保证人在履行了保证责任后,取得持票人的资格,对承兑人、被保证人及其前手可以行使追索权。民法上的保证人在向债务人清偿后,仅能取得对主债务人的求偿权。

案例思考

2006 年 1 月 8 日,养鸡厂向饲料厂购买 12 万元的鸡饲料 5 吨,养鸡厂开出了以其开户银行为付款人、以饲料厂为收款人、票面金额为 12 万元、见票即付的商业汇票一张,注明出票日期为 2006 年 1 月 8 日。然后将该汇票交付给饲料厂。1 月 10 日 ,饲料厂向机械厂购买了一台中型饲料粉碎机,价款为 13.5 万元,饲料厂欲将所持汇票背书转让给机械厂,再向其支付 1.5 万元的现金。机械厂要求对该汇票提供保证方可接受。于是饲料厂便请求出票人养鸡厂为此提供保证,养鸡厂表示同意。1 月 13 日,养鸡厂在汇票上写明了名称、住所,并注明保证日期为 1 月 13 日,然后签章,被保证人是饲料厂。

请问:养鸡场是否承担保证责任?

5. 付款

付款是付款人向持票人支付汇票金额的票据行为。付款时应遵循以下原则:

(1)持票人依法提示付款的,付款人必须在当日足额付款;

(2)付款人及其代理付款人付款时,应当审查汇票背书的连续,并审查提示付款人的合法身份证明或者有效证件;

(3)付款人及其代理付款人以恶意或者有重大过失付款的,应当自行承担责任;

(4)对定日付款、出票后定期付款或者见票后定期付款的汇票,付款人在到期日前付款的,由付款人自行承担所产生的责任;

(5)汇票金额为外币的,按照付款日的市场汇价,以人民币支付,汇票当事人对汇票支付的货币种类另有约定的,从其约定;

(6)付款人依法足额付款后,全体汇票债务人的责任解除。

通过委托收款银行或者通过票据交换系统向付款人提示付款的,视同持票人提示付款。

6. 追索权

(1)追索权的概念

追索权即汇票到期被拒绝付款或其他法定原因出现时,持票人请求背书人、出票人以及汇票的其他债务人偿还汇票金额及有关损失和费用的权利。

行使追索权必须满足以下条件:

①汇票到期被拒绝付款;

②汇票到期日前,承兑人或者付款人死亡、逃匿的;承兑人或者付款人被依法宣告破产的或者因违法被责令终止业务活动的。

(2)追索权的形式要件

持票人行使追索权时,需要具备以下形式要件:

①持票人提示承兑或者提示付款被拒绝的,承兑人或者付款人必须出具拒绝证明,或者出具退票理由书;

②持票人因承兑人或者付款人死亡、逃匿或者其他原因,不能取得拒绝证明的,可以依法取得其他有关证明;

③承兑人或者付款人被人民法院依法宣告破产的,人民法院的有关司法文书具有拒绝证明的效力。承兑人或者付款人因违法被责令终止业务活动的,有关行政主管部门的处罚决定具有拒绝证明的效力。

持票人不能出示拒绝证明、退票理由书或者未按照规定期限提供其他合法证明的,丧失对其前手的追索权。但是,承兑人或者付款人仍应当对持票人承担责任。

(3)追索权的行使

追索人在行使追索权时,可以依自己的意思,进行选择追索、无限追索或者变更追索。选择追索是指,追索人可以不受票据流通转让过程中所形成的票据义务人的顺序的限制,对追索义务人中的任意一人进行追索;无限追索是指追索人可不限于仅向一个追索义务人进行追索,可以向其中的数人或者全体同时提出追索;变更追索是指追索人对追索义务人中的一人提出追索后,不因此而影响对其他追索义务而再行提出追索。

被追索人清偿债务时,持票人应当交出汇票和有关拒绝证明,并出具所收到利息和费用的收据。

案例思考

2009年3月20日，光华家具厂与某家具销售公司签订了家具购销合同。3月27日，家具销售公司向光华厂签发了一张票面金额为50万元、到期日为9月27日的汇票。3月29日，光华厂将汇票背书转让给某皮革厂，该皮革厂又将汇票于5月20日背书转让给某畜牧场。畜牧厂在该汇票到期日，向家具销售公司的开户银行提示付款，因家具公司在开户行存款不足而遭到退票。

请问：畜牧厂可以向谁主张什么样的权利？

二、本票和支票

（一）本票

1. 本票的概念与特征

本票是由出票人签发，并承诺于到期日由自己向收款人或持票人无条件支付一定金额的票据。

本票的特征：

(1)原始当事人只有两个：一是出票人；二是收款人。

(2)本票是允诺式票据；

(3)本票出票人的付款义务是绝对的，他自始至终都是本票上的主债务人。

2. 本票与汇票的区别

本票与汇票区别主要有以下三点：(1)汇票的当事人有三个，而本票当事人只有两个；(2)本票出票人（也是付款人）限于银行；而汇票的出票人和付款人不限于银行。(3)本票的付款方式只限于见票即付，而汇票可以定期付款。

（二）支票

1. 支票的概念

支票是出票人签发的，委托办理支票存款业务的银行在见票时无条件支付确定的金额给收款人或者持票人的票据。支票分为现金支票、转账支票和普通支票。

单位和个人在同一票据交换区域的各种款项结算，均可以使用支票。

签发支票必须记载下列事项：表明“支票”的字样；无条件支付的委托；确定的金额；付款人名称；出票日期；出票人签章。支票的金额、收款人名称，可由出票人授权补记，未补记前不得背书转让和提示付款。

2. 支票与汇票的区别

支票和汇票一样有三个当事人，即出票人、付款人与收款人。

二者的差别主要有:

①支票的付款人限于银行,而汇票的付款人则不以银行为限;

②支票均为见票即付,而汇票则不限于见票即付;

③支票主要分为转账支票和现金支票。转账支票是办理同城转账结算的。

④汇票主要是用于外埠结算的。

【技能操练】

张先生在某银行开设了支票账户。2009 年,张先生受到严重刺激,精神失常。2011 年 4 月 1 日张先生签了一张 60 万元的转账支票给大地房地产公司购买一套房屋,应大地公司要求,张先生找朋友小王为买卖合同提供担保,但并未在票据上签章。建筑公司收受支票后在 4 月 8 日将该支票背书转让给了甲公司以支付所欠的房屋租金。4 月 12 日甲公司持该支票向某百货商场购置计算机 60 台,4 月 16 日百货商场通过其开户银行提示付款时,开户银行以超越提示付款期为由作了退票处理。百货商场只好通知其前手进行追索。在追索的过程中,甲公司和建筑公司均以有保证人为由推卸自己的责任。而保证人小王以张先生系精神病人其签发支票无效为由而拒不承担责任。

问题:

(1)张先生的出票行为是否有效?这张支票有效吗?

(2)在有保证人存在的情况下,票据行为人应否负票据责任?

(3)本案中的保证人应否承担保证责任?

■步骤三　总结

1. 关键知识

票据权利与票据责任

票据行为与票据签章

票据记载事项、票据丧失及补救

2. 关键技能

在了解票据法规定的基础上,能够具体掌握汇票、本票和支票的法律规则,并将基本技巧运用于实践操作中。

■步骤四　综合训练

一、单选题

1. 甲私刻乙公司印章,以该印章签发支票。甲的行为属于票据法上的(　　)。

A. 伪造印章　　B. 伪造票据　　C. 欺诈行为　　D. 越权行为

2. 本票属于(　　)。

A. 委托证券　　B. 预约证券　　C. 证权证券　　D. 远期票据

3. 在我国目前使用的票据中，本票和支票的区别主要体现在(　　)。

A. 出票人不同　　B. 付款人不同

C. 收款人不同　　D. 交易范围不同

4. 某公司签发支票时将账号写错，后纠正并签章说明。此支票系(　　)。

A. 被变造　　B. 被更改　　C. 被涂销　　D. 被伪造

5. 票据保证未记载被保证人的，则(　　)。

A. 保证关系不成立

B. 以出票人为被保证人

C. 以票据的第一顺序债务人为被保证人

D. 以票据上所有债务人为被保证人

6. 根据我国票据法，有关票据上签章的表述正确的是(　　)。

A. 法人在票据上的签章，为该法人的印章

B. 个人在票据上的签章，为该个人的签名加盖章

C. 支票的出票人在票据上的签章，为其预留银行的签章

D. 商业汇票的出票人在票据上的签章，为该法人或者该单位的财务专用章

7. 甲为帮乙支付货款，开出支票。甲在“用途”一栏填上“代乙付货款”。甲的行为(　　)。

A. 属于票据代理，此支票的出票人是甲，责任人是乙

B. 属于票据代理，此支票的出票人和责任人是乙

C. 属于票据代理，但票据责任仍然由甲承担

D. 不是票据代理

8. 无变更权者变更票据上签章以外其他记载事项的行为称为(　　)。

A. 票据更改　　B. 票据变造

C. 票据伪造　　D. 票据涂销

9. 根据我国票据法的规定，汇票上未记载付款日期的，则该汇票是(　　)。

A. 无效的汇票　　B. 见票即付的汇票

C. 见票后定期付款的汇票　　D. 出票后定期付款的汇票

10. 银行票据和商业票据的划分标准是(　　)。

A. 使用人　　B. 出票人　　C. 收款人　　D. 付款人

11. 我国《票据法》规定的票据不包括(　　)。

A. 支票　　B. 本票　　C. 股票　　D. 汇票

12. 根据我国票据法的规定，不享有票据权利的是(　　)。

A. 因发行而取得票据　　B. 因背书转让而取得票据

C. 因拾得而取得票据　　D. 因清偿债务而取得票据

13. 票据的善意取得是指(　　)。

A. 当事人通过继承的方式，善意地从有处分权人手中取得有效票据

B. 当事人通过继承的方式,善意地从无处分权人手中取得有效票据

C. 当事人通过票据法规定的方式,善意地从有处分权人手中取得有效票据

D. 当事人通过票据法规定的方式,善意地从无处分权人手中取得有效票据

14. 根据我国《票据法》,有关票据上的签章,表述正确的是(　　)。

A. 法人在票据上的签章,为该法人的盖章

B. 个人在票据上的签章,为该个人的签名加盖章

C. 支票的出票人在票据上的签章,为其预留银行的盖章

D. 商业汇票的出票人在票据上的签章,为该法人或者该单位的财务专用章

15. 具有票据法上效力的事项是(　　)。

A. 交易合同号码　　B. 票据用途

C. 银行汇票申请人名称　　D. 禁止转让文句

16. 涉外票据的背书、承兑、付款和保证行为法律适用为(　　)。

A. 行为地法　　B. 出票地法

C. 付款地法　　D. 承兑地法

二、多选题

1. 票据的基本当事人是指在票据作成和交付时就业已存在的当事人,是构成票据法律关系的必要主体。下列各项中,属于票据的基本当事人的有(　　)。

A. 背书人　　B. 出票人　　C. 付款人　　D. 收款人

2. 下列各项中,属于票据当事人的有(　　)。

A. 出票人　　B. 付款人　　C. 收款人　　D. 保证人

3. 票据行为是指能够产生票据权利与义务关系的法律行为。下列各项中,属于票据行为的有(　　)。

A. 出票　　B. 背书　　C. 承兑　　D. 保证

4. 以下叙述中,正确的包括(　　)。

A. 票据是出票人依法签发的有价证券

B. 票据金额应由出票人自己支付或委托付款人支付

C. 票据行为只包括出票、背书和承兑

D. 票据签章是票据行为生效的重要条件

5. 下列各项中,可以行使票据追索权的当事人有(　　)。

A. 票载收款人　　B. 代为清偿票据债务的保证人

C. 最后被背书人　　D. 代为清偿票据债务的背书人

6. 下列有关票据行为有效要件的表述中,符合票据法规定的有(　　)。

A. 保证人在票据上的签章不符合规定,其签章无效,但不影响其他符合规定签章的效力

B. 持票人明知转让的是盗窃的票据,仍受让票据的,不得享有票据权利

C. 票据的基础关系涉及的不合法,则票据行为也不合法

D. 银行汇票未加盖规定的专用章,而加盖该银行的公章,则签章人应承担责任

三、判断题

1. 票据抗辩指票据债务人根据法律规定对票据债权人拒绝履行义务的行为。(　　)

2. 本票是出票人签发的,承诺自己在见票时或者在指定日期无条件支付确定的金额给收款人或者持票人的票据。(　　)

3. 我国《票据法》将票据分为汇票、本票和支票三种。(　　)

4. 支票在出票时有两个当事人:出票人、收款人。(　　)

5. 票据法是规定票据的种类、签发、转让和票据当事人的权利、义务等内容的法律规范的总称。(　　)

6. 票据法上的票据关系是由票据法直接规定的、与票据行为相联系但又不是由票据行为本身所发生的权利义务关系。(　　)

7. 票据当事人分为基本当事人与非基本当事人。(　　)

8. 票据非基本当事人是指享有票据权利,承担义务的法律关系主体。(　　)

9. 票据关系是指基于票据行为所产生的债权债务关系,或称权利义务关系。(　　)

10. 追索权是指汇票到期不获付款或期前不获承兑,或者有其他法定原因出现时,持票人在履行了保全手续后,向其前手请求偿还汇票金额、利息及费用的一种票据上的权利。(　　)

四、简答题

1. 如何取得票据权利?

2. 票据更改和票据变造有什么不同?

3. 票据法上对物的抗辩是什么?有什么法律效果?

4. 汇票行为有哪几种?简单说说汇票行为规则。

五、案例分析

甲签发一张面额为100万元的汇票交付给乙,付款人为丙,付款期限为出票后60天。乙将该汇票提示承兑后转让给A,A背书转让给B。B不慎遗失,被C拾到,C假冒B的签名将汇票据为己有,并背书转让给D。D以40万元货物作为对价受让该汇票,并背书转让给E,以抵消自己欠E的100万元债务。

问题:

(1)该汇票的债务人是谁?债权人是谁?

(2)该汇票在承兑前,谁是主债务人?应承担什么责任?

(3)持票人E的权利是否有缺陷?假如该汇票遭拒付,他如何实现自己的权利?

(4)假如D偿付票款后,能否向其任何一前手追索?

(5)B对该汇票是否承担保证责任?是否有权要求E、C、D返还汇票?他如何保护自己的权利?

(6)C在本案中承担什么法律责任?

工作任务七　产品责任法

■步骤一　宣布本次教学的工作任务及目标

教学内容:整体上把握产品责任的基本知识。

教学目标:了解产品、产品责任、产品责任法的概念,把握产品责任的归责原则、赔偿范围及免责事由,掌握中国产品责任法的相关知识体系。

■步骤二　工作任务

项目活动1　产品责任法的概述

【案例导入】

年仅20岁的崔某因自己驾驶小轿车不小心发生车祸住进某家医院。由于失血过多,急救过程中医院为他输血600毫升。在伤愈后进行出院检查时发现崔某患有乙肝,但在住院时的检查中并未发现其患有乙肝。为治疗乙肝,崔某花掉医药费几万元,后经多方努力查出,崔某是因为输血而感染上乙肝的。

请问:

(1)中国是否承认血液是产品的一种?崔某可以用中国的产品责任法要求赔偿吗?

(2)若此事发生在美国,血液可否视为产品而获得赔偿,为什么?

【必备知识】

一、产品责任法概述

(一)产品的概念

产品是构筑产品责任法体系和确立产品责任承担的基点。要承担产品责任法的责任,首先必须界定产品的概念。目前各国产品责任法中关于产品范围规定各不相同。

在1973年的《关于产品责任的法律适用公约》(简称《海牙公约》)第2条中规定:"产品是一切有经济价值的,能够提供使用和消费的物品,包括天然产品和工业产品,而不论是未加工还是加工的,是不动产还是动产。"

美国《统一产品责任示范法》指出:"产品是具有真正价值的、为进入市场而生产的,能够作为组装整件或者作为部件、零售交付的物品,但人体组织、器官、血液组成成分除外。"该定义用概括的方式,界定了产品的内涵。在司法实践中,法官出于各种对保护消费者和公众利益的考虑,常常会做出比法律条文更为宽松灵活的解释。例如,在兰赛姆诉威斯康星电力公司一案中,法院确认电属本产品。1978年哈雷斯诉西北天然气公司案,将天然品纳入产品范围。同年,科罗拉多州法院在一案中裁定,血液应视为产品。关于计算机软件是否属于产品,学者认为,普通软件批量销售,广泛运用于工业生产、服务领域和日常生活,与消费者利益息息相关,生产者处于控制危险较有利的地位,故有必要将普通软件列为产品。在美国,凡经过某种程度、某种方式加以处理的东西,包括任何可销售的(有偿转让),可使用或可移动的制成品,无论是工业的还是农业的,也不论是整件的还是部件、原材料等,只要由于使用它们或通过使用它们造成损害,都可归为产品责任法调整的"产品"范畴。不仅如此,美国产品责任中的"产品"概念已扩展到无形资产及土地上,甚至为了使消费者能够依据严格责任原则获取赔偿,越来越多的法院把房屋和出租的公寓等不动产视为产品。

《欧共体产品责任指令》规定,"产品是指初级农产品和狩猎物以外的所有动产,即使已被组合在另一动产或不动产之内。初级农产品是指种植业、畜牧业、渔业产品,不包括经过加工的这类产品,产品也包括电。"

我国《产品质量法》第 2 条规定:"本法所称产品是指经过加工、制作,用于销售的产品。建设工程不适用本法规定;但是建设工程使用的建筑材料、建筑构配件和设备,属本款规定的产品范围的,适用本法规定"。

综上对比,美国的产品责任法的产品范围是目前产品定义的范围较宽,能较大程度保护消费者权益的。相比之下,欧洲的产品定义范围就窄得多了。我国规定的定义中,直接把未经过加工的天然品(天然气、石油等),初级农产品,非为销售为加工、制作的物品如不动产、房产等建筑工程排除在外,这对实践中保护消费者利益很不利。

(二)产品缺陷的定义与分类

1. 产品缺陷的定义

各国产品责任法对产品缺陷一般没有确切的解释,只是概括、抽象的说明。美国产品责任法中缺陷产品的定义,在实践中引用得比较多的是《侵权法重述》(第二版)第 402A 节所界定的"不合理危险的缺陷状态"。该书中对"不合理的危险"的解释是:"超出了购买该商品的普通消费者以对它的特性的人所共知的常识的预期。"例如,威士忌是一种烈性酒,过量饮用会致醉。对于这种危险,正常的消费者都能认识到,因而不属于不合理的危险。但如果威士忌中被加入了工业用酒精,则属于不合理的危险,因为正常的消费者不会希望自己所购买的威士忌中含有会使人失明甚至丧生的工业用酒精。

2. 产品缺陷的种类

各国的法律与判例大致把产品缺陷分为四类。

(1)制造缺陷

制造缺陷是指由于制造过程中出现问题而产生的缺陷。判断一件产品是否为制造缺陷,标准在于产品是否存在危及人身、财产安全的不合理危险或产品的质量检查、工艺流程等不符合保障人体健康、人身和财产安全的国家或行业标准。

(2)设计缺陷

设计缺陷是指产品设计本身存在的缺陷。生产者在设计产品时,由于对产品可靠性、安全性考虑不足而造成产品缺陷,如配方错误、原理错误、结构设计错误等。

(3)指示缺陷

指示缺陷是指对一些具有特殊性质或必须采用特殊的使用方法的产品未作必要的说明或指示,或做了不真实、不完全的说明或指示,从而对消费者或使用者造成不合理的危险。

(4)警示缺陷

①警示缺陷的含义。《美国统一示范法》第104条(C)款对警示缺陷的解释是:"与产品有关的危险或对产品的正确使用没有给予适当警告或指示,致使产品存在不合理的不安全性。"这可分为"并非不合理的危险"与"不合理的危险"两种。许多产品都有一定程度的危险,例如,小到儿童玩具,大到电视机与汽车等。如果生产者与销售者对这类危险有恰当的警告与指示,指出产品的危险所在、正确使用与避免危险的方法,上述危险就是一种并非不合理的危险。如果没有或缺乏恰当的警告与指示,消费者对上述危险、正确使用与避免危险的方法一无所知或没有足够的了解,危险就是不合理的,产品就因此构成警示缺陷。也就是说,当一种产品有其内在危险时,法律就把向用户与消费者提出警示的义务施加给生产者与销售者。生产者与销售者没有履行其提出警示的义务,或者履行得不够,就构成侵权。

②警示缺陷的判断。一般而言,要求制造商对他所知道的或理应预见到的不太了解情况的任何使用者提供与其产品有关的危险的警示。这包括下面两个方面:

A. 警示义务的程度。一般规则是产品的最终使用者应得到警示。如果制造商知道或者应当知道产品具有危险性或者处于危险状态中,他就有义务把这些危险的警示给予那些可能预期接触并相应地面临这种产品的危险之人。

B. 警示的恰当性。警示必须足够明显醒目。警示的恰当性还包括内容的恰当与充分。警示的恰当性不仅通过表述什么,而且通过表述的方式来加以衡量。一个警示可以因为不正当地延迟、在语气上犹豫或缺乏急迫性而被认为不合理。如果没有在警示中指出后果,不正当地使警示的影响最小化或者不能使一般消费者合理地理解危险的性质,那么制造商就应当承担警示缺陷的责任。

(三)产品责任

产品责任是指产品的生产者或销售者因产品有缺陷,从而给消费者或使用者造成财产损失甚至人身伤亡时所应当承担的赔偿责任。

根据这个概念,产品责任具有以下四个特征。

1. 产品存在缺陷。这点很重要,已在上文详细说明。

2. 缺陷产品给消费者、使用者或第三人造成人身或财产上的损害。要求产品的制造者或销售者承担产品责任,首先要有缺陷产品造成了损害的事实。产品责任中的侵权责任不是以过错责任为必要条件,只要有因为产品的缺陷而造成财产损失与人身伤害的事实,侵权责任即告成立。

3. 产品责任是一种损害赔偿责任。在产品责任案件中,赔偿金额不只可以根据合同,而且根据产品责任制度确立的赔偿原则,补偿受损失者或受伤害者的全部损失。这种损失不仅包括过去的损失、实际的开支与将来的影响,而且包括其所受痛苦的代价。此外,赔偿金额必须一次性支付,并且不得扣除原告可能从其他途径取得的任何补偿或津贴,例如,保险赔偿或者社会救济金等。

4. 承担产品责任的主体

(1)承担产品责任的责任人。包括制造商、装配商、批发商、零售商、委托人与出租人等。凡是与商品产销有关的人,均被包括在内。但是产品责任人也有权向别人追偿,例如,如果零售商被判对其顾客负责,在多数情况下,他还可以从制造商或中间商处追偿他偿付别人的损失费用。

(2)受害者。严格产品责任法保护任何可预见因产品缺陷而遭受损害的人,除最后的消费者(买受人与使用人等)外,还包括其他旁观者。

(四)产品责任法的概念及特征

产品责任法是调整产品制造者或销售者因制造或销售的产品具有某种瑕疵或缺陷给产品消费者或其他第三者造成损害而引起的赔偿关系的法律关系的总称。

产品责任法的法律特征有:

1. 调整范围是消费者因缺陷产品所遭受的人身或除缺陷产品以外的其他财产损害赔偿关系。如:拜某购买一捆××牌啤酒,在家拿啤酒时啤酒瓶突然爆炸,飞溅的玻璃碎片将其左眼致伤。经治疗后,最终拜某左眼外伤性白内障,伤情被鉴定为伤残七级的重伤。经技术鉴定啤酒瓶爆炸原因是瓶内压力较大,瓶壁存在一定缺陷,在受到某种外部力量影响时爆炸。则爆炸造成的人身损害,属于产品责任法所调整的赔偿范围。

2. 调整对象主要是没有合同基础的侵权关系。例如啤酒在超市中陈列时爆炸,给周围顾客造成损害,即可依据侵权关系适用产品责任法。

3. 产品责任法的调整手段为强制性。产品责任法体现了现代商法发展的典型趋势即具有公法性和强行性,国家为保护处于弱势地位的公众消费者,产品责任的产生并非肯定以约定为先决,也不得以无约定来排除,而是国家法律予以保护。例如商家在搞"买一送一"的活动时称买电脑送U盘,顾客购买后发现赠的U盘产地和外包装上的不相符,则商家以U盘为赠品声称赠品不能更换或赔偿,出现问题概不负责,即使顾客以默示表示同意,该声明也是无效的。

4. 产品责任法的发展趋势是采取严格责任理论

严格责任比疏忽责任、担保责任能更大限度地保护受害人的利益,因而越来越多的国家在理论上或司法实践中都接受或运用了严格责任法理论。

【技能操练】

王小姐在快餐店购买了一杯热咖啡,在饮用时因为咖啡的温度过高,导致口腔被严重烫伤。快餐店说是因为王小姐自己饮用时不小心才导致的。那么王小姐还可以向快餐店索赔吗?

项目活动2　美国产品责任法的归责原则

【案例导入】

沃纳公司生产铝制家用小型梯子,在包装纸上写着:品质精良、轻便、耐用、安全等字样。在说明书中写道:该梯子能承重200磅(注:1磅=0.45359237kg)。康特尔(体重165磅)购买了该公司的梯子,使用时梯子突然断裂而摔伤,于是康特尔起诉沃纳公司要求赔偿。

请问:根据案例提供的信息,康特尔可以用产品责任法上的什么原则起诉沃纳公司?

【必备知识】

产品责任归责原则是指产品责任是基于什么原则产生的,即确定产品的生产者、销售者对其制造、销售的缺陷产品给他人造成的损害是以主观过错还是客观损害结果为基础承担损害赔偿责任的准则。产品责任归责原则决定了产品责任的构成要件、举证责任和赔偿责任的范围等,在产品责任法中具有非常重要的意义。

美国产品责任法在认定产品责任的归责原则方面主要有以下四种:

一、合同责任

英国是产品责任法的发源地。早在"1842年温特伯顿诉赖特"一案中确立了"无合同、无责任"的原则。美国在产品责任早期也援用了这个判例下的合同责任。但随着经济的发展,该原则下的受害者可以寻求救济的人仅仅限于有合同关系的当事人,这对于受害人是非常不利的。因此在19世纪50年代的几个案件的判决中,如1851年的"郎迈德诉霍利德案"和1852年"托马斯诉温切斯特案",都判决即便原告和被告之间没有合同关系,被告仍要基于有缺陷的产品所造成的侵权行为给予原告赔偿。

知识窗口

"1842年温特伯顿诉赖特"(Winter botton V. Wright)案

该案是英国关于产品责任最古老、最著名的案例。温特伯顿是英国驿站长雇用的一名马车夫,他的驿站长雇主与赖特订立了一份雇用合同,约定由赖特提供一辆安全的马车供雇主用于运送邮件。赖特按照约定将马车交给雇主,雇主让温特伯顿驾驶马车运送邮件。温特伯顿在驾驶时,马车的一个轮子突然塌架,造成温特伯顿受伤。为此,温特伯顿向赖特提起损害赔偿诉讼,要求赔偿损失。被告赖特认为原告温特伯顿不是合同的当事人,拒绝赔偿。法官审理后认为,尽管损害事实是由赖特提供的马车造成的,但合同责任仅仅存在于合同的当事人之间,对于非合同当事人的损害,商品的制造者或提供者无需赔偿。法院判决原告温特伯顿败诉,由此确立了"无合同、无责任"的原则,即在没有合同关系的情况下,缺陷产品的提供者对于受害人既不需要承担合同责任,也不承担侵权责任。

二、疏忽责任原则

疏忽责任原则,也称过失责任原则。疏忽责任是指产品的制造者或销售者在制造或销售产品的过程中存在疏忽,致使产品存在缺陷,从而使产品的消费者、使用者或其他人的人身或财产遭到损害而应承担的责任。该原则最早在“麦克弗森诉别克汽车公司案”中确立。它将产品责任纳入了侵权行为的范畴。该原则一经提出,马上在接下来的判例中被沿用,从而取代了合同责任原则。

美国产品责任法在认定疏忽责任时采用客观标准说。依据美国产品责任法,产品的制造者或销售者在制造或销售缺陷产品方面的“过失”是指违反了“合理的注意义务”。判断是否违反合理注意义务的标准是一个正常人的认识标准。疏忽责任原则确立了“基于侵权行为而承担责任的原则”。根据美国侵权法的有关规定,构成过失侵权必须满足几个条件:

(一)行为人必须有责任。被告人必须有责任进行某种行为或不作为以避免对他人造成损失。

(二)不履行责任。被告人没有按照法律要求履行自己应当履行的责任和义务。

(三)因果关系。原告人所遭受的损失或伤害必须同被告人过失行为存在紧密的因果关系。

(四)必须有实际的损失或伤害。

美国通过判例对疏忽责任原则的适用范围逐步扩张,在1961年的“波音公司诉布朗案”中,法院将设计缺陷上的过失也归入疏忽责任。审判实践中法院还把承担责任的主体范围扩大到零件制造商,包括零售商、批发商和出租人在内的中间商以及产品的其他提供者,有的案件还把修理商、建筑承包商也列入其中。

疏忽责任原则的适用不仅是产品的买方,而且任何他人只要由于产品的缺陷直接受到损害,都可以对该产品的制造者提起诉讼。但是原告负有举证责任,即既要证明被告有过失,还要证明产品的设计或制造有缺陷;上述缺陷保持到原告受害的时候;产品中的缺陷对原告来说是未知的,即必须是原告经过简单检查所不能发现的;原告对产品的使用与该产品的用途一致。在产品日趋专业化和高度科技化的条件下,要证明被告存在疏忽,原告往往缺乏足够的专业技能或相关知识,而且产品从设计到制造的整个程序都是制造商在操作,这使得原告举证被告的疏忽越加困难,甚至在某些时候,原告的举证是根本不可能的。因此法院又逐渐采取减轻原告举证责任的态度。

知识窗口

麦克弗森诉别克汽车公司案

1916年著名的纽约最高法院法官本杰明·卡多佐在“麦克弗森诉别克汽车公司”(Macpherson V. Buick Motor Co)一案中,创立了产品制造商“疏忽责任原则”。该案的背景是,被告是汽车制造商,原告从汽车零售商那里购买了被告制造的汽车。原告在驾驶汽车时突然翻车,被抛出车外,遭受伤害,车祸的原因是由于车轮破裂。虽然原告进行了合理的检查,也可能发现车辆存在的问题,但是法官认为:

"任何商品,依其本质如足以危害人的生命健康,均属危险产品,在制造人可知悉买受人以外的第三人会不经试验就使用该产品时,则不论当事人间有无合同关系,制造人对该产品负有注意的义务。""要求有直接的合同关系是不公平的,因为在大部分情况下制造者与他们的产品的消费者没有合同关系。"最后法院判决该被告负有疏忽行为责任,给予原告赔偿。该判例打破了传统的"直接合同关系原则",确立了如果因制造商或销售商的疏忽,致使产品有缺陷或者因出售这种有缺陷商品而使消费者的人身或财产遭受损害,就可以推定制造商或销售商犯有过失行为,应负赔偿责任,这就是所谓的疏忽责任原则。

纽约州法院通过对这个案件的审理,在美国侵权法中确立这样一个原则:只要原告能证明产品的瑕疵将会带来不合理的危险时,他就可以提起过失产品责任的诉讼。而并不需要原被告之间存在直接的买卖合同关系。

三、违反担保责任原则

违反担保责任原则,是指由于生产者或销售者违反了对产品的明示担保或法律规定的默示担保,致使产品存在缺陷,从而使消费者或使用者的人身或财产遭受损害,对此,产品的生产者或销售者应当对其担保承担赔偿责任。在1906年制定的《统一买卖法》中规定,担保是卖方承担责任的基础,并将担保分为明示担保和默示担保。

明示担保是指产品的制造商或销售商对产品在性能、质量等方面所做的事实上的确认或许诺以及对商品的任何说明。根据美国的产品责任法,广告也会构成明示担保。《侵权法重述》第402条就这么规定:商品的制造者,如通过广告、标签或其他方式对由其销售的产品的性能和质量方面的主要是事实向社会公众作出错误的说明,该制造商就必须对合理依赖这种说明而受到损害的消费者承担赔偿责任。即使这种误示并非故意或过失所致,或者该消费者并未向销售者购买该产品或与之发生任何其他合同关系,也应承担赔偿责任。

默示担保是指非依当事人的意思表示而是依据法律规定的一种法定责任。默示担保又分为商销性默示担保和适合特定用途的担保。商销性默示担保是指所出售的商品必须至少适用于使用该商品的通常目的。适合特定用途的担保是指担保所出售的商品适宜卖方对该货物的专门用途。

在英美法中,担保源于侵权行为,后来才成为合同法中的基本概念,但是始终没有丧失其在侵权行为法中的性质。由于担保的这种双重性,违反担保,除了负有合同责任外,依其情况,也可以构成侵权责任,而且基于被告违反其产品具有某种性质的明示担保以及具有可销性的默示担保并不依赖于对方对疏忽的举证,因此,美国法院将其适用于解决产品责任问题。

关于担保责任原则的适用,即在担保诉讼中,原告虽无需证明伤害或损害是由于被告的过失引起的,但仍须证明:

(一)伤害与损害的发生;

(二)产品存在缺陷;

(三)缺陷是构成伤害或损害的近因;

(四)确实存在担保以及被告违反了担保义务;

(五)他是担保的受益人或第三方受益人。原告在担保诉讼中还必须就被告违反担保给予及时通知,否则可能会阻止他提起诉讼。

知识窗口

"1953 年麦克白诉利哥特杂货公司"(Macabe V. L. K. Liggett Drug Co)一案,原告从被告处购买了一台咖啡机。当原告根据使用说明煮咖啡时,咖啡沸起喷到原告的脸上,造成严重的伤害。陪审团认为,咖啡机的滤器槽口不适合排放水烧开后产生的压力。因此法院判决,根据默示担保原则,被告仍然应负赔偿责任。

四、严格责任原则

严格责任是指生产者、销售者提供的产品存在缺陷,对消费者具有不合理的危险,且造成其人身或财产伤害,无论生产者、销售者是否存在过失均应承担赔偿责任。

美国法学会于 1965 年在《侵权法重述》(第二版)的第 402A 节中,采取了产品制造人严格侵权行为责任原则。它虽然不具有强制规范性,但是代表法学界权威的见解,常被法院引用,对美国法律有很大的影响。以下为 402A 节的全文:1. 任何产品因其瑕疵,对最后使用者或消费者的人身或其财产有不合理的危险者,于下述情形,出卖人对于使用人或消费者遭受人身上或财产上的损害,应负赔偿责任:(1)出卖人从事经营此种产品的买卖。(2)依所预期,商品到达使用人或消费者,仍保持出卖时的状态,并无实质改变。2. 前项规定,于下列情况,亦适用之。(1)出卖人对产品制造及销售已尽到可能的注意。(2)使用人或消费者与出卖人之间并无任何合同关系。

以严格责任为理由起诉和以疏忽为理由起诉的主要区别在于,疏忽是以卖方有无疏忽,即卖方是否尽到"适当注意"的义务作为确定其应对原告承担损害赔偿责任的依据,而严格责任则不必考虑卖方是否已做到"适当注意"的问题,即使卖方在制造或销售产品时已经做到了一切可能做到的注意,但如果产品有缺陷并且使原告遭受损失,卖方仍须对此负责。这里所指的卖方不仅包括同买方直接订立合同的卖方,还包括生产者、批发商、经销商、零售商以及为制造该项产品提供零部件的供应商。所谓买方也不仅包括直接买主,还包括买主的家属、亲友、客人乃至过路行人。所以,严格责任原则对消费者的保护是最为充分的。

同时,对原告来说,以严格责任为依据对被告起诉是最为有利的,因为严格责任原则消除了以违反担保或以疏忽为理由提出损害赔偿时所遇到的种种困难:

(一)严格责任是一种侵权行为之诉,它不同于以合同为依据的违反担保之诉,不要求双方当事人之间具有合同关系;

(二)在以严格责任为理由起诉时,原告无需承担证明被告有疏忽的举证责任,因为

它要求卖方承担无过失责任。在这种情况下,原告的举证责任仅限于:

1. 证明产品确实存在缺陷或不合理的危险;

2. 正是由于产品的缺陷给使用者或消费者造成了损害;

3. 产品所存在的缺陷是在生产者或销售者把该产品投入市场时就有的。

只要原告能证明以上三点,被告就要承担赔偿损失的责任。当然,被告有权进行适当的抗辩,以减免其责任。

这里所指的产品缺陷不仅包括设计和生产上的缺陷,而且包括为使产品安全使用所必需的各种因素,例如产品的包装与标签、提醒用户注意的事项以及安全使用说明书等。如果由于没有做到上述要求,致使用户或消费者遭受损失,卖方和制造者也应承担责任。

知识窗口

格林曼诉尤巴动力产品公司案

严格责任原则最早在"1963 年美国加利福尼亚州最高法院审理的格林曼诉尤巴动力产品公司"的判决中确定。该案成为全美第一个在产品责任中使用严格责任的案件。加州也成为全美第一个在产品责任中使用严格责任的州。

该案的案情是:原告从零售商处购得一种由被告制造的名叫"Shopsmith"兼有锯子与钻等多种功能的工具。在锯木时,该工具突然从装置的机器中飞出,撞到原告的额头,致使其遭受伤害。法院在该案的判决中明确地表示,制造者将其商品置于市场,知悉其将不会被检查是否具有瑕疵而被使用时,则就此项具有缺陷商品对人身所造成的损害,应负无过失责任,从而形成了新的产品责任法原则——严格侵权行为责任原则(doctrine of strict liability),又称"无过失责任原则"(doctrine of liability without fault)。

根据这项原则,只要产品有缺陷,致使消费者的人身或财产受到损害,则不论卖主与消费者之间有无合同关系,也不论卖主在制造或销售产品的过程中是否有过失,卖主都要承担赔偿责任。

综上所述,疏忽责任、担保责任与严格责任这三项原则构成各个独立的美国产品责任法体系,当然在某种程度上又有重叠性与相互影响性。由于美国是联邦制国家,无统一的私法,所以,各州所采用的产品责任法原则也不尽相同,但严格责任原则在确立后,便得到很大范围的使用。到 20 世纪 70 年代,美国 2/3 的州已经接受这个原则。

必须注意的是,原告在一次产品责任诉讼中可以把所有的原则都应用上,让法官裁定依哪项原则判决。如果原告愿意,而没有在一次诉讼中把这些原则都一起用上的话,根据"一事不再理"的原则,他就不得再以其他理由提起另一次诉讼了。

【技能操练】

Q 得知丰田公司在中国推出一款名叫"赛利卡"的新车,当时速超过 20 公里而前部受到坚硬物体碰撞时,其车的空气囊将瞬间自动弹出,以保护驾驶员头部和胸部不受伤害。Q 购置了一辆,某天晚上,Q 以 70 公里的速度行驶时不慎撞上侵华大学南墙,但空气囊未弹出,Q 当场被撞昏迷。

请问:Q 可以用产品责任法的哪些归责原则起诉丰田公司?

项目活动 3　产品责任的赔偿和免责

【案例导入】

玛丽将自己用过的小汽车折价卖给其朋友奥利,结果该车发生爆炸造成隋某受伤。

请问:玛丽是否应承担产品责任? 为什么?

【必备知识】

一、产品责任的赔偿范围

关于产品责任损害赔偿的范围,各国产品责任法及相关国际条约都有规定,但各不相同。美国的产品责任判例对原告可以提出的损害赔偿请求范围相当广泛,判决的金额也相当可观,通常都在 100 万美元以上,有时甚至高达上亿美元。具体来说,原告可以提出的损害赔偿范围主要有:

(一)人身伤害的损害赔偿

如果受害者由于产品的缺陷,遭受人身伤害,他可以向被告要求如下赔偿:

1. 合理的医疗费用;
2. 收入的减少和挣钱能力的减弱;
3. 身体残废;
4. 痛苦和疼痛;
5. 精神上的痛苦和苦恼。

美国法律不仅允许受害者要求被告赔偿医疗费用,还允许索赔肉体和精神上的痛苦,而后者的赔偿金额往往在全部赔偿金额中占很大比重,这是美国产品责任法的非常重要的特点。

(二)财产损失的损害赔偿

财产损失的赔偿通常包括替换受损害的财产或修复受损财产所支出的合理费用。

(三)商业性的损害赔偿

商业上的损害赔偿通常是指有缺陷的产品的价值与完好、合格的产品的价值(合同价金)之间的差价。

(四)惩罚性的损害赔偿

《美国统一产品责任示范法》第 102 条 A 款规定:“原告通过明显的和令人信服的证据证明,由于产品销售者对于产品使用者、消费者或可能受到产品损害的其他人员的安全采取轻率漠视态度,致使原告遭受损害的,原告可得到惩罚性赔偿。”惩罚性损害赔偿不是以补偿受害人的实际损失为目的,而是作为补偿性赔偿之外的一种附加进行判处的,其主要目的就在于惩罚和制止不法行为人。“它们不仅宣示了法院对被告行为的不认可,且意在制止他人重犯这种行为,并且有可能进一步地制止其他人效法这种行为。”在具体的产品责任案例中,法院是否判决被告向原告支付惩罚性赔偿,以及具体支付多少赔偿额,由陪审团根据被告的过失或财力来决定。如1999年7月9日,美国加州一法庭裁定通用汽车公司已知某型小汽车设计存在安全隐患,但为减少成本而未做修改,导致6人因车祸被严重烧伤。该裁决要求通用汽车公司支付受害人损失赔偿金1.07亿美元,惩罚性损害赔偿48亿美元。

二、产品责任的免责

免责是指产品责任的承担者可以依据法定的免责事由提出合理的抗辩以对抗受害人损害赔偿的要求,免除自己的赔偿责任。被告可以提出的抗辩根据原告起诉的诉因之不同而有所不同。被告的抗辩主要有以下几种:

(一)担保的排除或限制

美国《统一商法典》允许卖方排除其对货物的明示担保与默示担保(例如商销性的担保与适合特定用途的担保等)。在产品责任诉讼中,如果原告以被告“违反担保”为理由对其起诉,被告如果已经在合同中排除了各种明示或默示担保,他就可以提出担保已被排除作为抗辩。但美国1974年《马格纳森—莫斯担保法》(Magnuson - Moss Warranty Law)规定,为了保护消费者的利益,在消费交易中,卖方如有书面担保就不得排除各种默示担保。此外,这项抗辩仅能对抗以“违反担保”为理由起诉的原告,而不能用来对抗以“疏忽”为理由起诉的原告,因为后者是属于侵权之诉,不受合同中关于排除明示或默示担保义务的制约。依合同约定而免除是指当事人之间对于货物的缺陷可能引起的损害必须以合同中的约定限制其责任,但是,当事人之间的约定以不得妨碍公共政策为限。

(二)疏忽分担

疏忽分担指受害人因其过失对于产品的缺陷未能发现或对于缺陷可能引起的损害未能适当预防,那么应当负担其中一部分责任。但是需要注意的是,在严格侵权责任案件中,疏忽分担在被加害者引用来抗辩时,其效力将受到很大的限制。

疏忽分担分为两种情况:已有疏忽与相对疏忽。

已有疏忽是指原告在使用被告所提供的有缺陷的产品时也有疏忽之处,由于双方的疏忽而使原告受到伤害。根据普通法早期所确立的原则,已有疏忽在侵权之诉中是一种充足的抗辩理由。因此,在以疏忽为依据提起的产品责任诉讼中,如果一旦确认原告有“已有疏忽”,原告就不能向被告要求任何损害赔偿。但是后来,美国许多州已通过立法或判例放弃了已有疏忽原则而采用相对疏忽原则。

相对疏忽是指尽管原告方面也有一定的疏忽,但是法院只是根据原告的疏忽在引起损害中所占的比重,相对减少其索赔的金额,而不是像与有疏忽那样使原告不能向被告请求任何损害赔偿。现在,美国许多州都使相对疏忽原则适用于严格责任之诉。

应当指出的是,无论是已有疏忽还是相对疏忽都属于侵权范畴,被告只有在侵权之诉中才能提出这些抗辩,而不能在合同之诉(例如违反担保之诉)中提出这种抗辩。

(三)自担风险

自担风险是被告在产品责任诉讼中可以提出的另一种抗辩。所谓自担风险是指:

1. 原告已经知道产品有缺陷或带有危险性;

2. 尽管如此,原告也甘愿将自己置于这种危险或风险的境地;

3. 由于原告甘愿冒风险而使自己受到损害。根据美国法的规定,无论原告是以被告违反担保还是以疏忽或严格责任为由起诉,被告都可以提出"自担风险"作为抗辩。例如,药品说明书上明示了"多服时有副作用,使用时需遵医嘱"等警示文句,如果不根据指示擅自服用而受害时,其受害责任应当由本人负责,而制造厂商根据这种警告的内容可减免其责任。

如果使用者或消费者已经发现产品有缺陷,而且知道有危险,但他仍然不合理地使用该产品,并因而使自己受到损害,他就不能要求被告赔偿损失。但是,在采用前述"相对疏忽原则"的各州中,有些州已不再把自担风险作为完全阻止原告索取任何赔偿的抗辩,而只是把原告的疏忽作为减少其索赔金额的依据。

(四)非正常使用产品或误用与滥用产品

在产品责任诉讼中,如果原告由于非正常地使用产品或误用与滥用产品,使自己受到损害,被告可以以此为理由提出抗辩,要求免除责任。但是,当被告提出原告非正常使用产品或误用与滥用产品的抗辩时,法院往往对此加以某种限制,即要求被告证明原告对产品的误用或滥用已超出了被告可能合理预见的范围。如果这种对产品的误用或滥用是在被告可能合理预见的范围之内,被告就必须采取措施加以防范,否则就不能免除责任。

(五)擅自改动产品

如果原告对产品中部分零部件擅自加以变动或改装,从而改变了该产品的状态或条件,致使自己遭受损害,那么被告就可以以原告擅自改变产品的状态或条件为理由提出抗辩,要求免除责任。

(六)带有不可避免的不安全因素的产品

如果某种产品即使正常使用,也难以完全保证安全,而且权衡利弊,该产品对社会公众是有益的,是利大于弊的,则制造或销售这种产品的被告可以要求免除责任。其中,以药物最为典型,因为有些药物不可避免地含有某种对人体有害的副作用,但又确能治疗某些疾病。在这种情况下,制造和销售这种产品的卖方只要能证明,该产品是适当加工与销售的,而且他已提醒使用者注意该产品的危险性(例如药物的副作用),他就可以要求免责。至于"发展风险",即将产品投入流通时的科学技术水平尚不能发现之缺陷是否可作为抗辩理由,多数州将其作为免责条件。即使在严格责任之诉中,被告也可以提出这些抗辩。

(七)关于诉讼时效

在美国,各州对产品责任诉讼时效的起算方法有较大差异。《统一产品责任示范法》

建议,一般诉讼时效为2年,从原告发现或者在谨慎行事情况下应当发现产品的损害及其原因时起算。该示范法还通过规定产品的安全使用期来体现最长诉讼时效,即规定10年为最长责任期限,除非明示了产品的安全使用期长于10年。

(八)政府合同

在某些销售者和政府进行的商业交易中,如果销售者在销售前已经明确警告或告示该产品存在的某种风险,而且该产品的销售又是通过规定的条款或政府的合同所允许的,该产品的质量也符合与政府合同中的规定,此种情况下,政府一方不能对该销售者提起产品责任诉讼。

(九)其他

产品责任的免责除了以上的事由之外,还有1)生产者未将产品投入流通领域;2)产品投入市场时引起损害的缺陷并不存在;3)产品不是为了营利目的而生产、销售的;4)产品的缺陷是由于遵循政府的强制性规定而导致的;5)产品缺陷是将其投入流通时的科技水平尚不能发现的。

知识窗口

美国产品责任法的管辖

美国的产品责任法虽是国内法,但它在某些情况下也可适用于涉及产品责任的对外经贸争议案件。

当美消费者或用户在美法院对外国出口商或生产者提起产品责任诉讼时,美法院首先要确定它对该案是否有管辖权,特别是有无对人的管辖权的问题。总的来说,美国法院有一种扩大管辖权的倾向。美国各州都制定了一些法律用以确定法院对不居住在美国的被告是否享有对人的管辖权的标准。

关于产品责任法的诉讼,目前美国采用所谓"长臂法"(long - arm statute),又称"伸手管辖法"。它是指法院可以对不在本州内接受传票直接送达的非居民被告取得对人的司法管辖权。这是由于产品责任案是对人的诉讼,而根据美国宪法第五条修正案,只要被告与审判地有某种"最低限度的联系",则州法院对非本州的居民有司法上的管辖权。

"长臂法"是美国产品责任法中有关管辖权问题的法律规范。最初,对产品责任在诉讼程序上规定不得在原告所在州提出指控他州居民的诉讼。但是,由于后来州际产品流通频繁,经济交往越来越多,不少州于20世纪50年代起通过了"长臂法",承认法院有对外的管辖权,使得州内的受害者可以在州所在地法院控告他州(或他国)的加害者。所谓"最低限度的接触",是指被告经常地、直接地或通过代理人在该州境内从事商业活动,或因其行为或不行为在该州境内造成了损害,只要符合这一标准,法院就有权受理案件并作出判决。一旦法院作出判决,原告就可以向被告所在州或所在国的法院要求承认并执行这一判决。

美国法院有关“长臂法”管辖的产品责任案例，确立了在以下四种要件情况下，州法院有权管辖州外的加害者。

1. 有“接触”关系

在“1961年格雷诉美国散热器及标准卫生公司”（Gray V. American Radiator &Standard Sanitary Corp）一案中，对于在美国宾夕法尼亚州的零件制造厂制造的加热器（heater）在伊利诺伊州发生爆炸，而爆炸的主要原因是该加热器有缺陷，伊利诺伊州法院认为，零件制造厂在本案中其销售活动已经构成了与伊利诺伊州有“接触”，因此，伊利诺伊州法院有管辖权。

2. 有“商业交易”

在“1965年塔卡国际航空公司诉英格兰罗尔斯－罗伊斯航空有限公司”一案中，英格兰航空有限公司的一架飞机在美国境外坠毁。原告以该公司有过失为由提起诉讼。法院认为，英格兰航空有限公司的分公司在纽约州有营业活动，因此，纽约州法院对伦敦的总公司有管辖权。

3. 有“预见的可能性”

在“1969年双体汽车有限公司诉霍林斯沃思”（Double Motor Bodies Ltd. V. Hollingsworth）一案中，美国夏威夷州一原告乘坐英国制造的观光汽车时，因汽车发生故障而受伤，其向汽车制造厂提起诉讼。法院认为，该汽车由制造厂明知在夏威夷州使用而设计，经过通常交易途径出售时，应负担其可能预见由于产品缺陷所致损害的责任，因此，判决夏威夷州法院有管辖权。

4. 有“经商行为”

在“1971年本诉林登起重机公司”（Benn V. Linden Crane Co.）一案中，法院对于在瑞典有营业所的被告所制造的起重机，在美国宾夕法尼亚州发生故障致使原告受伤害的案件，认为被告将该起重机经中间商以间接运送方式送到宾夕法尼亚州出售，此种行为即可以构成宾夕法尼亚州法律所指的“经商行为”的要件，因此，判决法院有管辖权。

此外，美国不仅有一套完整的产品责任理论，而且还制定了一系列具体的法规，以及有相应的执法机构实施，以便最大限度地保护消费者的利益。

【技能操练】

威尔是一名牌化妆品公司的员工，该公司生产的一种化妆品尚未正式投入市场，威尔为讨其女朋友欢心，把这种化妆品送给茜茜，结果造成茜茜脸部严重受损。茜茜因此向化妆品公司索赔。

请问：茜茜能得到赔偿吗？

项目活动4　关于产品责任的国际公约

【案例导入】

Z国公民A听说日本的食品很昂贵,便在去日本旅游之前在国内购买了很多本国产的方便面,由于购买的方便面不符合卫生标准,A在日本食用时中毒,为此花去数万元的医疗费和康复费数万日元。

请问:依《海牙公约》,该方便面的生产商应依据哪国法对A的损失承担责任?

【必备知识】

国际贸易的急剧增长使各国产品在国际范围内的流动日益频繁,国家之间的产品责任争端日益突出。二战后,为提高产品质量,保护消费者的合法权益,对产品责任进行国际调整,各国对此越来越予以重视。一些国家和区域性组织就产品责任缔结了相关的国际公约以减少国与国之间产品责任的法律冲突。产品责任方面的区域和国际性公约主要有:欧共体1977年和1985年制定的《斯特拉堡公约》和《关于有缺陷产品责任的指令》、《海牙公约》等。

一、《斯特拉堡公约》

《斯特拉堡公约》是《关于人身伤害和死亡的产品责任公约》的简称。是由欧洲理事会花了3年时间拟订出来,并于1977年1月27日缔结于法国的斯特拉斯堡,供开放签字参加。奥地利、比利时、法国和卢森堡等国家签署了该公约。该公约由正文与附件组成,其主要内容如下:

(一)适用原则

适用原则抛弃了传统的过失责任原则,采取了严格责任原则。但是生产商对产品责任的损害赔偿范围仅限于人身伤害与死亡,不包括对财产所造成的损失。

(二)对产品“瑕疵”作出了规定

该公约第3条规定,如果某产品没有向有权期待安全的人提供安全,该产品即为有“瑕疵”,生产者与销售者应当承担由其产品的瑕疵而造成的死亡或人身伤害的赔偿责任。

(三)生产商的范围及责任

《斯特拉堡公约》对生产商作出了明确的规定:1. 制造商,包括成品或零配件的生产者、天然产品的生产者与组装商;2. 产品进口商;3. 名称或商标出示者;4. 产品供应商。规定了生产商必须承担无过失责任,除非产品供应商在合理的时间内能辨明该产品的真正生产者。

(四)生产商的免责事由

公约规定以下情形下可免除生产商的责任:1)生产商未将产品投入流通;2)产品投入流通时产品缺陷并不存在,或产品缺陷是投入流通后产生的;3)该产品并非为销售、出租或其他经济目的而造成的,也不是按惯常商业做法制造或经销的;4)受害人的损害是因自己的过失造成的。生产者主张上述免责事由时,负有举证责任。

(五)赔偿限额

公约在附录中规定,各缔约国在签字或交存其批准书时,可以宣布保留其由国内法规定的赔偿限额的权利,但是对每一位死者或受到人身伤害的人的赔偿限额不得少于20万德国马克;对于具有相同缺陷的同类产品所造成的一切损害,赔偿限额不得少于或相当于3000万德国马克,或等值的其他货币。

(六)诉讼时效

对因产品责任事件而发生的诉讼规定了两个时效:1. 受损害者提起诉讼的时效,期限为3年,从受损害者知道或应当发现损害、缺陷与生产商身份之日起算;2. 生产商对其产品所造成的损害承担责任的时效,期限为10年,从该产品投入流通之日起算。

(七)"责任主体"的规定

对"产品"与"责任主体"规定的范围比较小,各国可以对农产品提供者的准生产者责任提出保留,即农产品的提供者可以不负准产品生产者的责任,从而可以把农产品排除在"产品"之外。

二、《关于有缺陷产品责任的指令》

为了协调欧洲共同体各成员有关产品责任的法律,欧洲共同体理事会组成了专家委员会,于1976年完成了《关于有缺陷产品责任的指令》(以下简称《指令》)的草案,并于1985年7月25日通过了《指令》,要求各成员国在1988年8月1日以前采取相应的立法加以实施,但是允许其有某些取舍的余地。

《指令》共有22条,其主要内容如下。

(一)产品责任的适用原则

《指令》对产品责任放弃了欧洲大陆法传统的过失责任原则,采用无过失责任原则。作出这种改变的主要出发点是使消费者获得更充分的保护。当代技术产品纷繁复杂,需在生产者与消费者之间适当分摊风险。而在两者间,生产者处于更有利地位,他们能够而且应当通过严格的设计、加工与检验程序尽量减少产品的危险性,且还可以通过产品的责任保险,将保险费加在货价中从而使自己获得保障。因此,在立法指导思想上就应当加重生产者的责任,使消费者受到更加有力的保护。基于此,《指令》明确规定,在产品责任诉讼中,受害的消费者只需证明他受到损害与产品有缺陷的事实,以及两者之间存在因果关系,即可使该产品的生产者承担责任,无须证明生产者有过失。

(二)关于生产者的定义

《指令》对生产者所下的定义是广义的,它包括如下方面:1)制成品的制造者;2)任何原材料的生产者;3)零部件的制造者;4)任何将其名称、商标或其他识别标志置于产品之上的人;5)任何进口某种产品在共同体内销售、出租、租赁,或在共同体内以任何形式经销该产品的人;6)如果不能确认谁是生产者,则该产品的供应者即被视为生产者,除非受损害的消费者在合理的时间内得到生产者已被查获的通知。

（三）关于产品的定义

《指令》的另一项重要内容是确定该指令所指的"产品"的定义。根据《指令》的规定，所谓产品，是指可以移动的物品，但是不包括初级产品与赌博用品。但各成员国可以通过国内立法，将上述两种产品包括在"产品"的定义范围之内。至于经过工业加工的农产品则包括在产品的范围内。

（四）关于"缺陷"的定义

《指令》对缺陷的定义采用客观标准。根据这种标准，如果产品不能提供一般消费者有权期望得到的安全，则该产品被认为是有缺陷的产品。在确定产品是否有缺陷时，要考虑各种情况，其中包括：产品的状况、对产品的合理预期与使用、将产品投入流通领域的时间。不能因为后来有更好的产品投入市场，就认为先前的产品有缺陷。

（五）关于损害赔偿

根据《指令》的规定，可以请求损害赔偿的范围，主要包括人身伤害与死亡。对有缺陷的产品自身的损失，一般不予以考虑。对不超过500欧洲货币单位的损害亦不予以考虑，以免引起过多的小额诉讼。特别需要指出的是，《指令》对"痛苦"的赔偿有所保留，它认为这是属于非物质性的损害赔偿，应当根据有关国家的国内法作出处理。这一点与美国产品责任法有所不同。

（六）对产品责任的抗辩

根据《指令》的规定，在产品责任诉讼中，被告可以提出以下三种抗辩。

1. 无罪责。生产者能证明他没有罪责就可以不承担责任。这主要包括以下六种情况：1）该生产者并没有把该产品投入市场。2）引起损害的缺陷在生产者将产品投入市场的时候并不存在，或者这种缺陷是在后来才出现的，例如，是由于对产品的不适当使用而引起的。3）生产者制造该产品并非基于经济目的用于销售或经销，也并非在其营业中制造或经销。4）该缺陷是由于遵守公共当局发布的有关产品的强制性规章而引起的。5）根据生产者将产品投入市场的时候的科技知识水平，该缺陷不可能被发现。这种抗辩又称为"发展的风险"或"现有水平"抗辩。由于各成员国的法律对这种抗辩持不同的态度，因此，《指令》允许各成员国在各自的法律中对是否采用这种抗辩自行作出取舍。6）零件的制造者如果能证明该缺陷是由于该产品的设计所致，而不是零件本身的缺陷，则可以不承担责任。

2. 时效。在产品责任诉讼中，时效已过也是重要的抗辩理由。《指令》对时效作出了以下规定：1）受损害者的权利自生产者将引起损害的产品投入市场之日起10年届满即告消灭，除非受害者已经在此期间对生产者起诉；2）《指令》要求各成员国必须在其立法中规定提起损害赔偿诉讼的时效，该诉讼时效为3年，从原告知道或理应知道受到损害或产品有缺陷及谁是生产者之日开始计算。《指令》对时效的中止与中断没有作出规定，因此，有关时效中止与中断的问题，应根据所适用的国内法处理。

3. 赔偿的最高限额。生产者的责任原则上应当是没有限制的,但是《指令》允许成员国在立法中规定,生产者对由于同一产品与同一缺陷引起的人身伤害或死亡的总赔偿责任不得少于7000万欧洲货币单位。

此外,《指令》还规定,生产者不得以合同或其他办法限制或排除其对产品的责任。这表明产品责任属于强制性的法律规定,不能由当事人以合同任意予以排除或限制。

三、《海牙公约》

该公约全称《产品责任法律冲突规则公约》。1972年第十二次海牙国际私法会议制定,于1973年10月2日签订,1979年10月1日起生效。批准该公约的国家包括法国、荷兰、挪威、南斯拉夫、比利时、意大利、卢森堡、葡萄牙与奥地利等。

公约所指的"产品"包括天然产品与工业产品,不论是未加工还是加工,是动产还是不动产。"损害"是指由于产品本身的缺陷,或产品本身虽然没有缺陷,但是由于对产品所作的错误说明或未能适当地告知产品的质量、特点或使用方法,致使消费者或使用者在使用时造成的人身及财产的损害以及经济损失。对产品损害应负责赔偿的人员,包括制成品或零部件的制造商、天然产品的生产商、产品的供应商、产品制造或商业分配环节中的其他人员,甚至包括修理人员、仓库管理员以及上述列举人员中的代理人或雇员。

该公约规定,法律适用规则采用下列三项原则:1)以损害地国家的国内法为基本适用法律,以直接受损害人的惯常居住地或被请求承担责任人员的主要营业地或直接受损害人员取得产品地的法律为适用的法律;2)以直接受损害人的惯常居住地的国内法为基本的适用法律,以被请求承担责任人员的主要营业地或直接受损害人员取得产品地的法律为适用的法律;3)在其他情况下,则可以适用该产品的制造商或供应商主营业地国的法律,或者如果原告愿意的话,也可以适用损害发生地的法律。这些规定对受损害的消费者是有利的。

【技能操练】

马克是某大学学生,一次在学校餐厅吃饭时,火鸡里一块骨头刺伤了他的喉咙。

请问:依据《斯特拉堡公约》,马克能否起诉提供火鸡的农场主?

项目活动5 产品责任法的新发展

【案例导入】

美国公民马科斯酷爱抽烟,为参加抽烟比赛获得5万美元的奖励而在家练习,在连续吸食六十根香烟后猝死。

请问:马科斯的家人是否可以获得赔偿?

【必备知识】

20世纪90年代,如何保护环境问题已经成为人类共同关注的焦点。1992年6月,183个国家和地区的代表,其中包括102个国家的元首与政府首脑,参加了在巴西里约热内卢召开的联合国环境与发展大会,通过了《环境与发展宣言》、《21世纪议程》与《关于森林问题的原则声明》三项重要国际文件。这次会议的召开与文件的发表，说明环境问题已经成为全人类关注的大问题，世界各国已经将环境问题提上了议事日程。由于环境保护意识的增强，国际产品责任法有了新的发展，主要表现在以下三个方面：

一、"召回制"成为产品责任的发展趋势之一

由于现代科学技术的发展、产品生产制造过程的复杂程度以及市场竞争激烈等方面的原因，许多经济发达的国家甚至发展中国家都爆发了大量因产品缺陷造成的公共安全问题。为最大限度地解决此类问题，这些国家的立法机构陆续制定了一系列法律法规，授权政府有关行政部门对缺陷产品问题进行管理，使之日益成为缺陷产品危害问题解决机制中不可替代的重要组成部分。其中召回缺陷产品即其一例。

欧、美、日等国家和地区所建立与实行的缺陷产品召回管理制度，均以较为完备的法律为基础。政府部门实施缺陷产品召回管理的职能与程序等，都由相应法律与法规加以明确规定；对于缺陷产品的制造商与销售商、修理商等所应当承担的民事责任、刑事责任、行政责任以及有关的义务，也都有明确的规定。缺陷产品召回管理制度的有关法律既包括针对所有产品的一般法，也包括针对特定产品的特殊法。

1. 在美国，消费品安全委员会(CP－SC)根据《消费品安全法》赋予其主管一般消费品安全与召回事项的权利；国家公路交通安全管理局(NHTSA)主管机动车安全与因系统性缺陷而发生的召回管理事项；各州自行制定的《柠檬法》(Lemon Laws)或称《次品法》(Defective Product Laws)则用以解决汽车存在的偶然性缺陷问题。对于在其国内市场上销售的进口外国产品，一般都将进口商确定为责任主体，使其承担一旦需要时进行缺陷产品召回的相关义务；对于本国出口产品存在的缺陷问题，政府管理部门的主要工作在于与进口国的有关部门进行相关协调。以轿车为例，国际上几乎每种型号的轿车都曾因存在系统性缺陷而进行过一次或多次召回。

2. 在欧洲，此类法律包括欧盟各成员国均应遵守的关于"一般产品安全"的第92/59/EEC号法令(GPS法令)与各成员国转化此法的国内法。

3. 德国的《产品安全法》、《设备安全法》与《建筑产品安全法》等；在美国，有《消费品安全法》与《国家交通和机动车辆安全法》等。

4. 在日本，则有《公路运输车辆法》等。

在这些国家，针对不同的缺陷产品，都有相应的专门法律与法规赋予某一特定政府部门制定与实行各种具体规定和办法，并据此进行管理。

二、推行生产者延伸责任制

生产者延伸责任制是指电子产品的生产者不仅要对生产过程中的环境污染负责，还要对产品在整个生命周期给环境造成的影响负责，尤其是负责承担产品废弃后的回收和处理成本。这种环保与产品责任相互结合的制度是传统"污染者付费原则"的延伸与深化。

20 世纪 90 年代以来,美国、欧盟和日本等国家和地区对产品实行"一条龙"式的管理和责任,即生产者不仅要对产品的生产与销售负责,而且要对其废物的处理与回收负责,以便保护环境。目前欧、美、日等国家和地区已经制定了有关的法律。

2000 年 5 月 26 日,日本参议院通过了《循环型社会基本法》。该法旨在减少废弃物,彻底实现循环利用;同时该法也规定了"生产者责任",即规定从产品制造到产品作为废弃物处理,生产者都要负一定的责任。

2001 年 4 月 1 日,日本《家用电器再循环法》生效,其目的是从大量生产与消费的社会向"循环"社会过渡,控制资源消耗与减少产品浪费。家用电器包括空调、电视机、电冰箱与电动洗衣机。该法规定制造商与进口商承担再循环责任,要求零售商具体承担收集与运输这些电器,并且进行再循环的责任;同时消费者也必须承担支付再循环的责任。

2003 年 7 月,日本通过了全球第一个《汽车回收法》,于 2005 年 1 月开始实施。该法旨在有效处理日本每年 400 多万辆报废汽车,大幅度减少对自然环境的污染,同时规定车主承担自己汽车的回收费用。

2005 年 8 月 13 日,欧盟各国正式开始实施《废弃电子电器设备指令》。该指令明确规定电子废弃物的回收标准,并规定生产商应承担回收责任,即包括进口商和经销商在内的"电子电器生产商",必须负责处理进入欧盟市场的废旧电子电器产品,并承担相应的回收费用。

三、推动全球烟草控制

在世界卫生组织(WHO)的大力倡议与积极推动下,保护人类健康、控制烟草已经摆上了世界各国政府的议事日程。该组织起草了《烟草控制框架公约》,其成员国代表经过三年的艰苦谈判达成一致。该公约于 2003 年 5 月 21 日经世界卫生大会 192 个成员一致通过,并于 6 月 16 日开始正式签署,在获得 40 个成员批准后已经立即生效。该公约明确指出,吸烟会引起上瘾,吸烟与被动吸烟会导致"死亡、疾病和丧失机能",并呼吁对目前吸烟儿童与青少年日益增多、烟草广告与促销手段产生的影响提高警惕。根据世界卫生组织的最新统计,目前全球每年有 500 万人因吸烟而死亡,如果不加控制,到 2010 年吸烟致死的人数将增加一倍。公约要求各国至少应该以法律形式禁止误导性的烟草广告,禁止或限制烟草商赞助的国际活动与烟草促销活动,镇压烟草走私,禁止向未成年人出售香烟,在香烟盒上用 30% ~50% 的面积标明"吸烟危害健康"的警示,以及禁止使用"低焦油"与"清淡型"之类欺骗性词语。此外,公约还要求各国的烟草税收与价格政策应该以减少烟草消费为目标,禁止或限制销售免税烟草;室内工作场所、公共场所与公共交通中应该采取措施,以免人们被动吸烟。这是世界各国第一次对某一产品的生产、销售及其后果的"控制",对国际产品责任法将产生重要的影响。中国于 2003 年签署了该公约,2005 年 10 月获得批准,2006 年正式成为该公约成员国。

知识窗口

在美国国内，烟草诉讼此起彼伏，赔偿金额史无前例。2000 年 7 月 14 日，美国佛罗里达州迈阿密的一个陪审团作出裁决，要 5 家最大的烟草公司向原告赔偿 1448 亿美元。两年前，该州大约 70 万吸烟者集体控告烟草公司。原告律师曾要求烟草公司赔偿 1960 亿美元，但是，经过陪审团的 3 次审议，最后作出此裁决。此前，美国的吸烟赔偿案时有发生，但都是吸烟者亲属提出起诉，作为个案处理，其影响与赔偿金额就相对小得多。这次是包括烟民在内的集团诉讼，声势不小，赔偿数字巨大，具有惩罚性，是美国历史上最大的产品责任赔偿案。

2009 年 6 月 11 日，美国参议院通过一项法案，将烟草生产、销售和广告管理权授予食品和药物管理局（FDA）；这是美国历史上国会首次授权政府机构对烟草产业实行管理。该法案旨在约束烟草生产商，减少烟草对人们尤其是青少年的危害。

【技能操练】

2011 年 11 月 24 日，克莱斯勒公司向美国国家公路交通安全管理局（NHTSA）提交一份文件，称该公司将召回旗下一定数量的 2012 款菲亚特 500 微型车以及道奇旅行款 SUV（运动型多功能车）。本次召回原因在于这些车型的制动系统制动液存在一定问题可能导致刹车失灵。经销商将免费为所有召回范围内的汽车更换制动组件。

请问：召回制是一种什么样的制度？其好处是什么？

项目活动 6　中国的产品责任法

【案例导入】

中国某外贸公司从日本原装进口数码相机 500 台，在销售过程中，客户发现该数码相机只有日文说明没有中文说明，遂产生疑问。对此外贸公司经理称，这些标志和说明都是相当基础的东西，一般人都能理解，不用再进行说明了，而且全是日文才能体现是进口货。

请问：外贸公司经理的说法合法吗？

【必备知识】

一、1993 年以前中国的产品责任法状况

在 1993 年以前，中国没有专门的产品责任法，只有一些分散的单行立法。例如 1987 年 1 月 1 日起施行的《民法通则》，1986 年 4 月 5 日国务院颁发的《工业产品质量责任条例》，以及《产品质量监督试行办法》、《工业产品生产许可证试行条例》等。其中最重要的是《民法通则》，该法对产品责任规定的主要内容如下：

1. 关于产品责任法的适用范围

《民法通则》第 122 条规定："因产品质量不合格造成他人财产、人身损害的，产品制造者、销售者应当依法承担民事责任。运输者、仓储者对此负有责任的，产品制造者、销

售者有权要求赔偿损失。”

2. 关于承担赔偿责任的原则

该法采用过失责任与无过失责任相结合的原则。《民法通则》第 106 条规定,公民、法人由于过错侵害他人财产或人身的,应当承担民事责任。《民法通则》第 132 条规定,当事人对造成损害都没有过错的,可以根据实际情况,由当事人分担民事责任。

3. 关于产品范围与产品缺陷

关于产品的范围,中国有关法律与条例没有作出明确的规定,基本上是指工业制成品,包括原材料、零部件、食品与药品等。

关于对产品缺陷的解释也没有明确的规定,只是指“产品质量不合格”。所谓“不合格”,是指产品质量不符合国家的有关法规、质量标准以及合同规定的对产品适用、安全与其他特征的要求。

4. 关于赔偿损失的范围

《民法通则》第 134 条规定,这种损失的赔偿范围是指“实际损失”。而这种“实际损失”的范围,要比发达国家与国际产品责任法的规定小得多。

5. 关于产品责任的诉讼时效

《民法通则》第 136 条规定,身体受到伤害要求赔偿的,出售质量不合格的商品没有声明的,其诉讼时效期间为 1 年,从知道或者应当知道权利被侵害时计算。这个时效也比发达国家与国际公约规定的时效要短。

二、新产品质量法

1993 年 2 月通过了《产品质量法》,对产品、缺陷、赔偿范围等进行了全面规定,不仅提升了产品质量法的立法规格,而且提高了对受到产品侵害的消费者的保护力度,增加了法律实施的可操作性。

2000 年 7 月,第九届全国人民代表大会第十六次常委会对《产品质量法》进行了修订,一方面强化了产品质量的行政管理和行政责任,另一方面增加了残疾赔偿金和死亡赔偿金等精神损害的内容,扩大了人身伤害赔偿的责任范围。

此外,《食品卫生法》、《药品管理法》、《民事诉讼法》以及《合同法》等法律也在各自的调整范围内对产品质量做相应的规定。尤其是 1994 年 1 月 1 日生效的《消费者权益保护法》明确规定了经营者向消费者承担的各项产品质量的义务和责任。将其中的经营者向消费者承担的保证产品安全义务作为首要义务,并规定了因经营者产品缺陷造成消费者人身和财产损害的产品责任。

中国的产品质量法是国家关于产品质量的法律规范的总称。产品质量责任是指因为产品质量不符合有关规定或要求,给用户造成损失之后所应当承担的赔偿责任。产品质量是国家有关法规、质量标准与合同规定的对产品的适用、安全以及其他特征的要求。

(一)关于产品的定义

该法第 2 条第 2 款规定:“本法所称产品是指经过加工、制作,用于销售的产品。”第 3

款规定:"建设工程不适用本法规定;但是,建设工程使用的建筑材料、建筑构配件和设备,属于前款规定的产品范围的,适用本法规定。"由此可见,该法所谓产品有三个要件:一是必须经加工、制作的产品;二是必须用于销售;三是可移动的。

(二)关于产品缺陷的定义

该法第46条规定:"本法所称缺陷,是指产品存在危及人身、他人财产安全的不合理的危险;产品有保障人体健康、人身、财产安全的国家标准、行业标准的,是指不符合该标准。"该条规定了"缺陷"的双重标准:一是规定"缺陷"是指"不合理的危险";二是规定"缺陷"是指"不符合法定安全标准"。

(三)关于责任原则

该法对于产品生产者与产品销售者采用不同的归责原则。该法第41条对生产者的责任作如下规定:"因产品存在缺陷造成人身、缺陷产品以外的其他财产(以下简称他人财产)损害的,生产者应当承担赔偿责任。"根据这条规定,因产品存在缺陷,造成人身财产损害的,应由该产品的生产者承担赔偿责任。而生产者的赔偿责任,不是以生产者具有过错(故意或过失)为责任成立要件,因此属于严格责任。但是该条没有对"生产者"规定相应的定义。

该法第42条第1款对销售者的责任作如下规定:"由于销售者的过错使产品存在缺陷,造成人身、他人财产损害的,销售者应当承担赔偿责任"。该条明确规定,由于销售者的过错使产品存在缺陷,销售者应当承担赔偿责任。而销售者的责任,是以销售者具有过错为责任成立要件,因此属于过错责任,实际上属于过错推定责任。

(四)关于赔偿范围,该法规定了如下的赔偿责任与费用

1. 人身伤害的赔偿。该法第44条第1款规定了因产品存在缺陷造成受害人人身伤害、残疾与死亡等有关的赔偿费用。

2. 财产损害的赔偿。该法第44条第2款规定:"因产品存在缺陷造成受害人财产损失的,侵害人应当恢复原状或者折价赔偿。受害人因此遭受其他重大损失的,侵害人应当赔偿损失。"所谓"其他重大损失",是指受害人因财物毁损所发生的经济上的损失,相当于新合同法关于违约责任的第113条所规定的"可以获得的利益"的损失。

3. 缺陷产品本身的损害。根据该法第41条的规定,"缺陷产品"本身的损害,不在赔偿范围之内。其理由是,缺陷产品本身的损害,属于纯粹经济上的损失,应根据合同法上的瑕疵担保责任加以救济。

4. 精神损害赔偿。《民法通则》第120条规定了对人格权侵害的精神损害赔偿,而关于人身伤害的情形可否要求精神损害赔偿,则没有明文规定。最高人民法院发布的《关于确定民事侵权精神损害赔偿责任若干问题的解释》(法释2001年7号),肯定自然人的生命权、健康权与身体权遭受非法侵害的,可以请求赔偿精神损害。此精神损害赔偿,在致人死亡时,称为"死亡赔偿金";在致人残疾时,称为"残疾赔偿金";在发生其他损害情形时,称为"精神抚慰金"。根据这些规定,该新产品质量法第44条所规定的"残疾赔偿

金”与“死亡赔偿金”,在性质上应属于精神损害赔偿。

(五)关于产品质量与包装的要求

该法第26条规定:“生产者应当对其生产的产品质量负责。产品质量应当符合下列要求:1)不存在危及人身、财产安全的不合理的危险,有保障人体健康和人身、财产安全的国家标准、行业标准的,应当符合该标准;2)具备产品应当具备的使用性能,但是,对产品存在使用性能的瑕疵作出说明的除外;3)符合在产品或者其包装上注明采用的产品标准,符合以产品说明、实物样品等方式表明的质量状况。”

第27条规定:“产品或者其包装上的标志必须真实,并符合下列要求:1)有产品质量检验合格证明。2)有中文标明的产品名称、生产厂厂名和厂址。3)根据产品的特点和使用要求,需要标明产品规格、等级、所含主要成分的名称和含量的,用中文相应予以标明;需要事先让消费者知晓的,应当在外包装上标明,或者预先向消费者提供有关资料。4)限期使用的产品,应当在显著位置清晰地标明生产日期和安全使用期或者失效日期。5)使用不当。容易造成产品本身损坏或者可能危及人身、财产安全的产品,应当有警示标志或者中文警示说明。

(六)关于请求权的时效规定

该法第45条第1款规定:“因产品存在缺陷造成损害要求赔偿的诉讼时效期间为2年自当事知道或者应当知道其权益受到损害时起算。”这与《民法通则》规定的普通时效期间相同。第2款还规定:“因产品存在缺陷造成损害要求赔偿的请求权,在造成损害的缺陷产品交付最初用户、消费者满10年后丧失;但是,尚未超过明示的安全使用期的除外。”

三、《侵权责任法》关于产品责任的规定

2010年7月1日实施的《侵权责任法》第五章对产品责任做了相关规定。该法第五章一共七个条款,分成两部分:第41至44条,主要规定了一般情形下产品缺陷的赔偿责任由谁承担以及如何追偿;第45至47条,主要规定了特殊情形下承担何种形式的责任。

四、中国的生产责任者延伸制

中国也于2009年2月25日,根据第551号国务院令,公布了《废弃电器电子产品回收处理管理条例》。该条例共5章,分别为总则、相关方责任、监督管理、法律责任和附则,共35条,自2011年1月1日起施行。该条例规定,国家对废弃电器电子产品处理实行资格许可制度,同时建立废弃电器电子产品处理基金,用作对废弃电器电子产品回收处理费用的补贴;电器电子产品生产者、进口电器电子产品的收货人或者其代理人,应当按照规定履行废弃电器电子产品回收处理基金的缴纳义务;根据该条例,国家鼓励电器电子产品生产者自行或者委托销售者、维修机构、售后服务机构、废弃电器电子产品回收经营者回收废弃电器电子产品。

五、中国开始探索产品召回制

在中国,三鹿奶粉中含有三聚氰胺,致使许多婴幼儿成为大头娃娃案,红心鸭蛋案、

染色粽子案等再一次将产品责任制度推到风口浪尖。为保护消费者的权益,国家在食品、汽车等行业试行了产品责任召回制。

1. 2009 年 2 月 28 日,第十一届全国人民代表大会常务委员会第七次会议通过了《中华人民共和国食品安全法》。该法总则第一条指出:“为保证食品安全,保障公众身体健康和生命安全,制定本法。”该法第五十三条明确规定“国家建立食品召回制度”。同时该法第一百零四条规定:“本法自 2009 年 6 月 1 日起施行。《中华人民共和国食品卫生法》同时废止。”

2. 由国家质量监督检验检疫总局、国家发展和改革委员会、商务部、海关总署联合制定发布,于 2004 年 10 月 1 日起开始实施的《缺陷汽车产品召回管理规定》,是中国以缺陷汽车产品为试点首次实施召回制度。总则第一条指出:“为加强对缺陷汽车产品召回事项的管理,消除缺陷汽车产品对使用者及公众人身、财产安全造成的危险,维护公共安全、公众利益和社会经济秩序,根据《中华人民共和国产品质量法》等法律制定本规定。”

3. 2009 年 4 月,国务院法制办公室公布了《缺陷产品召回管理条例(送审稿)》,将家电产品纳入了监管范围。

【技能操练】

某电风扇厂正生产一批数控版电风扇,还未正式投放市场即被偷走十台。一周后,田某到电风扇厂要求赔偿。田某称自己从邻居马某那购买了一台电风扇,正常使用中电风扇电路故障,引起家中着火,损失近万元。电扇厂称:该批货物还有技术问题没有解决,这台电扇是被他人所盗,其造成的经济损失厂方不予赔偿。

请问:(1)田某可否从电风扇厂获得索赔?为什么?

(2)田某可否向田某索赔?

■步骤三　总结

1. 关键知识

产品、产品缺陷、产品责任及产品责任法的概念

三大产品责任的归责原则

产品责任的赔偿范围和抗辩理由

中国的产品责任制度

2. 关键技能

掌握产品及产品责任的关键知识,理解四个产品责任的规则原则。并能运用简单的产品责任知识解决实际生活中的产品法律问题。

■步骤四　综合训练

一、单项选择题

1. 最早产生产品责任判例的国家是(　　)。

A. 美国　　B. 英国　　C. 日本　　D. 德国

2. 依照我国《产品质量法》的规定,下列(　　)属于该法所称的产品。

A. 冰毒　　B. 血液　　C. 人体器官　　D. 花生油

3. 产品缺陷的种类不包括(　　)。

A. 制造缺陷　　B. 设计缺陷　　C. 指示缺陷　　D. 人体缺陷

4.《海牙公约》是(　　)生效的。

A. 1973 年 10 月 1 日　　B. 1973 年 10 月 2 日

C. 1979 年 10 月 1 日　　D. 1979 年 10 月 2 日

二、多项选择题

1. 下列属于产品责任的免责事由的是(　　)。

A. 生产者未将产品投入流通领域

B. 产品不是以营利为目的而生产、销售的

C. 产品缺陷是将其投入流通时的科技水平尚不能发现的

D. 产品的缺陷是由于遵循政府的强制性规定而导致的

2. 下列属于产品责任特征的是(　　)。

A. 产品存在缺陷

B. 产品责任是一种侵权责任

C. 产品责任是一种损害赔偿责任

D. 承担产品责任的主体是消费者

3. 产品责任法的特征有(　　)。

A. 调整对象主要是没有合同基础的侵权关系

B. 产品责任法的发展趋势是采取严格责任理论

C. 调整手段为强制性

D. 调整范围是消费者因缺陷产品所遭受的人身或除缺陷产品以外的其他财产损害赔偿关系。

三、简答题

1. 产品责任法的法律特征是什么?

2. 产品责任的免责事由有哪些?

3. 简述《斯特拉堡公约》的内容。

4. 简述《海牙公约》的内容。

四、案例分析题

1. 张某从被告林某手里买了一辆二手车,林某告诉张某车子的刹车不太灵敏了,必须更换新的才能使用。张某明知车子存在缺陷仍迫不及待地把车开出,结果出了车祸。张某遂起诉林某产品存在缺陷,按严格责任要求赔偿。

请问:林某是否需要负赔偿责任?

2. 石家庄三鹿集团股份有限公司发布产品召回声明,称经公司自检发现2008年8月6日前出厂的部分批次三鹿婴幼儿奶粉受到三聚氰胺的污染,市场上大约有700吨,为对消费者负责,三鹿集团公司决定立即对2008年8月6日前生产的三鹿婴幼儿奶粉全部召回。

请问:如何看待产品召回制度?试分析该制度的利弊。

3. 端午节前工商部门对市场上销售的粽子进行了统一的检查,发现不少厂家生产的粽子不合格。某加工厂生产的肉粽质量严重不合格,产品数量达1000斤,已经售出200斤。

请问:不合格的食品可以适用产品召回制吗?(参考《中华人民共和国食品安全法》第八十五条)

4. 阅读下列材料:

(1)美国老太状告汽车公司获千万美元赔偿

美国的一个老太太开着度假车,巡航定速行驶在高速公路上。为了提神,她"无人驾驶"跑到车子后厢煮咖啡喝,最终因交通事故导致身体多处骨折。康复后,她将汽车生产商告上了法庭,因为他们在《汽车使用说明书》里没有向她说明禁止脱盘驾驶,更不能离开方向盘走到一边去煮咖啡!最后,法院判决汽车生产商需向老太太支付3000多万美元赔款。

(2)猫被放进微波炉制造商赔偿数百万美元

一位独居的美国老太太养了一只猫,一天给猫洗完澡后,为了尽快让猫的毛发变干,于是将猫放进了微波炉;而另一位老太太养了一只狗,一日狗发高烧,打了针仍然不退,于是老太太将狗放进了冰箱,猫和狗的命运可想而知。丧失了爱猫和爱狗的两位老太太分别起诉制造商。原因是,制造商生产的产品说明书上没有提到不准将动物放进电器。结果,法院判决制造商承担数百万美元的赔偿。

(3)儿童吃果冻噎死获赔上亿美元

儿童吃果冻导致噎死的事件时有发生,在美国加州,三个孩子吃了中国台湾某生产商生产的果冻导致死亡。结果,法庭判决厂家赔偿三名受害者1.17亿美元(包括惩罚性赔偿),从而导致制造商宣布破产;之后,消费者又起诉销售商,并最后获得陪审团裁定的高达5000多万美元的赔偿。

请问:(1)上述三个案例分别说明美国产品责任法的哪些方面的问题?

(2)如果同样案例发生在中国,结果会如何?为什么会产生如此大的区别?

(3)请你结合周围的案例说说如何完善中国的产品责任立法。

工作任务八　国际海上、铁路、航空货物运输法

■步骤一　宣布本次教学的工作任务及目标

教学内容:国际贸易中的货物买卖基本环节——国际货物运输的相关内容。

教学目标:掌握国际货物运输的几种形式和相应特点,掌握国际货物运输中的几个重要的单据概念及其特点,能大致了解调整各种运输方式的国际公约的关键内容,能根据不同的情形选择并确定国际货物的运输形式。

■步骤二　工作任务

项目活动1　国际海上货物运输

【案例导入】

我国某贸易进出口C公司与澳大利亚R公司于2011年8月份签订一份某型号铁矿砂30万吨的进口合同。

请问:要履行这份合同,C公司和R公司采取何种运输方式最合适?

【必备知识】

一、国际海上货物运输

国际货物运输是国际贸易中的一个重要环节,国际货物买卖中的货物必须从卖方转移至买方,需要经过长途运输,国际货物的运输方式很多,由不同的地理条件所决定,大致可以分为海上运输、铁路运输、航空运输、公路、内河、邮政运输、管道运输、集装箱运输及多式联合运输等。其中,海上货物运输是最主要的运输方式,在国际货物买卖中,大约80%的运输量是由该运输方式完成的。

(一)海上运输的概念

海上运输,也称海洋运输,是国际货物运输中最常用、最普遍的一种,是由承运人将货物从一国港口运至另一国港口并由货方支付运费的运输方式。海上运输的优点是:运输量大、运输成本低、受轨道和道路限制较小。海上运输的不足之处在于:受气候和自然条件的影响,运输速度较慢、运输中风险较高、运输航期不易准确等。

国际海上货物运输依船舶经营方式的不同又可以分为班轮运输(Liner Shipping)、租船运输(Charter Shipping)和国际多式联运(International Multi - modal Transport,或者 International Combined Transport)。班轮运输是由航运公司以固定的航线、固定的航行时间表(船期)、固定的港口顺序,并按事先公布的固定的运费将托运人的件杂货运往目的地的轮船运输方式。由于运费价内已包括装卸费,因此承运、托运双方都不计算滞期费和速遣费。

随着集装箱运输的迅速发展,班轮运输进一步分化为传统杂货船班轮运输和集装箱班轮运输。由于集装箱运输具有船速快、装卸方便、效率高、保证货运质量以及便于开展多式联运等特点,目前集装箱班轮运输已逐步取代传统的杂货船班轮运输。

租船运输是指租船人向船东租赁船舶用于货物运输的轮船运输方式。租船运输与班轮运输的不同之处在于:在租船运输中,船舶航行的时间、航线、停靠的港口及运费(包括运费中是否含有装卸费)均在装运前由租船人和船东之间协商确定。租船通常适用于大宗货物的贸易和运输。租船人和出租人之间的权利和义务要以双方签订的租船合同为准。

依据租船合同的内容不同,租船运输又可以分为航次租船、定期租船和广船租赁等基本运输方式。

航次租船(Voyage Charter)又称航程租船或程租,是指航次出租人向承租人提供船舶或者船舶的部分舱位,装运约定的货物,从一港运至另一港,由承租人支付约定运费的租船方式。

定期租船(Time Charter)又称期租,是指由船舶出租人向承租人提供约定的由出租人配备船员的船舶,由承租人在约定的期限内按照约定的用途适用,并支付租金的租船方式。

光船租赁(Bare Boat Charter,或者 Demise Charter),又称光船租船获光租,是指由船舶所有人提供不配备船员的光船,由租船人雇用船员,在约定期限内占有、适用船舶,并支付约定租金的租船方式。

案例思考

原告:广州海晖运贸公司。

被告:香港展宏船务有限公司。

1995年12月1日,原被告双方签订《××租船合同》,约定:被告租用原告所属“东运705”轮,租期6个月,从船舶交付之日起计算;租方负责劳务费、燃油费、船舶港口使费等;租金每月港币185000元,不足一天按比例计算;租方应在船抵起运港时预付15天租金港币92500元,15天后付清1个月租金;合同签订后两天内租方先付港币20000元作为定金,在第一期租金中扣回;如租期未满还船,租方须按租金约定的75%,支付从还船之日起至租约期满之日止实际天数的租金。同日,双方签订补充协议,被告同意原告在办妥“东运705”轮的有关证书之前,调派同类型的“东运706”轮替代,租金不变。

合同签订后,被告向原告交付了定金港币20000元,并于1995年12月4日通知原告指派“东运706”轮开往香港装货。5日,“东运706”轮抵香港待装,但被告无备货。11日,被告电话通知原告货源落空。“东运706”轮遂于12日返回广州待命。1996年1月11日,被告书面通知原告解除租船合同。随后,原告多次去函被告催付租金及有关费用,但被告没有支付。

原告向海事法院提起诉讼,请求法院判令被告赔付租金港币222000元、耗油费港币5000元、代理费港币1600元、劳务费港币1500元,违约金港币138750元,共计港币368850元。

被告答辩认为,《××租船合同》约定原告提供刚出厂的新船"东运705"轮给被告使用,被告在签订合同后支付了定金港币20000元。但随后原告谎称"东运705"轮的证书未办齐,无法交付使用,并调派了另一条"东运706"轮顶替。该轮抵香港后,被告发现与原告提供的"东运705"轮的资料记载相差太远,运输安全没有保障,决定不予使用,并于1996年1月11日传真通知原告中止租船合同。合同未履行是由于原告的违约所造成的,被告不承担责任。应驳回原告的诉讼请求。

思考:请判断本案中的《××租船合同》具体属于哪种租船运输合同?

(案例来源:http://news.9ask.cn/hshs/zuyong/dingqi/201007/839434.shtml)

知识窗口

滞期费(Demurrage):在航次租船合同中,当船舶装货或卸货延期超过装卸货时间时,由租船人向船东所支付的约定款项。在英国,滞期费被认为是约定性损害赔偿(liquidated damages),而在美国,滞期费被认为是延期运费(extended freight)。滞期费率通常在租船合同中约定,为每天多少金额。有些合同规定,超过一定的滞期时间后则必须支付额外滞期费或者船期损失。大部分合同会规定,只要滞期费发生,船舶就处于滞期状态(On demurrage)。一旦船舶处于滞期状态,在计算滞期费时就不再减去周末这样的除外时间,所以有这样的说法:一旦滞期,永远滞期(Once on demurrage,always on demurrage)。速遣费(Dispatch Money):航次租船合同中,承租人(Charterers)实际使用的装卸时间比合同约定允许使用的装卸时间(Allowable Laytime)短,因而缩短了船舶为装卸作业而停留在港口或泊位的时间,使得船舶产生速遣。船东(Owners)因船舶产生速遣而需要按双方在合同中约定的速遣费率(Despatch Rate)向承租人支付的费用叫速遣费。航次租船实务中,速遣费率通常规定为滞期费率(Demurrage Rate)的一半。速遣费和滞期费都不适用于订有CQD装卸条款(即C. Q. D即Customary Quick Dispatch,快速装卸条款)的航次租船合同。

速遣费实际上就是船东用来鼓励承租人尽快完成装卸作业、缩短船舶滞港时间以提高船舶营运效率的一种奖励。

（一）国际海上货物运输的特点

1. 运输量大。国际货物运输是在全世界范围内进行的商品交换，地理位置和地理条件决定了海上货物运输是国际货物运输的主要手段。国际贸易总运量的75%以上是利用海上运输来完成的，有的国家的对外贸易运输海运占运量的90%以上。主要原因是船舶向大型化发展，如50万～70万吨的巨型油船，16万～17万吨的散装船，以及集装箱船的大型化，船舶的载运能力远远大于火车、汽车和飞机，是运输能力最大的运输工具。

2. 通过能力大。海上运输利用天然航道四通八达，不像火车、汽车要受轨道和道路的限制，因而其通过能力要超过其他各种运输方式。如果因政治、经济、军事等条件的变化，还可随时改变航线驶往有利于装卸的目的港。

3. 运费低廉。船舶的航道天然构成，船舶运量大，港口设备一般均为政府修建，船舶经久耐用且节省燃料，所以货物的单位运输成本相对低廉。据统计，海运运费一般约为铁路运费的1/5，公路汽车运费的1/10，航空运费的1/30，这就为低值大宗货物的运输提供了有利的竞争条件。

4. 对货物的适应性强。由于上述特点使海上货物运输基本上适应各种货物的运输。如石油井台、火车、机车车辆等超重大货物，其他运输方式是无法装运的，船舶一般都可以装运。

5. 运输的速度慢。由于商船的体积大，水流的阻力大，加之装卸时间长等其他各种因素的影响，所以货物的运输速度比其他运输方式慢。现代化的超级集装箱船最高速度可以达到30节/小时（55公里/小时），常规货轮的速度在15～20节/小时之间（28～37公里/小时）。

6. 风险较大。由于船舶海上航行受自然气候和季节性影响较大，海洋环境复杂，气象多变，随时都有遇上狂风、巨浪、暴风、雷电、海啸等人力难以抗衡的海洋自然灾害袭击的可能，遇险的可能性比陆地、沿海要大。同时，海上运输还存在着社会风险，如战争、罢工、贸易禁运等因素的影响。为转嫁损失，海上运输的货物、船舶保险尤其应引起重视。

（三）海上运输合同

国际海上货物运输合同，是指由承运人收取运费，负责将托运人托运的货物经由海路由一国运至另一国港口的合同。国际海上货物运输合同是成立国际海上货物运输法律关系的基础，并由此规范各方当事人的权利和义务。不同的海上运输方式的运输合同是不一样的，尤其是租船合同，租船合同包括航次租船合同、定期租船合同和光船租赁合同。租船合同都必须以书面形式订立。在实践中，租船合同的订立需要经过寻租、报价、还价、接受等几个步骤，合同的签订通常是通过电报、电传和传真来进行的。

1. 班轮运输合同。班轮运输的当事人是承运人和托运人，承运人就是承担运输工作的航运公司，托运人就是与承运人订立海上货物运输合同的当事人。此外，海上运输合同还会涉及实际承运人和收货人。当订约承运人将部分的运输或者全部的运输交由另一航运公司来完成的情况下，实际承担运输工作的航运公司就是实际承运人，虽然在此情况下的实际承运人不是运输合同的当事人,但也必须对其承运期间的货物毁损承担责任,并相应地有运费的给付请求权。同时,由于班轮运输的书面凭证——提单可能转移给第三人,如收货人,收货人亦不是运输合同的当事人,但货物如果在运输过程中受损,收货人也有索赔的权利,在运输合同约定运费到付的情况下,收货人有支付运费的义务。由此可以看出,在海上货物运输合同中,合同的效力可能及于合同当事人以外的第三人,即,除了承运人和托运人外,合同的效力往往会及于实际承运人和收货人。

2. 航次租船合同。在航次租船合同的规范下,出租人保留船舶的所有权和占有权,并由其雇用船长和船员,船舶由出租人负责经营管理,由出租人承担船员工资、港口使用费、船用燃料、港口代理费等费用。承租人除依合同规定负担装卸费等费用外,不直接参与船舶的经营。

为了简化租船合同的谈判过程,国际上的航运民间组织制订了一系列的租船合同标准格式。目前,国际上最常用的航次租船合同格式是《统一杂货租船合同》(Uniform General Charter),租约代号 GENCON,简称"金康合同",该格式由波罗的海国际航运工会制定,航次租船合同的主要内容有船舶规范、预备航次条款、货物条款、装卸期间条款、运费条款、出租人责任条款、责任终止和留置权条款、装卸港口和装卸费用、绕航条款、罢工条款、战争条款和冰冻条款等内容。

3. 定期租船。目前,国际上最常用的定期租船合同格式主要是《定期租船合同》,租约代号"Produce Form"(土产格式),又被称为"NYPE"(纽约格式)。定期租船合同的条款主要有船舶规范、租期条款、租金支付条款、停租条款、运送合法货物条款、航区条款、交船与换船条款、租船人指示条款、留置权条款、转租条款、法律适用条款、仲裁条款、共同海损条款、新杰森条款、留置权条款、双方互鹏责任条款、佣金条款、战争条款等。

4. 光船租赁。光船租赁具有财产租赁的性质。在光船租赁合同下,出租人只提供船舶,并不配备船员,船舶的出租人只保留船舶的所有权,而船舶的占有权和使用权、营运权都转移给承租人。承租人雇用船员并在合同的约定范围内进行船舶的经营,由此在经营过程中发生的责任和产生的风险都由承租人承担。光船租赁合同的主要内容包括:出租人和承租人的名称、船名、船籍、船级、吨位、容积、航区、用途、租船期间、租船和交船的时间和地点以及条件、船舶检验、船舶的保养维修、租金及其支付、船舶保险、合同解除的时间和条件,以及其他有关事项。

知识窗口

纽约土产交易所期租合同(New York Produce Exchange Time Charter)

该租船合同简称为"土产格式"(Produce Form),由美国纽约土产交易所于1913年制定,因而航运界常称此格式为"NYPE"(租约代号)。NYPE 经美国政府批准使用,故又称"政府格式"(Government Form)。到目前为止,该格式经历了1921年、1931年、1946年、1981年和1993年五次修订。现在普遍使用的是经

1946 年 10 月 3 日修订后的格式，即 NYPE46，据业内人士估计，大约有 90% 的定期租船合同是以 NYPE46 为蓝本的。有人认为 NYPE 是租船人格式，但大多数人认为 NYPE 对租船人和船东双方的权利和义务是订得较为合理的，并没有偏袒任何一方。

（四）调整班轮运输的国际公约

目前调整班轮运输的国际公约主要有三个，分别是《海牙规则》（Hague Rules）、《维斯比规则》（Visby Rules）、《汉堡规则》（Hamburg Rules）。以上三个规则是调整定期船舶运输（班轮运输）或称提单运输的国际公约，而对于其他船舶运输方式，如航次租船合同和定期租船合同，目前国际上并没有专门的关于租船合同的国际公约。中国未参加上述三个公约，但中国的海商法在有关班轮运输的法律规定上是以海牙 - 维斯比体系为基础的，同时还吸收了《汉堡规则》内容。

知识窗口

在班轮运输中，提单是海上货物运输合同的证明，从事班轮运输的航运公司一般都自行制定自己的提单格式供签发使用，在签发提单的情况下，与之相关的关系方很多，涉及承运人、托运人、收货人、提单持有人等各方利益。由于这些关系方分属于不同国家，而国际运输的装货港、卸货港也处于不同国家，一旦发生争议，关于提单条款的法律效力及对提单所适用的法律不同国家法律往往产生冲突，这无疑会严重影响国际航运的正常发展，为此各国一直在致力于统一提单法律这项重要而艰巨的工作。这一努力直接导致目前关于海上货物运输的三大国际公约的出现，在一定程度上形成了国际海上货物运输法律的统一。这三大国际公约分别是《统一提单的若干法律规则的国际公约》（简称海牙规则）、《修改统一提单的若干法律规则的国际公约的议定书》（简称维斯比规则）、《联合国海上货物运输公约》（简称汉堡规则）。

1.《海牙规则》

《海牙规则》全称为 1924 年《统一提单的若干法律规则的国际公约》。1921 年在国际法协会所属的海事法委员会召开的会议上草拟了《海牙规则》草案。该草案经过多方协商修改于 1924 年 8 月 25 日在布鲁塞尔签订。由于该公约第一次是在海牙起草的，因此又被称为《海牙规则》。《海牙规则》于 1931 年 6 月 2 日生效。

《海牙规则》公约共 16 条具体规定，其中值得注意的内容有：

（1）承运人最低限度的义务。《海牙规则》规定了承运人的两项最低限度的义务，这两项义务是强制性的，在提单中解除或者降低承运人的这两项义务的条款均属无效。第一项是适航义务。《海牙规则》并不要求船舶在任何时间都必须处于适航状态，仅要求在

"开行前和开航时"。但对"适航状态",《海牙规则》并没有明确的定义。一般理解为适航是指船舶的各个方面可经得起预定航线中可能遭遇的一般风险。

第二项是管货的义务。即承运人应当适当和谨慎地装载、操作、集载、运送、保管、照料和卸载所承运的货物。在上述七个阶段中承运人均应做到"适当谨慎"。

(2)承运人的责任期间。承运人的货物运输责任期间为从货物装上船起至卸完船为止的期间。就是实践中所理解的"钩至钩"责任。在使用岸吊的情况下,以船舷为责任期间的起止点。

(3)赔偿责任限额。依据《海牙规则》第四条第五款的规定,承运人对货物的灭失或损失的赔偿责任,在任何情况下每件或每单位不得超过 100 英镑,但托运人于装货前已申明该货物的性质和价值,并在提单上注明者不在此限。

(4)索赔通知与诉讼时效。《海牙规则》第三条第六款规定,收货人在提货时应检查货物,如发现短货或残损,应立即向承运人提出索赔。如残损不明显,则在 3 日内提出索赔通知。如在提货时或提货后 3 日内没有提出索赔通知,就是交货时货物表面状况良好的初步证据。在联合检验的情况下,不需要出具索赔通知。

关于诉讼时效,《海牙规则》第三条第六款规定,货方对承运人或船舶提起货物灭失或损害索赔的诉讼时效为 1 年,自货物交付之日起计算,在货物灭失的情况下,自货物应交付之日起计算。

(5)《海牙规则》的适用范围。《海牙规则》第十条规定:本公约各项规定,适用于在任何缔约国所签发的一切提单。第五条规定:本规则中的各项规定不适用于租船合同,但如果提单是在船舶出租情况下签发,便应符合本公约中的各项规定。

2.《维斯比规则》

《维斯比规则》全称为 1968 年《修改统一提单的若干法律规则的国际公约的议定书》。《海牙规则》签订时,承运人的势力强大,使《海牙规则》带有偏袒承运人利益的倾向。20 世纪 70 年代后,越来越多的参与国际事务的第三世界国家强烈要求修改《海牙规则》,以便使承运人与货方的利益达到平衡。就《海牙规则》本身而言,有一些规定比较粗糙,在适用时常常感到规定已经不能适应发展的要求了。因此,海运发达国家也认为应对《海牙规则》进行修改。于是 1968 年产生了《维斯比规则》,该规则于 1977 年生效。

《维斯比规则》是对《海牙规则》的补充和修改。该规则相对于《海牙规则》修改的主要内容有:

(1)明确规定提单对于善意受让人是最终证据。依据《海牙规则》的规定,提单记载的内容为该提单所载货物的初步证据。初步证据是相对于最终证据而言的,如果提单所记载的内容是初步证据,那么承运人就可以提出反证来否定提单记载事项的真实性。如果承认提单记载事项是托运人的托运货物的初步证据,这对托运人来说并无不公,但对于提单受让人来讲,仍将提单所载视为初步证据则会严重影响到受让人对提单的信任程度,此必会对提单的流通性产生较大影响。有鉴于此,《维斯比规则》第一条对《海牙规则》第三条第四款的内容作出了补充,规定提单对托运人是初步证据,对善意受让人则是最终证据。

(2)承运人的责任限制。与《海牙规则》不同,《维斯比规则》采用了双重责任限额制。即承运人对货物的灭失或损害责任以每件或每单位1万金法郎或每公斤30金法郎为限,二者以高者计算。由于金法郎是以金作为定价标准的,使得承运人的责任限制金额可能随着黄金价格的涨跌而无法保持稳定,于是在1979年12月21日在布鲁塞尔的外交会议上通过了修订《海牙—维斯比规则》的议定书,该议定书于1984年4月生效。该议定书将责任限制单位由金法郎改为了特别提款权(SDR)。规定15金法郎为1特别提款权。据此,承运人的责任限制金额为每件或每单位666.67特别提款权,或按毛重每公斤2特别提款权计算,二者从高者计。

(3)诉讼时效。相对于《海牙规则》第六条,《维斯比规则》作了两点修改:第一,诉讼时效期间规定为1年,经双方协商许可,可以延长。第二,对第三者的追偿诉讼时效,在1年的诉讼时效期满后,仍然有3个月的宽限期。

(4)公约的适用范围。《海牙规则》规定仅适用于在缔约国签发的提单,《维斯比规则》将其适用范围进行了扩大,规定了有下列情况之一的,可以适用该公约:第一,提单在缔约国签发;第二,从一个缔约国港口起运;第三,提单中列有首要条款,即合同双方当事人合意选择适用该公约。

(5)承运人的雇用人或代理人的责任限制。《海牙规则》中并未明确规定承运人的雇用人或代理人是否也能享受责任限制的保护。对此《维斯比规则》进行了明确的规定:承运人的雇用人或代理人也可以适用责任限制的保护。

3.《汉堡规则》

《汉堡规则》的全称是1978年《联合国海上货物运输公约》。第二次世界大战以后,发展中国家在国际事务中的地位逐步提高,1976年在贸易法委员会召开的第九次会议上通过了《汉堡规则》最后草案的修正案。1978年3月,该公约在联合国海上货物运输公约外交会议上正式通过。《汉堡规则》于1992年11月生效。

《汉堡规则》中的主要内容有:

(1)承运人的责任基础。《汉堡规则》在承运人的责任基础上采用完全的过失责任制和推定过失责任制。推定过失责任,即在货损发生后,先推定承运人有过失,如果承运人主张无过失,则承担相应的举证责任。《海牙规则》中因规定了承运人航行过失免责,因此是一种不完全的过失责任制。

(2)承运人延迟交货的责任。延迟交货是指未在约定的时间内完成交货义务,或者在无约定的情况下,未在合理的时间内交付。承运人对延迟交货的赔偿责任限额为迟交货物应付运费的2.5倍,但不应超过应付运费的总额。这是《汉堡规则》中的规定,而《海牙规则》未对延迟交货的责任进行规定。

(3)承运人的责任期间。《海牙规则》规定的责任期间一般理解为"钩至钩"期间。但有时承运人是在陆上接收货物的,并在陆上仓库向收货人交货的,在收受货物至装船及卸下货物至交付这两个期间,货物也是在承运人的实际掌管之下,而依《海牙规则》,承运人对此期间的货损不承担责任,因此,《汉堡规则》规定承运人的责任期间为货物在装货港、运送途中和卸货港在承运人掌管下的全部期间。

(4)承运人的责任限额。《汉堡规则》提高了承运人的最高赔偿限额,规定承运人对货物灭失或毁损的赔偿责任限额为每件或每单位835特别提款权,或每公斤2.5特别提款权,二者以高者计。

(5)承运人与实际承运人的关系。《汉堡规则》第十条规定,即使订约承运人将全程运输或部分运输委托给实际承运人,订约承运人仍应对运输全程负责,如承运人和实际承运人都有责任,则两者负有连带责任。此规定主要是针对《海牙规则》中未对实际承运人作出规定的情形加以规范的,正如此,在联运中,实际承运人和订约承运人往往以此来逃避责任。

(6)索赔通知和诉讼时效。《汉堡规则》规定,索赔通知应当在收货后的第一个工作日内提交,在损害不明显时,在收货后15日内提交。延迟交付的索赔通知应当在收货后连续60日内提交。《汉堡规则》规定的诉讼时效为2年。

(7)公约的适用范围。《汉堡规则》明确规定不适用于租船合同,但适用于租船合同项下的提单。

(五)海上货物运输单证

1. 海运提单(Bill of Lading,简称B/L)

海运提单(简称提单)是班轮运输中的重要法律文件,他与发票、保险单并称为三大基本贸易文件。我国《海商法》第七十一条采用了《汉堡规则》中对提单的定义,即是指用以证明海上货物运输合同和货物已经由承运人接管或装船,以及承运人保证据以交付货物的单证。从提单的定义可以看出提单具有以下法律特征。

(1)提单是承运人与托运人之间达成的海上货物运输合同的证明。提单只是运输合同的证明,而非运输合同本身。原因在于,首先合同的成立取决于合同双方当事人一致同意,而提单的签发是由承运人一方签发的。其次,从先后关系上来说,运输合同成立于提单签发之前。提单作为运输合同的证明,仅在承运人和托运人之间成立,作为提单的受让人本身并没有参与到运输合同的缔结当中,因此,提单受让人对承运人和托运人在运输合同中达成的其他协议并不知情,故对运输合同的内容只能以提单记载的内容为准,换言之,提单在承运人与提单受让人之间不仅是运输合同的证明,而且是运输合同本身。

(2)提单是承运人出具的接收货物的收据。提单是在承运人收到所交运的货物后向托运人签发的,提单的正面记载了许多收据性的文字,如货物的标志、包装、数量、重量及货物的表面状况等。提单的证明作用在托运人手中和托运人以外的第三人手中的效力是不同的。提单在托运人手中时只是初步证据,所谓初步证据是指如承运人有确切的证据证明其收到的货物与提单上的记载不符,承运人可以向托运人提出异议。但在托运人将提单背书转让给第三人的情况下,对于提单受让人来说,提单就成为了最终证据。因为提单的受让人是根据提单所记载的事项来受让提单的,他对货物的实际情况并不知情,如记载不实是由于托运人的误述引起的,承运人可以向托运人提出抗辩。但承运人不得以此对抗提单的受让人,这样可以保证提单的流通性。

(3)提单是承运人据以交货的凭证。承运人在目的港应向提单持有人或合法受让人交货。提单持有人对在途货物有处分权。

(4)提单是一种权利凭证。提单的权利凭证属性是指,提单是货物的物权凭证,换言之,拥有提单,就拥有提单上所记载货物的所有权。据此,提单具有物权效力,因此提单可以用于转让、抵押等。提单持有人可以通过背书或交付提单等方式来实现对货物的处分。然而需要注意,我国《海商法》及相关法律中均未对提单的这种物权属性加以明确规定。

2. 提单的内容

目前,虽然各公司制定的提单格式和文字不尽相同,但实质内容相差不大,提单制定的依据是《海牙规则》。提单分为正反两面。提单正面是提单记载事项,提单背面是关于双方当事人权利和义务的实质性条款。

提单正面的记载事项一般包括下列各项:

(1)承运人的姓名和营业地;(2)托运人的姓名;(3)收货人的名称;(4)通知方;(5)船舶名称;(6)装货港和卸货港;(7)货物的品名、标志、包数或者件数、重量或者体积;(8)提单的签发日期、地点和份数;(9)运费的支付;(10)承运人或其代表的签字。

提单背面通常载有关于双方当事人权利和义务的条款。各种提单格式的条款虽不尽相同,但主要内容基本上是一致的:(1)管辖权和法律适用条款;(2)承运人责任条款;(3)承运人的免责条款;(4)承运人责任期间条款;(5)赔偿责任限额条款;(6)特殊货物条款;(7)留置权条款;(8)共同海损和新杰森条款;(9)双方有责碰撞条款。此外,提单中还有关于战争、检疫、冰冻、罢工、拥挤、转运等内容的条款。

3. 提单的种类

提单的种类很多,主要有:

(1)根据货物是否已装船,分为已装船提单和备运提单。已装船提单(On Board B/L,或 Shipped B/L)是指承运人已将货物装上指定船舶后签发出来的提单,其特点是提单上注明货物已装船、装船日期、船长或其代理人的签字。备运提单(Received for Shipment B/L)是指承运人在收到托运货物并等待装运期间所签发的提单。

(2)根据提单上有无对货物外表状况的不良批注,分为清洁提单和不清洁提单。清洁提单(Clean B/L)是指货物在装船时表面状况良好,而没有不良批注的提单。不清洁提单(Unclean B/L)是指承运人在提单上对货物的表面状况或包装有不良或存在缺陷等加上批注的提单。

(3)根据提单的收货人抬头不同,分为记名提单、不记名提单和指示提单。记名提单(Straight B/L)是指提单上的"收货人"一栏内填明收货人的名称,只能由该收货人提货。

(4)由于这种提单不能通过背书方式转让给第三人,因此其流通性大打折扣,在贸易实务中使用较少。不记名提单(Bearer B/L)是指提单上的“收货人”一栏内没有指明任何收货人。这种提单谁持有,谁就可以提货。承运人交货,只凭单,不凭人。这种提单风险很大,故其在贸易实务中也较少使用。指示提单(Order B/L)是指提单上的“收货人”一栏填写“凭指定”(To Order)或“凭某某人指定”(To Order of…)的字样。这种提单可经过背书转让,故其在国际贸易实务中广为使用。目前,在实际业务中,适用最多的是“凭指定”并经空白背书的提单,习惯上称其为“空白抬头、空白背书提单”。

知识窗口

提单背面主要条款——新杰森条款

新杰森条款(New Jason Clause)是目前各国提单背面的主要条款之一。在我国主要的船公司提单背面,新杰森条款措辞如下:“如在航次开始之前或之后,由于不论是疏忽与否的任何原因而引起意外、危险、损害或灾难,而根据法令、契约或其他规定,承运人对此类事件的后果都不负责,则货物及货方应连带在共同海损中与承运人一起分担可能构成或可能发生的属于共同海损性质的牺牲、损失或费用,并应支付就货物而发生的救助费用及特殊费用。如果救助船舶为承运人所有或由其经营,则救助费用应当犹如该船属于无关之人一样,全额支付。”

新杰森条款来源于美国法。由于美国存在的判例,对于驾驶船舶的过失,船东可以免责,但不能请求货方分摊共同海损的损失。但这样一来,船东在共同海损中的损失将由船东一人承担,这种情况显然是不公平的。因此,美国提单中普遍订立了共同海损疏忽条款(General average negligence clause),这种条款在美国最高法院 The Jason 225 U. S. 32 (1912)一案中被确认下来,故被称为“杰森条款”。该条款在1936年海上货物运输法(COGSA 1936)出台后演变为“新杰森条款”,补充规定:当船舶因船长、船员或引航员的过失发生事故而采取救助措施时,即使救助船与被救助船同属于一个船公司,被救船仍需支付救助报酬,该项救助报酬可作为共同海损费用。

在我国新杰森条款也已被海商法所承认,海商法第197条规定:“引起共同海损特殊牺牲、特殊费用的事故,可能是由航程中的一方过失造成的,不影响该方要求和他方分摊共同海损,以减轻自己责任的权利;但是,非过失方或者过失方可以就此项过失提出赔偿请求或者进行抗辩。”

简而言之,杰森条款是在船方存在过失的情况下,仍可要求货方参加共同海损分摊。而相比之下,新杰森条款的“新”字,是指姐妹船救助视为第三方救助,货方对与此相关的费用仍需参加共同海损分摊。

(5)根据运输方式不同,分为直达提单、转船提单、联运提单。直达提单(Direct B/L)是指船运中途不经过换船而直接驶往目的港卸货所签发的提单。转船提单(Transshipment B/L）是指从装运港装货的轮船，不直接驶往目的港，而需在中途港换装另外船舶所签发的提单。在这种提单上，要注明“转船”或“在××港转船”的字样。联运提单（Through B/L）是指经过海运和其他运输方式联合运输时由第一程承运人所签发的包括全程运输的提单。联运提单如同转船提单一样，货物在中途转换运输工具和进行交接，由第一程承运人或其代理人向下一承运人代理。需要注意的是，联运提单虽然是针对全程运输的，但签发联运提单的承运人一般都在提单中规定，指承担他负责运输的一段航程内的货损责任。

（6）根据是否已付运费可将提单分为运费预付提单和运费到付提单：运费预付提单是指载明托运人在装货港已向承运人支付运费的提单。运费到付提单是指载明收货人在目的港提货时向承运人支付运费的提单。

（7）根据船舶营运方式不同，分为班轮提单和租船提单。班轮提单（Liner B/L）是指由班轮公司承运货物后签发给托运人的提单。租船提单（Charter Party B/L）是指承运人根据租船合同而签发的提单，这种提单受租船合同条款的约束。

（8）根据提单内容繁简，分为全式提单和略式提单。全式提单（Long Form B/L）是指提单背面列有承运人和托运人权利、义务的详细条款的提单。略式或简式提单（Short Form B/L）是指提单背面无条款，而只列出提单正面的必须记载事项。这种提单一般都列有“本提单货物的收受、保管、运输和运费等项，均按本公司全式提单上的条款办理”的字样。

（9）根据提单使用的有效性，分为正本提单和副本提单。正本提单（Original B/L）是指提单上有承运人、船长或其代理人签字、盖章并注明签发日期的提单。这种提单在法律上和商业上都是公认有效的单证。正本提单必须标明“正本（Original）”字样。副本提单（Copy B/L）是指提单上没有承运人或其代理人的签字、盖章，而仅供工作上参考之用的提单，在副本提单上一般都有“Copy”或“Non－negotiable”（不作流通转让）的字样。

除此之外，还有两类特殊提单：

（1）倒签提单（Anti－dated B/L）

倒签提单是指在货物装船后签发的，以早于货物实际装船日期为签发日期的提单。提单的签发日期往往是货物装船日期的证明，承运人签发倒签提单，尤其是当倒签时间过长时，有可能被认定为与托运人合谋对善意的第三方收货人构成欺诈，从而承担收货人因此而造成的损失。

（2）预借提单（Advanced B/L）

预借提单是指在货物尚未全部装船，或货物虽已由承运人接管，但尚未开始装船情况下签发的已装船提单。此种提单通常实在信用证规定的装船期限和交单结汇日期即将届满时，应托运人的要求而签发的。由于预借提单签发时货物尚未实际装船，将来可能出现提单转移到收货人手中，而货物最终无法装船的情况。签发预借提单的承运人可能被认为构成对善意收货人的欺诈，将面临向收货人赔偿全部货物损失的巨大风险。

知识窗口

1990 年国际海事委员会第三十四届大会通过的《海运单统一规则》及《电子提单规则》试图确立一种不可转让的非物权凭证的海运单，这种海运单与空运单的作用相仿，主要起提货凭证的作用。海运单是20 世纪70 年代以来，随着集装箱运输的发展，特别是在航程较短的运输中产生出来的一种运输单证。

4. 其他运输单证

(1)海运单

海运单(Sea Waybill,SWB)是证明海上运输货物由承运人接管或装船，且承运人保证将货物交给指定的收货人的一种不可流通的书面运输单证。

海运单具有提单所具有的货物的收据和海上货物运输合同的书面证明的作用。但海运单不是货物的物权凭证，收货人提货时无须凭海运单，而只需证明其身份。因而海运单具有实现快速提货的优点。海运单不具有物权属性，不能转让，因此非法取得海运单的运单持有人是无法凭以提货的。海运单的不可转让性使得此种单证具有了较之提单更为安全的特点，从而可以减少欺诈，使第三者在非法得到海运单时不能提取货物。为了适应近年来对海运单越来越多的运用，国际商会《1990 年国际贸易术语解释通则》已赋予了海运单与提单相同的法律地位，2000 年通则保留了有关海运单地位的内容，使其同样可以作为卖方向买方履行交单义务的一种方式。

(2)多式联运单据

多式联运单据是多式联运合同的证明，是多式联运经营人收到货物的收据及凭其交货的凭证。多式联运单据应记载多式联运经营人的名称和地址，发货人及收货人的名称，多式联运经营人接管货物的地点和日期，交付货物的时间和地点，单据签发的时间和地点，货物的表面状况等事项。发货人应保证其在多式联运单据中提供的有关货物资料的准确性。随着物流运输行业的发展，仅适用于传统港至港运输的海运提单的适用已呈下降的趋势，且由于出口商的不恰当使用，对海运提单的拒付率也居高不下。因此，《跟单信用证统一惯例》(UCP600)将多式联运单据放在所有运输单据条款之前，具有一定的希望更多使用多式联运单据的意愿。

【技能操练】

我某进口公司与香港一家 P 公司达成交易，购买镀锌铁皮 50 吨，由香港装船，条件为 CIF 黄埔。该50 吨铁皮装在三个20 尺集装箱内，装船以后，卖方取得清洁提单向我在香港的中国银行结汇，银行核对单证与信用证相符，给予结汇。该船到黄埔卸货，我进口公司提货时，集装箱铅封完整，但拆箱后发现装的是旧铁桶，铁桶内装的不是镀锌铁皮而是污水，当即经商品检验局检验，并做出检验报告，一方面立即电话香港中国银行要求停付，但该批货款已早提走；另一方面派人去香港找卖方公司索赔，也早已人去楼空。我进口公司又向船公司提出索赔。

问题：

(1)本案是什么性质的问题？

(2)从本案中应取得哪些教训，今后应如何注意并采取措施以防类似案件的发生？

<table>
<tr><td colspan="3">Shipper(托运人,一般为出口商)
SHANGHAI TOY IMPORT & EXPORT CORPORATION
530 ROAD ZHONGSHAN SHANGHAI CHINA</td><td colspan="2" rowspan="6">B/L NO. COCS 0611861 ORIGINAL
中国对外贸易运输总公司
CHINA NATIONAL FOREIGN TRADE TRANSPORT CORPORATION
直运或转船提单
BILL OF LANDING DIRECT OR WITHTRANSSHIPMENT
SHIPPED on board in apparent good order and condition the goods or packages specified herein and to be discharged or the mentioned port of discharge of as near there as the vessel may safely get and be always afloat.
THE WEIGHT, measure, quality, contents and value, being particulars furnished by the shipper, are not checked by the Carrier on loading.
THE SHIPPER, Consignee and the Holder of this Bill of Lading hereby expressly accept and agree to all printed, written or stamped provisions, exceptions and conditions of this Bill of Loading, including those on the back hereof.
IN WITNESS where of the number of original Bill of loading stated below have been signed, one of which being accomplished, the others to be void.</td></tr>
<tr><td colspan="3">Consignee or order(收货人或指示)
TO ORDER OF SHIPPER</td></tr>
<tr><td colspan="3">Notify address(通知方,通常为进口方或其代理人)
YAMADA TRADE CO. ,LTD
310 - 224 SKURAMAJI OSAKA JAPAN</td></tr>
<tr><td colspan="2">Pre - carriage by
(前段运输)</td><td>Port of loading
SHANGHAI
(装货港)</td></tr>
<tr><td colspan="2">Vessel
NANGXING V. 086
(船次及船名)</td><td>Port of transshipment
(转运港,仅当该 B/L 用作全程转运时才填此栏)</td></tr>
<tr><td colspan="2">Port of discharge
OSAKA
(卸货港)</td><td>Final destination
OSAKA
(最终目的地)</td></tr>
<tr><td colspan="2">Container Seal No. or marks and Nos.</td><td>Number and kind of packages Designation of goods</td><td>Gross weight(kegs)</td><td>Measurement(m^3)</td></tr>
<tr><td colspan="2">T. CWJ060988OSAKA C/NO. 1 - 3300(唛头)</td><td>PULASH TOYSAY THREE THOUSAND AND THREE HUNDRED (3300) CARTONS ONLY FREIGHT PREPAID(包装种类和数量,货物名称、标志)</td><td>33960 kegs(毛重)</td><td>660 m^3(体积)</td></tr>
<tr><td colspan="3">REGARDING TRANSSHIPMENT
INFORMATION PLEASE CONTACT</td><td colspan="2">Freight and charge
FRIGHT PREPAID
(运费和费用)</td></tr>
<tr><td rowspan="2">Ex. rate</td><td>Prepaid at (预付地点)</td><td>Freight payable at SHANGHAI(到付地点)</td><td colspan="2">Place and date of issue SHANGHAI OCT. 26 ,2007(出单地点与日期,一般同装船日期)</td></tr>
<tr><td>Total Prepaid</td><td>Number of original Bs/LTHREE(正本提单份数,一般为 3 份)</td><td colspan="2">Signed for or on behalf of the Master (代表承运人签字)
as Agent(代理)</td></tr>
</table>

注：海运提单样本，各公司都有自己的提单格式，但主要内容大致相同。

项目活动2　国际航空货物运输

【案例导入】

青岛某货主将一批价值 USD10000,计 10 箱的丝织品通过 A 航空公司办理空运经北京出口至法国巴黎。货物交付后,由 B 航空公司的代理人 A 航空公司于 2003 年 1 月 1 日出具了航空货运单一份。该货运单注明:第一承运人为 B 航空公司,第二承运人是 C 航空公司,货物共 10 箱,重 250 千克。货物未声明价值。B 航空公司将货物由青岛运抵北京,1 月 3 日准备按约将货物转交 C 航空公司时,发现货物灭失。为此,B 航空公司于当日即通过 A 航空公司向货主通知了货物已灭失。为此,货主向 A 航空公司提出书面索偿要求,要求 A 航空公司全额赔偿。

问题:通过此案例比较出航空运输与海上运输的异同点。

【必备知识】

二、国际航空货物运输

(一)国际航空货物运输简介

国际航空货物运输是一种现代化的运输方式,首次出现于第二次世界大战之后,随着它在国际贸易运输中的地位日渐提高,航空运输货运量也越来越大。航空货物运输具备的优点是:运输速度快,安全性较高,受地面条件的限制较小,可节省包装、保险和利息等费用。航空运输的缺点也是显而易见的:运费较高,运输量不大。故在国际贸易运输中,航空运输的应用仍受到了一定的限制。

航空运输的主要营运方式有:班机运输(Scheduled Airline)、包机运输(Chartered Carrier)、集中托运(Consolidation)和航空急件传送(Air Express Service)。

班机运输是指有固定的起飞时间、固定的飞行路线、固定的始发站和目的站的飞机运输。

包机运输是指包租整架飞机进行货物运输。包机运输又可以分为整机包机和部分包机。

集中托运是指航空货运代理公司把若干批单独发运的货物组成一批向航空公司办理托运,填写一份总运单,将货物发运到同一目的站,由航空货运代理公司在目的站的代理人负责收货、报关,并将货物分别拨交于各收货人的一种运输方式。这种托运方式可争取较低的运价,故在航空运输中使用的较为普遍。

航空急件传送是目前国际航空运输中最快捷的运输方式。它不同于航空邮寄和一般航空货运,而是由一个专门经营此业务的机构与航空公司密切合作,以很快的速度在货主、机场、收件人之间传送急件。这种方式被称为“桌到桌”(Desk To Desk)运输。目前这种方式主要用于急需药品、医疗器械、图纸资料、货样及单证的传送。

(二)国际航空货物运输合同

1. 国际航空运输合同的概念。国际航空货物运输合同是由航空运输公司或其代理人与托运人签订的关于由航空公司将托运人的货物由一国的航空站运至另一国的航空站而由托运人支付约定运费的运输合同。

2. 国际航空货物运输合同的当事人。国际航空货物运输合同的当事人为承运人和托运人。承运人即从事航空运输业务的航空公司，托运人即为货主。由于航空运输是一项专业性较强的运输业务，因此一般货主会委托国际航空货运代理来办理有关航空货物运输的事宜。

3. 航空运单。航空运单是由承运人出具的证明承运人与托运人已订立了国际航空货物运输合同的运输单证。航空运单必须由托运人或其代理人和承运人或其代理人签署后方能生效。航空运单与海运提单不同，它不是货物的物权凭证，即航空运单不具有物权属性，因为航空运输速度快，没有必要通过转让单证来转移货物的所有权。

在实际业务当中，航空运单一般都印有"不可转让"的字样。航空运单的作用主要体现在：第一，航空运单是运输合同的证明。第二，航空运单是承运人接收货物的证明。第三，航空运单是记载收货人应负担费用和代理费用的记载凭证。第四，航空运单是办理报关手续时的基本单证。第五，当承运人承办保险或托运人要求承运人代办保险时，航空运单即可用来作为保险证书。记载有保险条款的航空运单又被称为红色航空运单。第六，航空运单是承运人内部业务的依据。航空运单随货同行，证明了货物的身份。运单上载有有关该票货物发送、转运、交付的事项，承运人会据此对货物的运输做出相应安排。

航空运单的正本一式三份，每份都印有背面条款，其中一份交发货人，是承运人或其代理人接收货物的依据；第二份由承运人留存，作为记账凭证；最后一份随货同行，在货物到达目的地，交付给收货人时作为核收货物的依据。

(三)国际航空货物运输的国际公约

调整国际航空运输的国际公约可划分为芝加哥公约体系、华沙公约体系、航空刑法体系。其中涉及国际航空货物运输的是华沙公约体系。华沙条约体系以1929年《关于统一国际航空运输某些规则的公约》(以下简称《华沙公约》)为核心，还包括修改《华沙公约》的1955年《海牙议定书》,1961年《统一非缔约承运人所办国际航空运输某些规则以补充华沙公约的公约》(以下简称《瓜达拉哈拉公约》)，以及其后的修订或补充性文件，如1971年《危地马拉议定书》,1975年《蒙特利尔第一号附加议定书》、《蒙特利尔第二号附加议定书》、《蒙特利尔第三号议定书》、《蒙特利尔第四号附加议定书》以及1999年《蒙特利尔公约》。其中，《华沙公约》是这一体系的核心。华沙体系主要规范私法行为。以上这些公约中，我国加入的公约有《华沙公约》、《海牙议定书》、1999年《蒙特利尔公约》。三个公约的主要内容有以下几点。

1. 航空货运单(Air Consignment Note)。依《华沙公约》的规定，航空货运单是订立合同、接受货物和运输条件的初步证据。换言之，即使航空货运单有缺少、不合规定甚至灭失，也不影响运输合同的存在和有效性。同时，货物承运人有权要求托运人填写航空货运单，托运人有权要求承运人接受这项凭证。《海牙议定书》对《华沙公约》在规范航空货运单上进行了修改，修改的地方主要有两点：1)将航空货运单(Air Consignment Note)改为空运单

(Air Waybill);2)将《华沙公约》中对航空货运单的记载事项进行了一些删减。

2. 承运人的责任。《华沙公约》规定,承运人应当对整个航空运输期间的货物因毁灭、遗失或损坏而产生的损失承担责任。航空运输期间是指承运人保管货物的整个期间,不论在航空站内、在航空器上或在航空站外降停的任何地点。航空运输期间不包括在航空站以外的任何陆运、海运或河运,但如果采用该项运输方式是为了履行航空运输合同而进行的装载、交货或转运空运货物的运输,如果在此期间发生货损,仍视为在航空运输期间发生的货损,除非有相反的证据证明,否则承运人也应对该损失负责。除此之外,承运人还应对在航空运输中因延误而造成的货物的损失负责。

3. 承运人责任的免除与减轻。根据《华沙公约》的规定,承运人有下面三中情形可以免除或减轻其责任:第一,如承运人能证明他和他的代理人或雇用人为了避免损失,已经采取了一切必要的措施,或承运人没有可能采取这种措施,承运人对货物的损失可以不承担责任。第二,如承运人能证明损失的发生是由于驾驶中、航空器的操作中或航行中的过失引起的,并能证明承运人和其代理人已在其他方面采取了一切必要措施来避免损失时,承运人对货物的损失可不负责任。第三,如承运人能证明造成损失是受害人自己的原因或原因之一时,则法院可依法免除或减轻承运人的责任。

4. 承运人的责任限额。《华沙公约》规定,承运人对货物的灭失、损害或延迟交货的责任,以每公斤250金法郎为限,但托运人事先特别声明货物的价值并缴纳相应附加费的则不在此限。并同时规定,如货物损失的发生是因为承运人或其代理人的故意的不当行为或过失引起的,则承运人无权免除或限制其责任。

5. 索赔期限和诉讼时效。依《华沙公约》的规定,在货物损坏、灭失的情况下,收货人应在收到货物后7日内提出异议,在延迟交付的情况下,应在货物由收货人支配之日起14日内提出异议。《海牙议定书》延长了索赔期限,将前者延长为14天,后者延长为21天。《华沙公约》规定的诉讼时效是自航空器到达目的地或应该到达之日起两年。

【技能操练】

通过本节的学习,请区分出航空运单与海运提单在法律属性上的异同点。

项目活动3　国际铁路货物运输

【案例导入】

某进出口公司从国外进口可可豆150公吨,计3000包。货物于XX年6月16日由华利轮运至上海,卸于九区,堆放在露天场地,下垫木板和草席,上盖双层油布。收货人于6月18日书面委托上海某货代办理进口报关和用铁路运输至某省某市某巧克力厂收货。货代接受委托后,立即办妥进口报关手续,但先后24次向铁路申请车皮未果。货代多次用电话向收货人通报情况并建议改用水运。至8月18日收货人在电话中称:请酌情处理。8月18日可可豆装上货轮,于20日运抵某市后,经收货人向当地检验检疫机构报验,检验结果严重霉变,失去使用价值。结果收货人向货代索赔。

问题:本案例中涉及铁路运输,并且也是国际贸易中货物运输情形,请判断该案中的运输方式是否属于国际铁路货物运输。

【必备知识】

三、国际铁路货物运输

1. 国际铁路货物运输简介。国际铁路货物运输是国际贸易中陆地运输的一种主要方式,铁路运输在国际贸易货物运输中的地位仅次于海洋运输。国际铁路货物运输是指使用统一的国际铁路联运单据,由铁路部门经过两个或者两个以上国家的铁路进行的运输。铁路运输比海上运输的风险小,时间短,但比航空运输的时间长。铁路运输的优点有:运输速度比较快,准确性和连贯性较高,安全可靠性较高。铁路运输的缺点则主要体现在运输受轨道限制,不能跨越海洋。

铁路运输的主要营运方式是国际铁路联运。国际铁路联运是指把两个或者两个以上的国家铁路联合起来,完成一票货物从出口国向进口国转移所进行的运输。它使用一份统一的国际联运单据,由铁路部门负责办理铁路运输的出入境,在由一国铁路向另一国铁路移交货物时无需收、发货人参加。因此,这种运输方式通常要依据有关的国际条约进行。

知识窗口

大陆桥运输是指以大陆上铁路或公路运输系统为中间桥梁,把大陆两端的海洋连接起来的集装箱连贯运输方式。

大陆桥运输一般都是以集装箱为媒介,采用国际铁路系统来运送。我国目前开办的西伯利亚大陆桥和新欧亚大陆桥的铁路集装箱运输具有安全、迅速、节省的优点。这种运输方式对发展我国与中、近东及欧洲各国的贸易提供了便利的运输条件。为了适应我国经济贸易的发展需要,利用这两条大陆桥开展铁路集装箱运输也是必经之道,将会促进我国与这些国家和地区的国际贸易发展。

目前,有关的国际条约有两个:一个是《国际铁路货运运送公约》(简称《国际货约》),该条约是根据1890年欧洲各国在瑞士首都伯尔尼举行的各国铁路代表会议上制定的《国际铁路货物运送规则》的内容基础上进行修改和改名,并在1938年10月1日生效实施的。另一个是《国际铁路货物联运协定》(简称《国际货协》),该协定是苏联和东欧国家在1951年签订的,之后,其他国家相继加入该条约,我国于1954年1月1日加入了该协定。

知识窗口

在国际铁路联运中,按托运货物数量、体积等,可分为整车运输(Full Car Load,FCL)和零担运输(Less than Car Load,LCL)。整车运输是指按一张运单办理的一批货物,需要单独车辆运送的,作为整车货物。这种方式用于数量大的货物运输。零担运输是指按一张运单办理的一批货物,重量不超过5000公斤,并按其体积又不需要单独车辆运送的,即为零担货物。

在国际铁路联运中，按期运送速度，可分为慢运(Ordinary Transport)和快运(Express Transport)两种。按照《国际货协》的规定，慢运整车每昼夜应为200公里，零担应为每昼夜150公里；快运车整车每昼夜应为320公里，零担应为每昼夜200公里。

2. 铁路运输合同的订立。在进行国际铁路货物运输时，发货人应对每批货物按规定的格式填写运单，由发货人签字后向始发站提出，从始发站承运货物时起，运输合同即告成立。在发货人提交全部货物和付清费用后，发货站在运单上加盖日期戳记，加盖了戳记的运单就成为了运输合同的证明。运单随货物从始发站附送至终点站，最后交给收货人。运单是铁路承运货物的凭证，也是铁路在终点向收货人核收有关费用和交付货物的依据。运单不具有物权属性，因此运单不能进行转让流通。

3. 承运人的责任及责任期间。承运人应依货物运输合同的规定将货物安全地运至目的地。依公约的规定，按运单承运货物的铁路部门应对货物的毁损灭失负连带责任。承运人的责任期间为从签发运单时起至终点交付货物时止。在此期间，承运人对货物因全部或部分毁损、灭失或逾期造成的损失负赔偿责任。

4. 承运人的免责。公约规定的承运人可以免责的情况包括：铁路不能预防与不能消除的情况；因货物自然性质引起的货损；货方的过失；铁路规章允许的敞车运送导致货损；承运时无法发现的包装缺点；发货人不正确地托运违禁品；规定标准内的途耗等。

5. 承运人的留置权。依公约的规定，为了保证核收运输合同项下的一切费用，铁路当局对货物可以行使留置权。留置权的效力以货物交付地国家的法律为依据。

6. 承运人的赔偿责任。《国际货协》在货损的赔偿上基本采用了足额赔偿的方法，依公约规定，铁路对货物损失的赔偿金额在任何情况下，不得超过货物全部灭失时的金额。在货物受损时，铁路的赔偿金额应与货价减损相当。在逾期交付的情况下，铁路应按逾期时间长短，以运费为基础向收货人支付规定的逾期罚金。

7. 发货人和收货人的权利和义务。

(1)支付运费的义务，发送过的运费由发货人支付，过境的运费可由发货人支付，也可由收货人支付。到达国的运费由收货人支付。

(2)收货人有收受货物的义务。

(3)变更合同的权利，依公约的规定，发货人可以对运输合同在满足如下条件时作出变更：在发货站将货物领回；变更到站，此时，在必要的情况下应注明货物应通过的国境站；变更收货人；将货物返还发货站。收货人可对运输合同作下列变更：在到达国范围内变更货物的到达站；变更收货人。

8. 诉讼时效。依《国际货协》的规定，当事人依运输合同向铁路主张的赔偿请求和诉讼，以及铁路对发货人和收货人有关支付运费、罚款和赔偿损失的要求和诉讼应在9个月内提出，有关货物逾期的赔偿请求和诉讼应在2个月内提出。

【技能操练】

中国F公司和俄罗斯R公司签订了一份化工原料采购合同,约定由R公司通过铁路运输向F公司完成合同履行,关于运输事宜适用《国际货协》规定。事后,R公司委托中国某铁路运输公司承运该批货物,承运人按约定把该批货物运至F公司所在地,经催收,F公司拒不支付相关费用,在此情况下,承运人扣留了该批货物。

问题:(1)根据国际货协的规定,承运人可否扣留承运货物?

(2)对承运人的扣留行为如何进行法律定性?适用何国法律?

■步骤三　总结

1. 关键知识

国际货物运输中的几种重要方式

海上运输、航空运输、铁路运输的区别和适用

各种运输方式中的单证特点和法律属性

调整各种国际货物运输方式的国际公约中的重要内容

2. 关键技能

能对国际贸易中货物运输选择适当的运输方式,能识别各种简单的运输单据,掌握各种单据的法律属性

■步骤四　综合训练

一、单项选择题

1. (　　)指托运人指定特定人为收货人的提单。这种提单不能通过背书方式转让,故也称作"不可转让提单"。

A. 记名提单　　B. 不记名提单

C. 指示提单　　D. 直达提单

2. 依据《海牙规则》的规定,下列关于承运人适航义务的表述中哪个是错误的?(　　)

A. 承运人应在开航前与开航时谨慎处理使船舶处于适航状态

B. 船员的配备、船舶装备和供应适当

C. 适当和谨慎地装载、搬运、配载、运送、保管、照料和卸载所运货物

D. 国际货物海上运输合同的当事人可以在合同中约定解除或减轻承运人依《海牙规则》承担的责任义务

3. 关于提单中承运人的责任制问题,《海牙规则》实行的是(　　)。

A. 严格责任　　B. 不完全过失责任

C. 完全过失责任　　D. 过失责任

4.《修改统一提单规则的若干法律规则的国际公约的议定书》又称为(　　)。

A. 汉堡规则　　B. 海牙规则

C. 华沙—牛津规则　　D. 维斯比规则

5.《联合国1978年海上货物运输公约》又称为(　　)。

A. 海牙规则　　B. 维斯比规则

C. 华沙—牛津规则　　D. 汉堡规则

二、多项选择题

1. 下列有关承运人的基本义务的表述正确的有(　　)。

A. 承运人的适航义务是绝对义务,而不是谨慎义务

B. 承运人应在整个航程中使船舶处于适航状态

C. 承运人在整个航程中都有管货义务

D. 承运人有不进行不合理绕航的义务

2. 按提单上注明的收货人抬头,可以将提单分为(　　)。

A. 记名提单　　B. 不记名提单

C. 指示提单　　D. 直达提单

3. 提单的作用包括(　　)。

A. 提单是托运人与承运人之间订有运输合同的凭证

B. 提单是承运人从托运人处收到货物的凭证

C. 提单是托运人与收货人之间订有买卖合同的证明

D. 提单是代表货物权利的凭证

4. 我国加入的有关航空运输的国际公约包括下列哪项?(　　)

A.《华沙公约》　　B.《海牙议定书》

C.《海牙公约》　　D.《蒙特利尔公约》

5. 下列哪些属于是《汉堡规则》对《海牙规则》的改进?(　　)

A. 延长了诉讼时效　　B. 扩展了承运人责任的期间

C. 改变了承运人承担责任的原则　　D. 就延迟交货做出了规定

三、判断题

1.《海牙规则》规定的诉讼时效为2年,从货物交付或应付之日起计算。(　　)

2. 与国际海上运输合同中的提单及国际航空运输中的航运单不同,国际铁路货物运输中的运单作为货物权利凭证不能转让。(　　)

3. 记名提单必须经过背书才能转让。(　　)

四、简答题

1. 提单的法律特征。

2.《华沙公约》中承运人可以减轻或免除责任的情形。

3. 试述《汉堡规则》对《海牙规则》和《维斯比规则》的改进。

五、案例分析题

1. 中国甲公司与法国乙公司于2003年10月签订了购买300吨化肥的合同，由德国某航运公司“New Orientiation”号将该批货物从法国马赛港运至中国青岛港。“New Orientition”号在航行途中遇小雨，因货舱舱盖不严使部分货物遭受雨淋，受到损失。请问：根据《海牙规则》的规定，承运人应否赔偿货物因遭受雨淋的损失？为什么？

2. 一批马口铁自英国伦敦运在加拿大温哥华途中，船舶发生碰撞受损，在附近港口坞修理时，需要打开发货船舱盖。在修理过程中遇几次下雨，但船员没有关闭舱盖，也未加防雨布遮盖，使货物受雨生锈，船抵目的港卸货后，货方向船方提出索赔，船方借提单条款：“由于驾驶和船舶管理上的疏忽所造成货物的损失，船方免于负责”为由拒赔，货方诉之法院。

问题：

(1)船方拒赔理由是否充分?

(2)按《海牙规则》第三条第一款规定，上述货损是否属于免责范围?

(3)造成上述货损的原因是由于“船舶管理不善”还是“货物管理不善”?

工作任务九　国际海上货物保险法

■步骤一　宣布本次教学的工作任务及目标

教学内容：了解和掌握国际海上货物保险的种类及内容。

教学目标：熟悉海上货物保险中各种险种的具体内容，能够正确选择适用的险种。

■步骤二　工作任务

项目活动1　国际海上货物保险法概述

【案例导入】

中国某进出口公司与美国某公司签订一份出口玉米合同，由中方负责运输和保险事宜。为此，中方与上海某轮船公司签订运输合同，并就该批货物向某保险公司投保。后货轮在海上遭遇风险，使货物受损。

请问：如果发生的风险是由于承运人的过错引起的，并且在承保范围内，保险公司赔偿损失后，卖方是否能够再向上海某轮船公司索赔？为什么？

【必备知识】

一、保险的含义和作用

我国《保险法》规定，保险是指投保人根据合同规定向保险人支付保险费，保险人对于合同约定的可能发生的事故因其发生所造成的财产损失承担赔偿保险金责任，或者当被保险人死亡、伤残、疾病或达到合同约定的年龄、期限时承担给付保险金责任的商业保险行为。

保险的作用主要有：

1. 分散风险，稳定生产和社会秩序。
2. 有利于减少保险事故的发生，具有防灾减灾、防损减损的作用。
3. 有利于积累建设资金，是收取外汇的一种手段。
4. 客观上可以起到促进国际经济贸易和发展旅游经济的作用。

二、海上保险

海上保险属于财产保险的范畴，是对海上风险——自然灾害和意外事故所造成的财产损失的一种补偿方法。海上保险合同所承保的风险基本上限于海上风险，经双方同意，也可以扩展到与航海有关的内河和陆上发生的风险。

海上保险有长久的历史，但至今尚无有关海上保险的国际公约。英国1906年制定的《海上保险法》确定的一些基本原则，如最大诚信原则、保险利益原则、近因原则和代位求偿原则，对各国后来的海上保险立法起到了指导作用，在国际上的影响很大。我国对这方面的法律主要是《保险法》和《海商法》。

三、基本原则

（一）保险利益原则

1. 保险利益也可以称为可保利益，是指投保人或被保险人对保险标的所具有的法律上所承认的利益

当风险发生后，保险人将根据保险合同对被保险人所遭受到的损失予以赔偿，所以被保险人对于特定的保险标的应具有一定的保险利益才能投保。如果他没有保险利益而订立保险合同，保险标的的毁损对他并无损失，反而给他带来利益，这种合同不是保险合同，而是以他人的灾难进行赌博的工具。规定保险利益原则就是为了避免这类道德风险的发生，根据这一原则，如果被保险人不具有保险利益，保险合同无效。

海上保险的保险利益与其他保险不同，被保险人虽然依法要对保险标的具有保险利益，但并不要求在投保当时就具有，而仅要求他在保险标的发生损失时必须具有保险利益。

2. 保险利益的拥有者

一般来说，船舶或货物的所有权人都具有保险利益，但英国1906年《海上保险法》规定，只要对于特定航海的保险财产具有法律上的利害关系，并因保险财产的安全到达与否而受益或受损的人，就有保险利益。主要是指船舶所有人、货物的买主、承运人、租船人、船舶的抵押权人、船舶受信托人。

3. 保险利益所要满足的条件

（1）保险利益必须具有合法性。被保险人对于非法的财产不具有保险利益，以其为保险标的所签订的保险合同无效，如偷来的财产就不能作为保险标的。

（2）保险利益必须具有确定性。被保险人主观臆想会得到的利益不能作为保险利益。所谓确定的利益，是指确实存在的利益，包括现有的利益，如货物本身的价值，以及预期利益，如待销售货物的利润。

（3）保险利益必须具有经济性。保险利益的价值可以用货币来计算，如果不能，就无法计算其损失的大小与程度。如果允许这种保险利益存在，就违法了损失补偿的原则，例如，政治上的诉求和感情上的寄托就不能作为保险利益。

案例思考

A 公司向 B 公司购买一批货物,并就该货物向保险公司投保。承运货物的轮船在运输途中因船舱进水而沉没。A 公司向保险公司索赔,被拒绝,理由是 A 不具有保险利益。据查,该批货物必须经申领进口许可证方可经营进口,但 A 公司没有办理这一手续。

请问:保险公司是否应该赔偿 A 公司的损失?

(二)最大诚信原则

最大诚信原则要求,双方当事人在订立保险合同时,必须如实告知对方有关订立合同的主要情况,以便对方能够决定是否签订合同。

诚信原则适用于一切合同,但保险合同对诚信原则的要求更高。因为保险危险是不确定的,保险人主要依据被保险人对保险标的的告知和保证来决定是否承保和保险责任的大小。如果被保险人违背诚信的要求,就可能导致保险人判断失误而上当受骗。因此,保险合同又被称为最大的诚实信用合同。

最大诚信原则对被保险人的要求主要体现在以下方面:

1. 告知义务

被保险人在订立合同前或订立合同时应将影响保险人决定是否承保并决定保险费率的重要情况告知保险人。主要包括:1)足以使被保险危险增加的事实;2)为特殊动机投保的,有关此动机的事实;3)表明被保险危险特殊性质的事实;4)显示被保险人在某方面非正常的事实。

被保险人的告知义务是法定的,如果被保险人作了不正确的说明,无论是否故意,保险人有权撤销合同。

2. 披露义务

如隐瞒或疏于通知一方当事人知道而另一方不知道或推定不知道的重要事实,就构成遗漏。如果被保险人遗漏,无论是否故意,保险人均有权撤销合同。

按照英国 1906 年《海上保险法》的规定,被保险人有义务在订立合同前将他所知道或应当知道的重要情况告知保险人。凡属业务中应知道的情况均视为被保险人已经知道。如被保险人未告知,保险人有权撤销合同。所谓重要情况,就是影响保险人确定保险费率或决定是否承保的情况。

3. 担保义务

担保是指被保险人对保险人的特定担保事项。如担保某种事项的真实性,或担保某种行为的作为或不作为等,目的在于帮助保险人控制风险。担保可分为明示担保和默示担保两种:

(1)明示担保

明示担保是指保险人与被保险人在保险合同中以书面的方式约定的事项。如船级、船舶国籍、船舶自装港开航的日期、签约时船舶状态的保证。

(2)默示担保

默示担保是指未经当事人明示约定,而由法律规定应当履行的担保。英国1906年《海上保险法》规定的默示担保主要有:船舶适航性的担保、船舶合法性的担保、船舶不绕航的担保。

(三)近因原则

近因原则是确定事故引起保险标的灭失或损坏时,保险人是否按照约定的保险责任范围承担责任,也是明确保险危险是否与灭失或损坏的事故有因果关系的一项原则。近因原则要求保险人承保危险的发生与保险标的损害之间存在因果关系。

当一个事故的发生是由于一个原因造成的,这个原因就是该事故的当然近因。但在实践中,事故的发生经常是多个原因所致,那么其中主要的、直接的、起决定性作用造成保险标的损害的原因,就是近因。它不以发生的时间早晚为标准,只有当近因在保险责任范围内,保险人才承担赔偿责任。

我国《保险法》第22条规定,保险事故发生后,按照保险合同请求保险人赔偿或者给付保险金时,投保人、被保险人或者受益人应当向保险人提供其所能提供的与确认保险事故的性质、原因、损失程度等有关的证明和资料。也就是说,被保险人向保险人求偿时须负举证责任。

(四)补偿原则

根据补偿原则,被保险人订立保险合同的目的只能是用来补偿自己的损失,而不能通过保险获取额外的利益。这一原则一般表现为以下具体要求:

1. 保险人的赔偿应以实际损失为限,被保险人不能从中获得额外收益;
2. 保险人的赔偿金额应以保险金额为限;
3. 禁止重复保险,或规定在重复保险的情况下,发生保险事故,损失由各保险人分摊;
4. 规定保险人的代位求偿权。

保险人的代位求偿权是指当保险标的的损失是由第三人的原因造成时,保险人在给付赔偿后,被保险人应将其向该第三人求偿的权利转移给保险人,保险人可以代替被保险人向第三人请求赔偿。

保险人行使代位求偿权的条件是已向被保险人进行了赔偿。被保险人在得到保险人的赔偿后,放弃对第三人的赔偿请求权的,其放弃行为无效;被保险人先放弃对第三人的赔偿请求权的,保险人可以不予以赔偿。

【技能操练】

甲公司向保险公司乙投保一批玻璃器皿,事后因多数货物发生破裂而向乙索赔。乙认为甲违反了最大诚信原则,隐瞒了以下事实:玻璃器皿全部是用纸箱包装的,而且是尾货,价格低廉,从而拒绝赔偿。

请问:乙保险公司是否应该赔偿?

项目活动2 海上保险合同

【案例导入】

广东某公司(卖方)与香港某公司(买方)签订一份玩具买卖合同,规定50000份CFR荷兰鹿特丹USD30000,装运口岸与目的地为广州—香港—荷兰;交货期2009年6月底前。2009年6月19日,卖方将400箱货物装上卡车运至广州装船,由于驾驶员过失,卡车翻入河内,货物落水浸湿,其中100箱成为次品。2010年1月,买方申请某保险公司对货物进行检验,并出具商检报告。保险公司向买方理赔了20万港元,从而取得代位求偿权。保险公司数次向广东公司索赔未果。本案货损应由谁负责?

【必备知识】

一、海上保险合同当事人

(一)保险人

保险人是指按照合同的约定,收取保险费,承担赔偿责任的一方当事人。通常经营保险业务的经济组织或个人,必须是取得了保险人的资格,还应当具有经营海上保险业务的资格。

在英国,保险人通常是劳埃德保险公司,在美国则没有劳埃德类型的个体保险人而只有保险公司。中国的保险人是中国人民保险公司。

知识窗口

劳埃德保险公司,又译作"劳合社",为英国保险业垄断组织,是当今世界保险业中信誉最高、名气最大、资金最雄厚、利润最多的一家大保险公司,是世界著名保险商联合组织,尤以经营海运保险著称。

(二)投保人

投保人是指申请与保险人订立海上保险合同,负有缴纳保险费义务的一方当事人。投保人可以是自然人或法人,其订立海上保险合同可以是为自己的利益,也可以是为他人的利益或两者兼有,但他必须具有保险利益。

(三)被保险人

被保险人是指承受保险事故所造成的保险标的损失的后果,并有权请求赔偿的一方当事人。如果投保人为自己利益投保海上保险合同,则投保人与被保险人是同一当事人,但如果投保人是为他人利益投保的,被保险人就是另一个当事人。我国《海商法》规定,被保险人就是投保人,两种主体不能分离。

二、海上保险合同的订立

(一)英国法的有关规定

英国1906年《海上保险法》规定,海上保险合同于保险人接受被保险人的要求时,即视为已经成立,不论当时保险单是否签发。海上保险合同的成立主要分两步:一是签发投保条,二是签发保险单。

投保船舶、货物或运费险,通常由被保险人委托经纪人办理,被保险人必须把一切必要的情况提供给经纪人,并授权经纪人在一定的保险费率范围内投保。经纪人据以起草投保条,包括经纪人的名称、船舶、航程、保险期间、保险财产和保险金额。经纪人把投保条交给各个保险人传阅,保险人若愿意承保,即签署投保条,在投保条上写明保险费率及承保金额。当全部保险金额得到承保时,保险合同成立,只差签署保险单这一正式手续。经签署的投保条虽是海上保险合同,但在法律上不能约束双方,只能在信誉上进行约束。如果在签发投保条后、签发保险单以前,保险标的发生损失,保险人照例赔偿。

(二)我国的有关规定

我国《保险法》第13条规定,投保人提出保险要求,经保险人同意承保,保险合同成立。保险人应当及时向投保人签发保险单或者其他保险凭证。保险单或者其他保险凭证应当载明当事人双方约定的合同内容。当事人也可以约定采用其他书面形式载明合同内容。

《海商法》第221条对海上保险合同的订立作了如下规定:被保险人提出保险要求,经保险人同意承保,并就海上保险合同的条款达成协议后,合同成立。保险人应当及时向被保险人签发保险单或者其他保险单证,并在保险单或者其他单证中载明当事人双方约定的合同内容。

海上保险合同必须以书面方式订立,内容主要包括:1)保险人名称;2)被保险人名称;3)保险标的;4)保险价值;5)保险金额;6)保险责任和除外责任;7)保险期间;8)保险费。但不限于这些项目。

三、海上保险合同的变更与转让

(一)变更

海上保险合同成立后,双方当事人可以协商变更合同内容,如变更保险责任的范围、责任期间、保险金额、保险险别等。但变更保险合同必须符合法定形式,被保险人必须向保险人提出申请,经保险人同意并出具批单,保险合同才能变更。

(二)转让

在国际贸易中,货物在运输途中经常会发生转让,风险也会随之发生转移,如果保险合同不随之进行转让的话,对新买主将极为不利,因此各国的海上保险法大都允许保险合同转让。转让的方式一般为背书转让,即只要被保险人在保险单据上背书后,被保险人的权利义务就转移给了新的受让人,保险人对该受让人承担保险责任。

四、保险价值

(一)保险价值的定义

保险价值是指保险标的所在地具有的实际价值,它是确定保险金额的依据,也是确定保险人的保险责任的依据。海上保险标的的价值,在不同的时间、地点往往有很大的差距,为此,被保险人和保险人订立保险合同时,应当申明保险标的的实际价值。

(二)确定保险价值的方式

1. 根据合同订立时保险标的的实际价值确定,即由双方当事人在订立保险合同时,在合同中约定。

2. 根据保险事故发生时保险标的的市场价值确定。

依照第一种方式订立的保险合同称为定值保险,依照第二种方式订立的保险合同称为不定值保险。

(三)保险价值的计算方法

根据我国《海商法》第 219 条第 2 款的规定,有关海上保险标的的保险价值按下列规定计算:

1. 船舶的保险价值,是保险责任开始时船舶的价值,包括船壳、机器、设备的价值,以及船上燃料、物料、索具、给养、淡水的价值和保险费的总和;

2. 货物的保险价值,是保险责任开始时货物在起运地的发票价格或者非贸易商品在起运地的实际价值以及运费和保险费的总和;

3. 运费的保险价值,是保险责任开始时承运人应收运费总额和保险费的总和;

4. 其他保险标的的保险价值,是保险责任开始时保险标的的实际价值和报名费的总和。

保险金额由保险人和被保险人约定并载明于保险单证上,是保险人承担保险标的损失的最高赔偿责任限额。在定值保险中,保险双方约定的保险金额与其约定的保险标的价值是一致的。在不定值保险中,保险金额不得超过保险价值;超过保险价值的,超过部分无效。

五、保险期间

保险期间是保险人承担责任的时间范畴,即保险责任开始到终止的时间。除非另有约定,保险人只对保险期间所发生的承保风险造成的保险标的的损失负责。海上保险合同的保险期间可能是某个具体时间段,即定期保险;也可能是某个特定航次,即航次保险。

(一)定期保险合同的保险期间

在定期保险中,由于保险单上已经注明具体日期,因此保险期间的起讫一般很明确。在船舶定期保险中,保险合同除规定保险期间的具体起止时间以外,还同时规定,如果保险到期时,就保险船舶尚在航行中或处于危险中或在避难港或中途港停靠,经被保险人通知保险人并按时间加付保险费后,保险责任可继续到船舶抵达目的港为止。有的合同还规定,如果保险船舶在延长时间内发生全损,需另加交6个月的保险费。

(二)航次保险合同的保险期间

在航次保险中,保险期间的起讫是从航次开始到航次终了时,而这两个时间往往不明确,需要保险合同另外说明。

1."仓至仓"条款

海上货物运输保险合同通常是航次保险合同,合同中一般都有专门的条款来约定保险期间的起止和计算。所谓"仓至仓",是指保险期间自货物离开保险单载明的起运地的发货人仓库时开始,延续到整个正常运输期间,一直到货物抵达保险单所载明的目的地的收货人仓库时为止,有特殊情况除外。

在保险期间的规定中,如果规定了保险货物在运输途中由于被保险人无法控制的情况发生了绕道、迟延、被迫卸货以及转运等,保险公司对此仍然负责的条款,也被称为"扩展责任条款"。而规定由于被保险人无法控制的原因,被保险货物在运抵保险单载明的目的地之前,运输合同在其他港口或地方终止,或者航程在保险责任终止以前终止,保险合同也就终止的条款,也被称为"航程终止条款"。

2. 运输条款

我国"仓至仓"条款,很大程度上是从英国的《协会货物险》条款中借鉴过来的,但现在英国新的协会货物险条款已经不再使用"仓至仓"条款,而是用"运输条款"来对保险期间进行规定。这两种条款内容基本一致,但"运输条款"的规定被认为更合理一些。

协会货物险条款规定:本保险从货物为了进行运输离开指定地点的仓库或储存场所开始,延续到运输的正常过程中,直到以下情况中先发生的一种时结束。

(1)货物交给收货人或指定目的地的仓库或储存场所。

(2)交给任何其他被保险人为了以下目的选择使用的在指定目的地或之前的仓库或储存场所时:为了在正常运输过程以外储存,为了分配或分发货物。

(3)货物在最后卸货港从海运船只上卸下60天以后。

3. 船舶航次险的保险期间

在船舶航次保险合同中,通常视船舶是载货船还是非载货船而对保险航次的起止进行规定。如协会船舶险条款规定,保险航次是1)不卸货船舶:自起运港解缆起锚时开始至目的港抛锚或系缆完毕时终止;2)载货船舶:自起运港转货时开始至目的港卸货完毕时终止,但自船舶抵达目的港当日午夜零点起最多不得超过30天。

【技能操练】

我国金风号货轮在装载货物启程前与我国某保险公司就货轮签订了碰撞险保险合同。双方在合同中约定:

1)该保险合同适用我国的法律;2)该货轮的保险价值为1亿元,保险金额为5000万元。金风号货轮在公海上,由于巴拿马籍货轮驾驶不当而遭到碰撞,受到损失。

请问:

(1)金风号货轮受到损失的金额为5000万元,保险公司应向金风号货轮支付的保险金为多少?

(2)保险公司在向金风号货轮支付保险金后,可以向巴拿马籍货轮行使何种权利?

项目活动3 风险与损失

【案例导入】

轮船搁浅后,由于船长对当地水文、气象不了解,错误地认为遭遇了危险,于是雇请拖轮前来救助。事后经调查发现,船舶搁浅是由于潮汐变化所致,待涨潮时,完全可以自行起浮。船方就雇佣拖轮所支付的救助费向货主主张共同海损,遭到拒绝后起诉至法院。

问:本案中支付的救助费是否是共同海损?为什么?

【必备知识】

一、承保的风险

(一)海上风险。主要包括海上发生的自然灾害和意外事故。

1. 自然灾害主要是指恶劣气候、海啸、雷电、暴风雨、地震、火山爆发等。

2. 意外事件包括船舶碰撞、搁浅、触礁、沉没、火灾、失踪、爆炸等。

(二)外来风险。是指海上风险以外的其他外来原因造成的风险,包括有一般外来风险和特殊外来风险。一般外来风险主要有盗窃、淡水雨淋、玷污、渗漏、破碎、串味、生锈、碰损、短少、受潮受热等。特殊外来风险往往是由于政治、军事、国家政策及行政措施等原因造成,如战争、罢工、交货不到等。

二、承保的损失

国际海上货物保险合同所承保的损失是保险标的在海上运输途中遭受风险所造成的损失,也称为海上损失。根据各国保险法的规定,海上保险所承保的损失,只能是由上述承保的风险范围内直接造成的损失。

(一)全部损失和部分损失

1. 全部损失,是指保险标的全部毁损灭失或无法修复而发生的损害,可以分为实际全损和推定全损。

实际全损,是指保险标的发生保险事故后灭失,或者受到严重损坏完全失去原有形体、效用,或者不能再归被保险人拥有。实际损失一般有三种情况:

(1)保险标的全部灭失。这是指标的的实体已经完全毁损,如船舶因飓风浸水而沉入海底,货物被海水溶解或被大火焚毁。

(2)保险标的虽存在,但损坏严重,已无法复原,失去投保时原物的品质、用途。如茶叶受化学物质污染,水泥被海水浸泡而硬结,船壳支离破碎已不成船型等。

(3)保险标的的所有权丧失,已不为被保险人所有,而且无法收回。如战争时期船舶或货物被敌对国没收等。

推定全损,是一种法律上认定的假定的全损,并不是实际上的真正的全损。发生保险事故后,保险标的可能依然存在,但从商业角度看实际全损已不可避免,或者为避免发生实际全损所需花费的费用与继续将货物运抵目的地的费用之和会超过保险价值。如船舶发生碰撞后,如果将船拖拉到安全港口的费用和受损部分修理的费用加起来已经超过了保险价值,就构成该船舶的推定全损。或者船舶在战争中被敌国扣留,虽然货物仍然完好存在,但归期难以预料,也可能被视为推定全损。

保险标的发生实际全损,保险人应给予赔偿。如果发生推定全损,被保险人可以要求按全部损失赔偿或按部分损失赔偿,如果要求按全部损失赔偿,被保险人必须将保险标的委付给保险人。所谓委付,就是指在保险标的发生推定全损时,由被保险人把保险标的的一切权利转让给保险人,而向保险人请求按实际全损赔付。保险人可以接受,也可以不接受委付。

2. 部分损失,是指没有达到全损程度的损失。全部损失与部分损失的区别,是以每一个单独的保险标的为依据。发生灭失的部分,在保险单上成为一个独立的保险标的时,对该部分而言,全部损失即告成立。如果该部分是整个保险标的的一部分时,即为部分损失。按照受损的性质,部分损失可以分为共同海损和单独海损。

(二)共同海损和单独海损

1. 共同海损是指在同一海上航程中,船舶、货物和其他财产遭遇共同危险,为了共同安全,有意地合理采取措施所直接造成的特殊牺牲、支付的特殊费用。共同海损的构成条件有:

第一,船舶必须确实遭遇危及船、货等共同安全的危险。这里的共同危险,包括两层意思:一是危险是航程中的船舶、货物共同面临的,即危险情况发生时危及了船、货的共同安全,如果不及时采取措施,船、货都有灭失或损坏的危险。单纯为了某一方的利益而做出的牺牲不属于共同海损。二是这种危险必须是真实存在的,主观臆断的危险不是真正的危险,因判断错误而采取的措施不属于共同海损。

第二,共同海损的牺牲必须是自愿的和有意识的行为所造成的。共同海损牺牲的产生是人为的故意行为,而不是遭遇海上风险造成的意外损失。例如,某船舶在航行中,A舱中的甲批货物着火,危及船、货的共同安全,船长下令灭火,救火过程中将 A 舱中的货物淋湿,这种损失就属于共同海损。假如货物在航行中遭遇暴风雨被淋湿,造成的损失就不属于共同海损。

第三,共同海损牺牲和费用的支出必须是合理的。共同海损牺牲和费用的支出必须以解除危难局面为限,船长不能滥用职权,任意扩大牺牲和费用的支出。例如,船舶在河口搁浅,可以等潮水来后,借助于潮水和风的力量重新浮起,但船长为了节约时间,使用主机试图摆脱困境,由于过度使用而造成主机损坏,这一损失不构成共同海损。

第四,共同海损牺牲和费用的支出的目的仅限于为保全船、货等各方面的共同安全。

对于共同海损的牺牲和费用,各个受益人用获救的船舶、货物和运费按其获救后的价值按比例进行分摊,称为“共同海损分摊”。

2. 单独海损是指保险标的由于承保的风险引起的,不属于共同海损的部分损失。单独海损只涉及船舶或货物单方面的损失,只能由受损失一方自己承担。例如,船舶在航行中遭遇狂风巨浪,海水入舱造成货物部分受损就属于单独海损,应由货方自己承担损失。单独海损一般是意外发生的,不是人的有意行为引起的。

案例思考

我国华旗公司与新加坡何记公司签订进口食品合同。在运输途中,轮船起火,烧毁了部分货物,船长在组织救火过程中又湿毁部分货物。

请问:烧毁的货物属于什么损失?湿毁的货物又属于什么损失?为什么?

案例思考

我国诺华公司与新加坡金鼎公司于 1999 年 10 月 20 日签订购买 52500 吨饲料的 CFR 合同,诺华公司开出信用证,装船期限为 2000 年 1 月 1 日至 1 月 10 日。由于金鼎公司租来运货的"亨利号"在开往某外国港口运货途中遇到飓风,结果装货至 2000 年 1 月 20 日才完成。承运人在取得金鼎公司出具的保函的情况下,签发了与信用证条款一致的提单。"亨利号"途经某海峡时起火,造成部分饲料烧毁。船长在命令救火过程中又造成部分饮料湿毁。由于船在装货港口的迟延,使该船到达目的地时赶上了饲料价格下跌,诺华公司在出售余下的饲料时价格不得不大幅度下降,给诺华公司造成很大的损失。请根据上述事例,回答以下问题:

(1)途中烧毁的饲料损失属什么损失,应由谁承担?为什么?

(2)途中湿毁的饲料损失属什么损失,应由谁承担?为什么?

(3)诺华公司可否向承运人追偿由于饲料价格下跌造成的损失?为什么?

案例思考

(1)属单独海损,应由诺华公司承担。因为途中烧毁的饲料不属共同海损,而依 CFR 术语,此时的在途货物已由诺华公司即买方承担风险。

(2)属共同海损。因为船舶和货物遭到了共同危险,船长为了共同安全,有意又合理地造成了饲料被湿毁。此项损失由诺华公司与船舶公司分别承担,这是共同海损的结果。

(3)可以。因为承运人迟延装船,又倒签提单,当然应对买方的损失负责。

三、保险险别

保险险别是保险人对风险和损失的承保责任范围,又是保险人责任义务大小及被保险人缴付保费的依据,主要有基本险与附加险两大类。

(一)基本险

又称主险,是可单独承保的险别,包括平安险、水渍险和一切险。

1. 平安险的责任范围

(1)被保险货物在运输中由于恶劣气候、雷电、海啸、地震、洪水等自然灾害造成整批货物的全部损失或推定全损;

(2)由于运输工具遭受搁浅、触礁、沉没、互撞、与流冰或其他物体碰撞,以及失火、爆炸,或在装卸、转运时由于一件或数件货物落海等意外事故造成货物的全部或部分损失;

(3)在运输工具已发生搁浅、沉没、焚毁等意外事故的情况下,货物在此前后又在海上遭受恶劣气候、雷电、海啸等自然灾害所造成的部分损失;

(4)对在承保范围内的受损货物进行施救而支付的费用,但以不超过该批被救货物的保险金额为限;

(5)运输工具遭遇海难后,在避难港由于卸货所引起的损失以及在中途港、避难港由于卸货、存仓以及运送货物所产生的特别费用;

(6)由于共同海损而产生的牺牲、分摊和救助费用;

(7)根据运输契约中“船舶互撞责任”条款规定,应由货主偿还船方的损失。

2. 水渍险的责任范围

包括上述平安险的各项责任外,还负责被保险货物由于恶劣气候、雷电、海啸、地震、洪水等自然灾害所造成的部分损失。

3. 一切险的责任范围

除包括平安险和水渍险所列各项外,还包括对被保险货物在运输中由于外来原因所致的全部或部分损失。它是主要险别中保险人责任范围最大的一种险别。

4. 基本险的除外责任

保险公司明确规定对以下损失不予负责:被保险人的故意行为或过失造成的损失;属于发货人责任所引起的损失;在保险责任开始前,被保险货物已存在的品质不良或数量短缺所造成的损失;被保险货物的自然损耗、本质缺陷、特性及市价跌落、运输延迟引起的损失或费用;海洋运输货物战争条款和货物运输罢工条款规定的责任范围和除外责任。

(二)附加险

附加险不能单独投保。保险人可在投保平安险和水渍险的同时,加保附加险中的一种或数种。若投保一切险,则不必加保附加险,因为一切险中已包括对一般外来原因造成的一切损失的赔偿责任。

附加险可分为一般附加险和特殊附加险。一般附加险包括盗窃,提货不着险,淡水雨淋险,短量险,混杂、玷污险,渗漏险,碰损、破碎险,串味险,受热受潮险,钩损险,包装破裂险,锈损险。特殊附加险包括战争险和罢工险。

【技能操练】

"幸运"号货轮装载花生从印度驶往沙特,第一天途中遇到小雨,花生部分被雨淋湿;第二天船上发生火灾,将部分花生烧毁,船长下令用水救火,结果花生又被海水浸泡发霉变质;同时,船舱通风设备被火烧坏。

请问:上述各项损失中,哪些属于单独海损?哪些属于共同海损?

■步骤三　总结

1. 关键知识

海上货物保险合同的基本原则、保险期间

海上保险承保的风险及损失

2. 关键技能

掌握海上货物保险法的法律知识,基本具备根据不同情况,准确选择适用各种险种和投保、索赔的能力。

■步骤四　综合训练

一、单项选择题

1. 各国保险法普遍要求被保险人在(　　)对保险标的物有可保利益。

A. 投保的时候　　B. 保险标的物发生损失时

C. 装船的时候　　D. 交付标的物的时候

2. A 公司搭载于某航行途中货轮上的 1000 吨袋装水泥,在货轮穿越一风浪区时,为保证货轮和其他几个货主的仪器设备的安全,被船长下令全部抛入大海。最后该货轮安全抵达目的港,A 公司的水泥却已全部被抛弃。A 公司的损失属于(　　)。

A. 全部实际损失　　B. 推定全损　　C. 单独海损　　D. 部分损失

3. 下列险别中不可以单独投保的是(　　)。

A. 平安险　　B. 水渍险　　C. 一切险　　D. 一般附加险

4. 对于共同海损所做出的牺牲和支出的费用,应由(　　)。

A. 船方承担

B. 货方承担

C. 保险公司承担

D. 所有与之有利害关系的受益人按获救船舶、货物、运费获救后的价值比例分摊

5. 保险公司承担保险责任的期间通常是(　　)。

A. 钩至钩期间　　B. 舷至舷期间　　C. 仓至仓期间　　D. 水面责任期间

二、多项选择题

1. 在下列各项中,属于国际货物运输保险基本原则的是哪几项?(　　)

A. 保险利益原则　　B. 最大诚实信用原则

C. 损失补偿原则　　D. 近因原则

2. 下列哪几项属于共同海损的成立要件?(　　)

A. 船舶遭遇风险

B. 船货处于共同危险

C. 采取必要的措施必须经过各方当事人的同意

D. 采取的措施必须是有意和合理的

3. 根据海上货物保险条款的规定,保险公司对下列原因造成的货物损失,不负赔偿责任的是(　　)。

A. 被保险人的故意行为或过失造成的损失

B. 属于发货人责任引起的损失

C. 在保险责任开始前,被保险货物存在的品质不良或数量短差造成的损失

D. 被保险货物的自然损耗、本质缺陷、特性造成的损失和费用

三、判断题

1. 茶叶被海水完全浸泡属于推定全损。(　　)

2. 保险利益原则是指投保人对保险标的具有法律上承认的利益。(　　)

3. 战争险属于一切险的范围。(　　)

4. 某货轮在运输途中由于发动机故障无法正常航行,船长请求附近港口派船对该货轮进行救助,产生救助费 12 万元,该救助费可以列入共同海损。(　　)

四、简答题

1. 国际海上货物保险的基本原则有哪些?

2. 国际海上货物保险合同的内容有哪些?

3. 什么是共同海损和单独海损?两者有何联系和区别?

五、案例分析题

中国某进出口公司与美国商人签订一份出口小麦合同,由中方负责货物运输和保险事宜。中方将货物在张家港装船后,向中国某保险公司 A 投保海上运输货物保险。货轮在海上航行途中遭遇风险,使货物受损。

问题:

(1)如果卖方公司投保的是平安险,而货物遭受部分损失是由于轮船在海上遭遇台风,那么卖方公司是否可从 A 处取得赔偿?为什么?

(2)如果卖方公司投保的是一切险,而货物受损是由于货轮船员罢工,货轮滞留中途港,致使小麦变质,那么卖方能否从 A 处取得赔偿?为什么?

工作任务十　国际商事争议与解决

■步骤一　宣布本次教学的工作任务及目标

教学内容:了解国际商事争议的四种解决方式及重点掌握国际商事仲裁的概念、特点、仲裁协议及与国际商事诉讼的区别和效力。

教学目标:能够正确运用国际商事争议的解决方法解决国际商事争议。

■步骤二　工作任务

项目活动1　国际商事争议概述

【案例导入】

中国甲公司与英国乙公司就签订一项商务合同进行谈判。双方达成协议,合同履行过程中所发生的一切争议,应当尽量协商调解解决,如若不成再提交仲裁或进行诉讼。之后,双方在履行合同中发生纠纷,协商调解不成进而仲裁。仲裁庭试图再度推动双方和解,中国甲公司做了很大让步,英国乙公司仍不接受。之后仲裁结果对英国乙公司不利,乙公司反悔,要求就之前和解达成协议。

请问:乙公司的要求能否得到支持?

【必备知识】

在当今国际经济交往中,由于各国法律的差异,当事人利益有别,以及文化传统、价值取向,甚至国家之间政治、经济因素的影响,难免会发生这样或那样的民商事争议,这些争议的出现也极大地影响了国际经济交易活动的顺利进行。因此,为了促进和保障国际商事活动的正常有序进行,公正、及时、有效地解决国际商事争议成为国际商法的一项重要任务。

一、国际商事争议的特点

所谓国际商事争议(International Commercial Dispute),是指国际商事交往或活动中所发生的争议。这里的国际主要指:1)双方当事人国籍、住所、惯常居所或营业地位于不同国家或地区;2)法律关系中标的物位于国外或合同规定的行为需要在国外或跨国完成;3)产生、变更或者消灭法律关系的法律事实发生在国外。通常只要具有一项以上的因素就可以构成国际争议。可见,国际商事争议首要的特点就是商事争议具有国际性。其次,所谓商事争议仅指发生在商事交往活动中的争议,不包括政治纠纷。最后,国际商事争议的解决方式较多样化。国际商事争议即可以由一国国内的商事争议解决机制来解决,也可以通过国际性商事争议解决机制来解决。与此同时,协商、调解、仲裁和诉讼等是目前解决国际商事争议的主要方式。

二、国际商事争议的解决方法

在国际商事交往中,由于交易双方在经济利益、文化传统和国家法律制度上存在差异,国际商事争议难以避免。采用何种方式解决国际商事争议,对从事国际商事活动的主体而言,具有十分重要的意义。在国际商事活动中,解决国际商事争议的方法一般有以下几种方式:协商、调解、仲裁和诉讼。另外,世界贸易组织解决不同国家间经贸纠纷的贸易争端解决机制,我们另以专章阐述。本节中我们主要介绍协商和调解这两种非诉讼解决方式。

(一)非诉讼解决方式

1. 协商

协商是指双方当事人在自愿的基础上,依照相关法律的规定及合同条款的约定,通过直接交涉,双方自行达成解决争议的协议。这是目前国际商事争议解决最基本和最普遍的方式。这一解决方式最大的优点在于:①程序较为简便;②双方处于平等的法律地位,任何一方当事人有权通过对话或书面方式提出、接受、拒绝或修改解决国际商事争议的建议;③通过协商方式解决争议有利于双方当事人继续保持和维护良好的合作关系;④协商由于没有第三者的介入,完全依靠双方当事人自己解决,一定程度上为双方当事人节省了人力、物力和财力。

同时,采用协商解决方式需注意以下两点:第一,协商虽然不需要经过严格的法律程序,也不需要严格遵循相关国家立法的具体规定,双方当事人可以在不违反国家法律的基本原则以及不损害有关国家、社会、其他公民合法权益的前提下,根据有关争议的具体情况做出决定。第二,基于协商是在双方平等自愿的基础上所达成的协议,因此,协议的效力也需要双方当事人自觉遵守。若各有关当事人自觉履行协议所规定的义务,则协议可以得到顺利履行从而有效解决争议,但是若争议任何一方不自觉履行协议所规定的义务,或是通过协商无法达成一致意见的,则协商失败,任何一方不得强迫对方接受不合理的要求或是强迫对方履行协议规定的内容,各有关当事人只能寻求其他解决办法。

2. 调解

调解是指在无利害关系的第三人的主持下,通过对双方劝说协调,促使争议双方当事人在自愿基础上相互磋商并达成一致意见的一种争议解决方式。调解与协商最大的区别就是有无第三人的介入。但是,两者从基本性质上还是相同的,即不管有无第三人的介入,协议的达成最终还是需要双方当事人自主决定,而第三人只是扮演劝说诱导的角色,而不能自主做出具有约束力的决定。

调解作为解决商事争议的一种重要方式,有法庭调解、民间调解和仲裁机构调解三种。法庭调解即由法庭参与或作为主持人进行调解活动。法庭调解的程序适用该国的民事诉讼法。法庭做出的调解书一旦生效,即具有法律约束力。民间调解即由有关民间调解机构或个人主持进行的调解活动。该种方式做出的调解书只能靠当事人自觉履行,而不具有法律强制执行力。而国际商事争议中所指的调解即为民间调解。仲裁机构调解即在仲裁机构主持下进行的调解活动。目前,世界上许多仲裁机构都受理调解案件并制定有调解规则,如美国仲裁协会、国际商会仲裁院和中国国际经济贸易仲裁委员会等。此外,我国仲裁机构在实践中还发展了一种新的调解方式即联合调解。具体做法是:当国际商事争议发生时,各当事人可以向其本国仲裁机构申请调解,由各方仲裁机构分别派出一人或数量相等的人员作为调解人,组成联合调解委员会,共同进行调解,若调解最终不能达成一致协议,则最后再按合同中的仲裁条款进行仲裁。一般而言,经仲裁机构调解达成协议的效力取决于各有关仲裁机构的不同规定。

(二)诉讼解决方式

1. 仲裁

仲裁又称公断,是指争议双方当事人根据事前或事后所达成的协议,自愿将其争议交付仲裁机构,由仲裁机构按一定程序进行审理并做出具有约束力的裁决的一种争议解决方式。具体内容其后列专节阐述。

2. 诉讼

诉讼是指因涉外商事法律关系发生争议而进行的诉讼活动。这里仅指国际商事诉讼。具体内容其后列专节阐述。

【技能操练】

2010 年 8 月,印度甲公司与中国乙公司签订一份买卖丝绸的合同,在合同履行过程中双方发生纠纷,在双方协商未果的情况下,乙公司按照合同中规定的条款向中国国际贸易促进会申请仲裁,要求甲公司支付货款。甲公司则反诉乙公司产品质量不合格,要求乙公司支付违约金并赔偿损失。后双方约定由一名独任仲裁员审理此案,最终以不公开的方式将此案审理。甲公司不服仲裁裁决,决定向人民法院起诉,乙公司则向法院申请执行裁决。

问题:

(1)上诉案例中涉及了哪些商事争议解决方式?

(2)调解、仲裁、诉讼三种争议解决方式各有何特点?

(3)调解、仲裁、诉讼三种争议解决方式有何联系与区别?

项目活动2　国际商事仲裁

【案例导入】

达文斯是英国一家钢铁制造商,它与营业地在美国纽约的海曼订立了一项代理合同,合同指定海曼为达文斯在美国的独家代理。双方同时还约定:由该合同所引起的任何争议应通过仲裁解决。后达文斯拒绝履行合同,海曼遂以达文斯违约为由诉诸法院。达文斯请求法院终止审理此案,并按合同中的仲裁条款将此项争议提交仲裁解决。英国上诉法院认为,仲裁条款可独立于它所依据的合同而存在,合同非违约方是否可以继续履行合同的问题应当由仲裁员而非法院决定。在本案中,无论是一方当事人是否违约,还是另一方当事人是否可以继续履行合同的问题,都属于仲裁条款的管辖范围,因为这些问题都是与合同有关的争议。

【必备知识】

一、国际商事仲裁概述

(一)国际商事仲裁的概念

国际商事仲裁是指在国际经济交往活动中,仲裁机构或仲裁员根据事前或事后达成的仲裁协议,自愿将其国际商事争议提交某仲裁机构进行审理,并做出对当事人有拘束力的裁决的一种争议解决机制。

国际商事仲裁是国际商事争议解决方式中的一个主要方式,在国际经济交往活动中具有十分重要的地位。与其他几种国际商事争议解决方式相比,国际商事仲裁具有其特点,因此,被广泛采用于当事人处理国际商事争议中。

(二)国际商事仲裁的特点

1. 与非诉讼解决方式相比具有一定的强制性

如前所述,协商和调解是两种非诉讼解决方式。在协商和调解过程中,双方当事人遵循自愿原则,若一方当事人不愿继续协商或调解,则协商或调解过程终止。若协商和调解达成一致协议,但当事人在事后反悔,不愿履行协议规定的义务,则另一方当事人不得强迫对方执行,也不得向法院申请强制执行。但是,国际商事仲裁中的任何一方当事人不得随意单方终止仲裁程序,仲裁庭做出的裁决当事人也必须执行,否则,当事人可以向法院申请强制执行。

2. 与诉讼解决争议方式相比具有一定的自愿性

国际商事仲裁的自愿性主要表现在以下两个方面:第一,选择仲裁方式的自愿性,仲裁机构受理国际商事争议的权限取决于当事人在事前或事后自愿所达成的仲裁协议。如果没有当事人的自愿选择仲裁方式,则各方当事人的争议将不可能提交仲裁。第二,选择仲裁地点、仲裁机构、仲裁员及仲裁规则的自愿性。而国际商事诉讼则不同。在没有仲裁协议或诉讼管辖协议的前提下,任何当事人可以不经过对方当事人同意,将有关商事争议提交有管辖权的法院审理和判决。任何当事人也无权按自己的意愿越过级别管辖原则选择审判机构,更不能指定审判员、审判地点和审判程序。

3. 与诉讼和非诉讼解决争议方式相比具有一定的保密性、快捷性和有效性

其两者区别主要表现在以下三点:第一,国际商事仲裁一般都不公开审理,其有效地保护了当事人的商业秘密。而国际商事诉讼除了涉及当事人隐私或国家机密案件之外,大多公开审理。第二,与非诉讼解决方式相比,国际商事仲裁裁决是终局性的,通常当事人不能就同一纠纷向法院提起诉讼或向其他仲裁机构再次申请仲裁,而协商或调解往往会使当事人陷入久商不决或久调不决的境地。而与诉讼解决方式相比,国际商事诉讼中

的法官是依据有关法律及法定诉讼程序审理案件的,判决至少要经过两审终审。第三,与诉讼解决方式相比,国际商事仲裁程序较为简便,仲裁员多是法律、贸易和技术等方面的专家,因此省时、省力。

知识窗口

1984 年,IBM 公司以富士通侵害了该公司计算机操作系统的权益对其进行起诉,为此两家跨国公司步入了两年多的诉讼之战,并为此支付了金额巨大的律师和诉讼费。最后,双方还是放弃申诉权,指定美国仲裁协会对其争议进行仲裁。IBM 公司选择一位计算机专家作为仲裁员,富士通选择一位斯坦福大学的法律教授作为仲裁员,并在这两位仲裁员中选择一位首席仲裁员,经过仲裁员的数月调查分析,于 1987 年 9 月裁定富士通公司付给 IBM 公司 8.332 亿美元,富士通公司获得操作系统的使用权,仅以几个月的时间就结案了。

二、国际商事仲裁协议

(一)国际商事仲裁协议的定义及种类

1. 国际商事仲裁协议的定义

国际商事仲裁协议是指当事人之间为了解决国际性商事争议,而在事前或事后达成的将其特定争议交付仲裁方式予以解决的一种书面协议。

联合国国际贸易委员会制定的《国际商事仲裁示范法》中将仲裁协议表述为:当事人各方同意将他们之间确定的,不论是契约性或非契约性法律关系上已经发生或可能发生的一切或某些争议,提交仲裁的协议。所谓"契约性法律关系",指由于合同关系而产生的争议,如由于国际商事合同、国际货物运输合同、国际工程承包合同、国际许可合同、国际合资经营合同等引起的争议。所谓"非契约性法律关系",是指由于合同之外的关系而产生的争议,如海上船舶碰撞、国际产品责任、环境污染、侵犯知识产权等引起的争议。

国际商事仲裁协议的特点主要表现在以下几个方面:

①是以双方当事人的自愿达成协议为前提条件的;
②是仲裁机构对特定争议案件享有管辖权的依据;
③是排除法院诉讼方式的依据;
④有效的仲裁协议是仲裁裁决得到执行的基本前提;
⑤仲裁裁决是终局的,具有强制执行的效力。

2. 国际商事仲裁协议的种类

根据不同的角度可以将仲裁协议划分为三种:

①仲裁条款

仲裁条款是指当事人在签订合同时,在该合同中约定将可能发生的争议提交给双方指定的仲裁机构进行仲裁以解决争议的条款,其构成合同的组成部分,是仲裁协议的主要形式。

②仲裁协议书

仲裁协议书,即狭义的仲裁协议。指双方当事人在争议发生后,当事人为寻求仲裁解决而共同签署的一种独立的协议书。其具有与仲裁条款同等的法律效力,但在实践中被运用的较少。

③仲裁协议

在实际业务中,凡是能够证明双方当事人愿意将争议交付仲裁的意思表示的书面文件,包括双方往来的信函、电传、电子邮件等,也属于书面仲裁协议的范畴,是一种有效的仲裁协议。

(二)国际商事仲裁协议的内容

1. 仲裁事项

仲裁事项是指当事人交付仲裁解决的争议内容。这不仅是有关仲裁机构对争议案件行使管辖权的依据,而且也是事后仲裁裁决得以承认和执行的重要条件。在仲裁协议中,当事人约定的交付仲裁的争议事项必须具有可仲裁性。第一,交付争议的事项不能违背仲裁地国家的法律;第二,交付争议的事项不得违反仲裁地国家的公共秩序;第三,交付争议的事项必须是仲裁地国家和仲裁裁决执行国家法律允许以仲裁方式处理的事项。

2. 仲裁地点

在国际商事仲裁中,仲裁地点与当事人的利益密切相关。因为仲裁地点的选择直接决定仲裁所适用的仲裁程序及实体法律,因而适用不同国家的法律,可能对双方当事人的权利与义务做出不同的解释,最后得出不同的裁决结论。此外,仲裁地点的选择也直接影响到仲裁裁决的承认与执行。正是基于这些考虑,如前所述,国际商事争议的当事人一般都首选在本国进行仲裁,如果没有办法在本国进行仲裁的,可以争取在第三国进行仲裁。

3. 仲裁机构

仲裁机构即经当事人仲裁协议授权受理国际性商事争议案件并做出仲裁裁决的仲裁管辖机构。国际仲裁有两种仲裁形式:临时仲裁机构和常设仲裁机构。临时仲裁机构是指由商事争议各方临时指定的人员组成的仲裁机构,审理裁决完该纠纷后,该机构即告解散。由于这种机构因个案而临时设定,缺乏仲裁所必需的设施和仲裁程序规则,目前在实际业务中较少当事人选择。我国目前也没有临时仲裁机构。常设仲裁机构是指根据当事人的仲裁协议,将争议提交约定的仲裁机构进行仲裁。该仲裁机构是专门为了解决国际商事争议而设立的专门性、永久性仲裁组织。

在实际业务中,当事人应首先选择本国的常设仲裁机构进行仲裁,其次才是第三国或国际性的常设仲裁机构。目前,在国际社会上影响较大的几个常设商事仲裁机构如:国际商会仲裁院、美国仲裁协会、中国香港国际仲裁中心、斯德哥尔摩仲裁院、中国国际商事仲裁机构等。

案例思考

齐鲁制药厂与美国安泰国际贸易公司签订了一份合资经营安平制药有限公司合同，约定在山东省济南市平阴县合资成立安平制药有限公司。该合资合同的第54条约定，凡因执行本合同发生的或与本合同有关的一切争议，双方应通过友好协商解决；如果协商不能解决，应提交中国国际贸易仲裁委员会或瑞典斯德哥尔摩仲裁院。根据该机构的仲裁程序规则进行仲裁，仲裁裁决是终局的，对双方都有约束力。后双方在投资过程中产生纠纷，齐鲁制药厂遂向山东省济南市中级人民法院提起诉讼。但美国安泰公司提出了管辖权异议。

请问：如何确定同时选择两个仲裁机构的仲裁条款效力？

4. 仲裁规则

仲裁规则是指双方当事人和仲裁庭在整个仲裁过程中所应遵循的程序和规则。一般包括：仲裁申请、仲裁员的指定、仲裁庭的组成、仲裁答辩与反诉、仲裁审理、仲裁裁决及仲裁费用等各方面的内容。为保证仲裁程序的顺利进行，当事人在订立仲裁协议时，应明确规定有关仲裁所应适用的仲裁规则。一般而言，当事人将争议提交某一常设仲裁机构审理，就意味着适用该仲裁机构的仲裁规则。但是也有一些仲裁机构，除适用自己的仲裁规则外，还允许当事人选择其他的仲裁规则。

(三)国际商事仲裁协议的效力

仲裁协议的效力主要表现在以下三个方面：

1. 对当事人的效力

仲裁协议一旦有效成立，当事人就无权就特定争议事项向法院提起诉讼，而只能以仲裁方式解决他们之间的争议。如果当事人一方就协议规定范围内的事项向法院提起诉讼，另一方当事人则有权依据仲裁协议要求法院终止司法程序，将争议交还仲裁机构审理。

2. 对法院的效力

有效的仲裁协议是排除法院管辖权的重要依据。关于仲裁协议可排除法院管辖权的效力被大多数国家所承认，但是也有少数国家规定，仲裁协议不能完全排除法院对争议案件的管辖权，或者规定当事人对仲裁裁决不服时可向法院提起上诉。如我国规定，仲裁裁决被撤销或被拒绝执行，当事人如不能重新达成仲裁协议，只能向法院起诉。

3. 对仲裁机构的效力

有效的仲裁协议是仲裁机构受理争议案件的法律依据。如前所述，仲裁协议中确定了仲裁事项的范围,当裁决所处理的争议超越了仲裁事项的范围,则基于一方当事人的申请法院可以拒绝承认和执行该项裁决,从而使仲裁机构的管辖权受仲裁协议所确定的仲裁范围的严格限制。

案例思考

德国A公司与美国B公司签订一份合同。合同中有一条规定:"由本合同产生的一切争议如当事人不能通过协商、调解解决的,应首先提交美国仲裁协会。若当事人一方不接受此决定时,则申诉人所指定的普通法院有管辖权。"后来双方发生了争议,德国A公司诉至德国法院。美国B公司拒绝出庭,其理由是:依合同应将争议提交仲裁。

请问:美国B公司的理由是否得到支持?

三、国际商事仲裁程序

(一)仲裁的申请和受理

1. 仲裁的申请

仲裁申请是启动仲裁程序的最初步骤。各国一般规定,仲裁申请必须以书面形式进行,且各国仲裁规则所规定的仲裁申请的主要内容基本一致。包括:申请人和被申请人的名称及住址、案情及争议焦点、申请人的要求、事实和理由。申请人在提交仲裁申请时还应附具申请要求所依据的事实的证明文件,并在仲裁委员会仲裁员名册中指定一名仲裁员或委托仲裁机构主席指定。同时,申请人应按仲裁机构规定的标准预缴仲裁费。

2. 仲裁的受理

仲裁委员会收到仲裁申请书后,予以审查,认为符合受理条件的,应当受理并通知当事人;认为不符合条件的,应当书面通知当事人不予受理,并说明理由。

申请人有权放弃或变更仲裁请求,被申请人也有权提出反请求或可以承认或反驳诉讼请求。一方当事人因另一方当事人的行为或其他原因,可能使裁决不能执行或难以执行的,可以向仲裁委员会申请财产保全。仲裁委员会应当将当事人的财产保全申请提交被申请人财产所在地法院或仲裁委员会所在地法院作出保全措施的裁定并实施。

(二)仲裁庭的组成

仲裁庭可以由三名仲裁员组成,也可以由一名仲裁员担任独任仲裁员。

1. 合议仲裁庭

三名仲裁员组成合议仲裁庭,其中一名为首席仲裁员。首席仲裁员一般由当事人共同指定或由仲裁委员会主席指定。在仲裁过程中,仲裁裁决以仲裁庭意见为准,实行少数服从多数的原则。

2. 独任仲裁庭

如果是独任仲裁员，则由当事人双方在《仲裁员名册》中共同指定或者委托仲裁机构指定一名仲裁员为独任仲裁员，单独审理。

被指定的仲裁员，如果与案件有利害关系，应自行向仲裁机构请求回避。当事人也有权要求与案件有利害关系的仲裁员回避，由仲裁机构主席决定该仲裁员是否回避。

(三)仲裁审理

仲裁庭审理案件有两种方式：开庭审理和书面审理。各国一般都规定仲裁庭审理案件一般应采用开庭审理的方式，但如果经双方当事人申请或征得双方当事人同意的也可以采用书面的审理方式，仲裁庭可以依据双方提供的书面文件进行审理并作出裁决。

如果采用开庭审理案件时，当事人应当到庭。如一方拒不出庭的，仲裁庭可以根据出庭一方当事人的申请，进行审理或裁决。开庭时，当事人应当对自己提出的主张提供证据，也有权进行辩论，当事人申请仲裁后也可以自行和解。达成和解协议的，可以请求仲裁庭根据和解协议制作裁决书，申请人也可以撤回仲裁申请。仲裁一般不公开进行，但是当事人协议公开的，可以公开进行，涉及国家秘密的除外。

(四)仲裁裁决

仲裁裁决是仲裁庭通过对仲裁案件的审理而做出的最后裁决。仲裁裁决应当按照多数仲裁员的意见做出，少数仲裁员的不同意见可做成笔录。在仲裁庭不能形成多数意见时，按照首席仲裁员或者公断人的意见做出裁决。裁决书自做出之日起发生法律效力。

各国一般规定，仲裁庭的裁决为终局裁决，对双方当事人均有约束力，不能起诉。

案例思考

中国某烟花厂与美国某公司签订了一份烟花购销合同。后因产品质量问题，双方发生争议。根据合同规定，中国某烟花厂向某国际商事仲裁机构申请仲裁。仲裁委员会受理后，为节省时间，该仲裁委员会主任直接指定了三名较具声望的仲裁员组成合议仲裁庭，并且考虑到案件的典型性和较大的影响力，公开开庭审理了本案。事后有关新闻媒体作了详细的报道。

请问：

(1)国际商事仲裁应当遵循怎样的程序？

(2)该仲裁机构在仲裁程序上有无不符合法律规定的地方？为什么？

四、国际商事仲裁的承认与执行

国际商事仲裁裁决的承认与执行，是指法院或其他法定的有权机关承认国际商事仲裁裁决的约束力并予以强制执行的制度。在国际商事仲裁中,裁决的执行是一个比较复杂的问题。由于国际商事仲裁经常涉及外国的当事人或外国的财产,因此常常会涉及外国的承认和执行裁决的问题。而由于执行外国的仲裁裁决,不仅涉及双方当事人的切身利益,而且涉及两国间的利害关系,因此许多国家对执行外国的仲裁裁决都做了一些限制性的规定。在外国的仲裁裁决不符合执行国法律要求时,执行国的法院可以拒绝予以执行。

各国在承认和执行仲裁裁决时,一般都区分仲裁裁决国境内执行和仲裁裁决国境外执行。

(一)仲裁裁决国境内执行

仲裁机构作出的裁决,需要在本国境内执行的,一般程序较为简单。一般对照本国国内商事仲裁裁决的承认和执行,由获得有利裁决的一方当事人向有管辖权的法院提出申请,该法院经审查认为裁决在形式上合法后即作出执行该裁决的裁定,并对该裁决予以强制执行。

(二)仲裁裁决国境外执行

仲裁裁决国境外执行包括两个方面:一方面是本国所作出的裁决要求得到外国的承认和执行,另一方面是外国所作的裁决要求得到本国的承认与执行。

为解决仲裁裁决的境外执行问题,国际上先后缔结了三个有关的国际公约。第一个是 1923 年在国际联盟主持下制定的《日内瓦仲裁条款议定书》,第二个是 1927 年国际联盟主持制定的《日内瓦执行外国仲裁裁决的公约》,第三个是 1958 年的《承认和执行外国仲裁裁决的公约》,简称《纽约公约》。目前该公约已取代了前面两个公约,成为当前国际上关于承认和执行外国仲裁裁决最具影响力和使用最广泛的国际公约。我国于 1986 年 12 月 2 日加入该公约时提出了两项保留:一是该公约仅适用于缔约国间做出的裁决,二是该公约只适用于商事法律关系所引起的争议的裁决。

《纽约公约》主要规定了承认和执行外国仲裁裁决的条件、程序以及拒绝承认和执行外国仲裁裁决的理由。具体如下:

1. 承认和执行外国仲裁裁决的条件

①必须存在有效的仲裁条件

②裁决的事项属于仲裁机构的受理范围

③仲裁程序合法

④请求承认和执行的仲裁裁决是确定的裁决

⑤对外国仲裁裁决的承认和执行不与国内的公共政策相抵触

⑥有关国家之间存在互惠关系

2. 承认和执行外国仲裁裁决的程序

①将外国仲裁裁决作为司法判决,即适用对待本国判决的程序对待外国仲裁裁决。

②将外国仲裁裁决作为合同之债,即由当事人基于外国仲裁裁决提起一个普通民事

诉讼,通过诉讼将仲裁裁决转化为本国裁决。

③将外国仲裁裁决视为本国仲裁裁决,即适用对待本国仲裁裁决的程序。

3. 拒绝承认和执行外国仲裁裁决的理由

如有下列情形之一的,被请求国有权拒绝承认和执行外国仲裁裁决:

①仲裁协议无效

②仲裁过程违反正当程序

③仲裁裁决所涉及事项超越仲裁协议范围

④仲裁裁决被确定无法律约束力

案例思考

2010年3月,中国甲公司因美国乙公司拖欠其上百万货款而根据双方的仲裁协议向国内某仲裁机构提起仲裁。仲裁机构受理此案后,根据仲裁规则向双方送达了仲裁通知和有关仲裁文件,但寄给美国乙公司的文件以"地址错误"被退回。后仲裁机构委托国内某律师事务所进行了委托送达。美国乙公司没有答辩也没有参加开庭审理。仲裁庭进行了缺席审理,于2010年10月作出了缺席仲裁裁决,裁决美国乙公司向中国甲公司支付所欠的货款及利息,并承担律师费、仲裁费和实际开支。

请问:(1)国内仲裁机构所做的仲裁是否有法律效力?

(2)该仲裁裁决能否得到美国法院的承认和执行?

【技能操练】

2002年6月10日,中国曙光公司与美国康普顿公司(英文名:Crompton International Corporation,以下简称康普顿公司)签订合作企业合同一份,其中第17条约定:"合同、合同的解释、违约、终止或效力引起的此等事件有关的任何争议,应通过友好协商解决。此类协商应在一方向另一方送达要求协商的书面通知后立即开始。若在通知送达后三十日内争议未能解决,则任一方以通知方式向另一方提出请求后提交仲裁。若提请仲裁一方为康普顿公司,则仲裁在中国国际贸易促进委员会对外经济贸易仲裁委员会主持下在中国上海进行。若提请仲裁一方为曙光公司,则仲裁在美国仲裁协会的主持下在美国纽约市进行。……"

后来,双方在履行合同过程中产生争议,2007年4月,中国曙光公司向法院提出申请,请求确认其与康普顿国际公司于2002年6月10日签订的合作企业合同第17条仲裁条款无效。

经查明,康普顿公司后被科聚亚美国公司兼并,而科聚亚美国公司又于2006年12月31日被科聚亚公司兼并。康普顿公司的权利义务已由科聚亚公司继承。

请问:本案纠纷如何解决?

项目活动3　国际商事诉讼

【案例导入】

中国甲公司与秘鲁乙公司在深圳签订一份买卖合同,合同约定争议所适用的法律为中华人民共和国法律,其补充文件中约定:“本合同项下之争议,交中国国际经济贸易仲裁委员会深圳分会仲裁或者在北京仲裁解决。”后双方因产品质量问题发生争议。

请问:中国甲公司作为受害方应如何维护自己的利益?

【必备知识】

如果不能以协商、调解方式解决国际商事争议,双方当事人又没有协议提请仲裁,那么争议的任何一方当事人都可以向有管辖权的法院起诉,要求通过诉讼方式解决争议。

一、国际商事诉讼概述

(一)国际商事诉讼的概念

国际商事诉讼是指在国际商事法律关系中,当事人就相互间所发生的国际商事争议依法进行的诉讼活动。

(二)国际商事诉讼的特点

1. 国际商事诉讼是具有国际因素的诉讼

国际因素是指国际商事诉讼的主体、客体或诉讼的内容中,至少有一个或一个以上具有涉及两个或两个以上国家的因素。

2. 受理法院的内国性

虽然国际商事诉讼具有涉外性,但世界上没有专门审理涉外商事案件的国际法院,也没有统一的诉讼法,因此,国际商事诉讼只能依据某一个国家处理国际商事诉讼的特别规定在国内法院进行。

3. 涉及法律的复杂性

国际商事诉讼往往会涉及不同国家的实体法和程序法,既可能是国内法,也可能是外国法或者国际条约、国际惯例。

4. 涉及内容的复杂性

国际商事诉讼的完成,一般都需要国际司法协助、外国法院判决的承认与执行等,所涉及的内容比国内民商事诉讼要复杂得多。

二、国际商事诉讼的管辖权

国际商事诉讼的管辖权是指一国法院或具有审判权的其他司法机关受理、审判具有国际因素或涉外因素的商事案件的法律依据。它所涉及和解决的是就某一特定的国际商事案件应当由哪个国家的法院来受理和解决的问题。而要确定管辖权问题,在国际商事活动中具有十分重要的意义,其主要表现在以下两个方面:1)确定管辖权是一国法院受理国际商事案件的前提。2)管辖权的确定直接关系到案件审理的结果。

关于国际商事案件的管辖权,各国法律有不同的规定,具体可以归纳为以下几类:

1. 属地管辖原则

根据属地管辖原则,只要当事人、诉讼标的物位于内国境内,或者一定的行为发生于内国境内,内国法院就对该国际商事案件享有管辖权,但享有司法豁免权的除外。属地管辖原则实际上以当事人居住地、被告财产所在地、合同成立地或旅行地等法律事实发生地作为案件与法院的联系因素来确定案件的管辖权。

2. 属人管辖原则

属人管辖原则是指以双方当事人的国籍作为与有关国家的联系因素,来确定该国法院对国际商事案件的管辖权。该原则只强调当事人的国籍,而不管当事人的住所地或经常居住地。

3. 专属管辖原则

专属管辖原则是指一国主张它的法院对某些特定国际商事案件享有独占的和排他性的管辖权,任何个人、组织或其他国家不能任意剥夺该国对这类案件所享有的管辖权。一般被各国列入专属管辖的案件包括不动产、家庭、婚姻、继承等案件。

4. 协议管辖原则

协议管辖原则是指当事人依据双方合意,自愿将他们之间的国际商事纠纷交由其所选择的法院受理。该原则是对属地管辖原则和属人管辖原则的变更和补充,已为各国普遍接受,但有一些限制,一般表现为:协议必须是书面形式;所选择法院必须与案件有实质性的联系;协议只能选择一审法院,对上诉案件不适用。

三、国际司法协助

国际司法协助是指一国法院应另一国法院的请求,代为履行一定的诉讼行为。国际司法协助的前提一般是存在国际条约或是互惠原则,否则司法协助的请求有可能被拒绝。广义的司法协助包括送达司法文书、调查取证、承认和执行外国法院的判决;而狭义的司法协助仅指送达司法文书和调查取证。我国的司法协助是指狭义上的司法协助。

根据国际条约和各国国内法的规定,向国外送达诉讼文书或调查取证,各国采取的方式一般有:外交途径、领事途径、法院途径、直接送达和通过指定的中央机关送达。

四、外国法院判决的承认和执行

任何国家法院的判决都是由一国司法机关代表其主权国家针对特定的法律争议而做出的,原则上只能对判决国领域内有效。如果没有有关国家的明确承认,任何外国法院的判决在该国领域内都不具有法律效力。

而对外国法院判决的承认和执行是两个既独立又相互联系的问题,承认是指一国法院对某一涉外案件做出判决后,有关的另一国承认该判决的效力并允许当事人自愿执行;而执行是指当事人不执行时,由承认判决的法院强制执行。可见,承认是执行的前提,不予承认也就谈不上执行。并非所有外国的判决都能得到他国的承认和执行,即使得到承认也未必能够执行。

根据各国立法及司法实践,承认和执行外国法院判决一般有以下几种方式:1)执行令程序。即由被要求执行国法院进行审查,认为符合执行条件,发给执行令予以执行;2)登记程序。即外国法院判决在本国登记后,即可予以执行。3)重新起诉程序。即要求执行的人,以外国法院判决为依据,向本国法院重新起诉后,由本国法院再做出判决,予以执行。

【技能操练】

美国凯乐公司与我国华英公司签订合同在我国共同投资设立中外合资经营企业。如果美国凯乐公司和我国华英公司之间就合同发生纠纷,请问:

(1)如果双方进行诉讼,能否在英国进行诉讼?为什么?

(2)如果双方在合同中订有仲裁协议,协议载明仲裁机构为中国国际经济贸易仲裁委员会,该协议是否有效?

■步骤三 总结

1. 关键知识

国际商事争议的解决方式

国际商事仲裁的概念、特点及仲裁协议

国际商事诉讼

2. 关键技能

能够正确选择国际贸易纠纷中各种解决方式的适用及运用国际商事仲裁的知识解决实践中的贸易纠纷

■步骤四 综合训练

一、单项选择题

1. 对构成国际商事争议的因素表述不正确的是(　　)。

A. 双方当事人国籍、住所、惯常居所或营业地位于不同国家或地区

B. 法律关系中标的物位于国外或合同规定的行为需要在国外或跨国完成

C. 产生、变更或者消灭法律关系的法律事实发生在国外

D. 构成国际商事争议必须同时具备 A、B、C 三个因素

2. 调解作为解决国际商事争议的一种重要方式,其有三种类型,下列不包括的是(　　)。

A. 法庭调解　B. 民间调解　C. 仲裁调解　D. 双方自行调解

3. 中国甲公司与德国乙公司因合同争议向某仲裁委员会申请仲裁,裁决作出后双方都不满意,在此情况下,下列表述正确的是(　　)。

A. 甲公司可以就同一争议再申请仲裁

B. 乙公司可以就该合同争议向有管辖权法院起诉

C. 甲、乙公司都可以要求法院通过审判程序对仲裁裁决进行审查

D. 仲裁裁决已经发生法律效力,两公司不得再起诉

4. 甲公司和乙公司签订的合同被双方终止,现甲公司就该合同中的仲裁条款向仲裁机构申请仲裁以解决双方争议。乙公司向仲裁委员会提出异议,认为该仲裁条款随合同的终止已失去法律效力。上述情况下,该合同的仲裁条款效力(　　)。

A. 自然终止　　B. 自然有效

C. 由仲裁委员会决定　　D. 由法院裁定

5. 中国甲公司与英国乙公司因某一合同发生争议,双方约定提交中国国际经济贸易仲裁委员会进行仲裁。下面对此仲裁案件的审理方式说法正确的是(　　)。

A. 不能开庭进行审理

B. 公开开庭审理

C. 公开开庭审理但双方当事人要求不公开审理的,由仲裁庭作出决定

D. 不公开开庭审理,但双方当事人要求公开审理的,由仲裁庭作出决定

6. 有关承认和执行外国仲裁裁决最具有影响力的国际公约是(　　)。

A.《日内瓦仲裁条款议定书》

B.《关于执行外国仲裁裁决的日内瓦公约》

C.《国际商事仲裁规则》

D.《纽约公约》

二、多项选择题

1. 国际商事争议的解决方式有(　　)。

A. 协商　　B. 调解　　C. 仲裁　　D. 诉讼

2. 仲裁的特征有(　　)。

A. 仲裁是民间组织　　B. 一裁终局

C. 可以向法院申请强制执行　　D. 不能向法院申请强制执行

3. 仲裁协议的作用,主要表现在以下几个方面(　　)。

A. 仲裁协议具有排除法院对争议案件的管辖权的作用

B. 对根据仲裁协议所进行的裁决,法院应当按程序执行

C. 双方当事人达成仲裁协议后,当事人不得再向法院提起诉讼

D. 双方当事人达成仲裁协议后,仲裁庭对其争议必须进行仲裁

4. 国际上为解决各国分歧而缔结的,有关承认与执行外国仲裁裁决的国际公约是(　　)。

A. 1923 年《日内瓦仲裁条款议定书》

B. 1927 年《关于执行外国仲裁裁决的日内瓦公约》

C. 1930 年《关于执行外国仲裁裁决的日内瓦公约》

D. 1958 年《纽约公约》

5. 根据《纽约公约》的规定，以下事由属于被请求执行的机关可依被诉人的请求，拒绝予以承认和执行的条件是（　　）。

A. 裁决的事项超越仲裁协议所规定的范围

B. 仲裁裁决对当事人尚未发生法律效力

C. 仲裁协议无效

D. 被诉人没有得到关于指定仲裁员或进行仲裁程序的适当通知

6. 我国加入《纽约公约》时，作出的保留有（　　）。

A. 仅适用于缔约国间作出的裁决，即互惠保留

B. 仅适用于商事法律关系所引起的争议的裁决，即商事保留

C. 关税保留

D. 刑事保留

三、判断题

1. 协商和调解都需要当事人的自愿同意方可进行，商事仲裁则不需要。（　　）

2. 经法院参与或主持达成的调解协议，具有法律约束力。（　　）

3. 商事仲裁的前提条件是有仲裁协议。（　　）

4. 一国法院作出的生效判决在其他国家当然有效。（　　）

5. 双方当事人都愿意就合同争议提交仲裁，但始终未达成书面仲裁协议，后一方向仲裁委员会申请仲裁，仲裁委员会应该受理。（　　）

6. 在国际商事仲裁中，当事人可以选择仲裁机构、选择仲裁庭的组织形式、选定仲裁员、选择仲裁地、仲裁语言以及适用的法律。（　　）

四、简答题

1. 协商和调解在国际商事争议解决中有哪些优势和劣势？

2. 仲裁与诉讼相比具有哪些特点？

3. 简述仲裁协议的效力。

4. 简述仲裁程序。

5. 拒绝承认和执行外国仲裁裁决的理由有哪些？

6. 承认和执行外国法院判决有哪些形式？

五、案例分析题

1. 中国南方某市在 20 世纪 90 年代中后期严重缺电，因此市电力公司（以下简称甲公司）决定与美国某投资公司（以下简称乙公司）组建一个火力发电厂，整个火力发电厂的架构如下：由该市的一个火力发电公司（以下简称丙公司）与乙公司共同组建一个中外合资火力发电公司（以下简称丁公司），负责进行发电和供热。在合资企业合同中订有仲裁条款。该条款规定，丙公司和乙公司因合资合同产生的所有争议，应提交中国国际经济贸易仲裁委员会按其现行规则进行仲裁。然后，丁公司与甲公司又签订了一个供电

(电力上网)合同,合同规定了甲公司有义务接受丁公司所发的电力上网并进行销售。该合同中也订有仲裁条款,仲裁条款规定丁公司与甲公司在执行合同中若发生争议,双方同意将该争议提交上海仲裁委员会按其现行规则进行仲裁。丁公司建成并运营一年之后,丁公司与甲公司因电力上网问题发生争议。由于丁公司所发的电力受到上网的限制,使合资企业的营业额以及乙公司的利润受到损失,因此乙公司主张由丁公司通过上海仲裁委员会向甲公司提起仲裁,但这一动议遭到了丙公司的反对。丙公司认为,甲公司没有责任,主要是丁公司本身的原因致使甲公司无法履行其电力上网的合同义务。因此,乙、丙公司无法就丁公司是否应向甲公司提起仲裁申请达成协议。这样,乙公司单独直接在上海仲裁委员会向甲公司提起仲裁申请,甲公司认为乙公司无权这样做。

问题:

(1)乙公司是否有权代表丁公司在上海仲裁委员会向甲公司提起仲裁?为什么?

(2)乙公司应采取什么法律措施来解决其与甲公司之间出现的矛盾?

2. 2010 年 10 月,中国某对外贸易进出口公司与日本三井株式会社在北京签订一份新鲜花卉的购销合同。该合同约定如果履行合同发生纠纷,由中国国际经济贸易仲裁委员会进行仲裁。后由于日本三井株式会社并未按合同约定的时间接收货物及支付货款,构成违约,并给中国某对外贸易进出口公司造成严重经济损失。为此,中国某对外贸易进出口公司向其住所地的市中级人民法院提起诉讼,要求日本三井株式会社承担违约责任,并赔偿损失。

问题:

(1)中国某对外贸易进出口公司的做法是否妥当?为什么?

(2)如果日本三井株式会社不履行仲裁裁决,中国公司应当如何解决?

(3)如果仲裁裁决被人民法院裁定不予执行,本案当事人应采取什么合法措施?

工作任务十一　WTO 国际贸易争端解决机制

■步骤一　宣布本次教学的工作任务及目标

教学内容:从整体上了解世界贸易组织的争端解决机制。

教学目标:了解 WTO 争端解决机制的起源与发展、掌握 WTO 争端解决机制的程序与内容。

■步骤二　工作任务

项目活动 1　世界贸易组织争端解决机制的起源与发展

【案例导入】中国"贸易壁垒调查第一案"

2004 年 4 月 22 日,应江苏省紫菜协会的申请,商务部对日本关于紫菜进口的管理措施(以下简称"被调查措施")进行贸易壁垒立案调查。调查期间,商务部有关调查机关对"被调查措施"进行了调查,并与日本政府有关部门就"被调查措施"分别在东京和北京举行了 3 轮磋商。在 2004 年 10 月中旬于北京举行的第三轮政府磋商中,日方承诺将采取切实措施积极解决中方关注。为使中日双方能够继续通过磋商达成双方满意的解决方案,依据中华人民共和国商务部《对外贸易壁垒调查暂行规则》第 22 条的规定,2004 年 10 月 21 日,商务部发布第 65 号公告,中止了本次调查。调查中止后,中日双方就解决中方关注问题的具体措施进行了多次磋商。日本对"被调查措施"进行了调整,2005 年 2 月 21 日,日本经济产业省公布了日本 2005 年紫菜进口配额方案,取消了对进口干紫菜和调味紫菜原产国的限定,2005 年日本干紫菜和调味紫菜进口配额总量为 4 亿张。根据调查结果,鉴于日本政府已取消对中国产干紫菜和调味紫菜的歧视性措施,并就解决烤紫菜对日出口等问题作出了相关承诺,依据《对外贸易壁垒调查暂行规则》第 25 条的规定,商务部决定终止自 2004 年 4 月 22 日启动的关于日本紫菜进口管理措施的贸易壁垒调查。此案被业内称为中国"贸易壁垒调查第一案"。

(案例来源: http://news. wtolaw. gov. cn/gb/info/wtoyfz/alxd/2005 - 06/09/0933401309. html)

问:该案例中所出现的情况是否采取了国际贸易争端解决机制?

【必备知识】

一、1947 年《关税及贸易总协定》(General Agreement on Tariffs and Trade,GATT)的第 22 条和第 23 条

世界贸易组织(WTO)成立于 1995 年 1 月,它有一个独立完整的解决其成员国家在 WTO 协定项下各种贸易争端的司法系统,就是人们常说的世界贸易组织的争端解决机制。这个司法系统有其裁判所遵循的实体法和程序法,专门的裁判机构以及保证裁判能够顺利执行的机制。

世界贸易组织的争端解决机制起源于 1947 年《关税及贸易总协定》(GATT)的第 22 条和第 23 条。目前的争端解决机制遵循的程序和规则是半个世纪以来 GATT1947 实践的发展,也是乌拉圭回合谈判的结果。通常而言,《GATT1947》第 22 条和 23 条是关贸总协定关于争端解决机制的主要规则和法律基础。

GATT 第 22 条第 1 款规定:"当一缔约国对影响本协定执行的任何事项向另一缔约国提出要求时,另一缔约国应给予同情的考虑,并应给予适当的机会进行协商。"这里的协商是指运用外交手段而不是用司法裁判性质的程序解决分歧。GATT 第 23 条第 2 款规定:"如果有关缔约方在合理期限内不能达成满意的调整方法,或者困难属于第 1 款(丙)项所述类型,这一问题可以提交缔约国全体处理,缔约国全体对此应立即进行研究,并应向它认为的有关缔约国提出适当的建议,或酌情对此问题做出裁决。"第 23 条同时规定,争端的产生的条件是一缔约方根据 GATT 可以直接或者间接得到的利益由于另一缔约方的原因在丧失或受到损害(Eullification or Impairment)。

在实践中,每一缔约方在加入世界贸易组织时都有其特定的承诺,如果该缔约方未能履行其承诺,如某一成员方在其所承诺的关税减让表中所承诺的某型号钢铁产品的进口关税为 10%,如果该缔约方擅自将该产品的进口关税提高到 20%,就违反了其所承担的关税减让义务,而由于该国擅自提高关税进口而给出口到该国的利益受到损害或使其本来应当得到的关税减让的好处丧失,便会产生贸易争端。至于如何解释"利益的损害或者丧失",GATT 工作组在 1952 年神力的澳大利亚硫酸铵一案中解释为"包括受到贸易伤害的缔约方对造成伤害的缔约方提起的申诉,其依据是该受到伤害的缔约方在与该造成伤害的缔约方进行谈判是'不能合理预见到'的伤害。"因此,这里所采用的是合同法商的"合理预见"(Reasonable Expectation)的理论。尤其值得指出的是:另一缔约方实施的某种措施致使相关缔约方的利益丧失或者受到损害,而无论该措施是否与 GATT 相抵触。这就是说,即便缔约方所采取的措施没有违反 GATT,但如此措施给另一缔约方根据 GATT 可能得到的利益造成损失,则采取措施的一方应该承担由此给另一缔约方造成的损失,则采取措施的一方应当承担由此给另一缔约方造成的损失,这就是所谓的非违约之诉。

知识窗口

澳大利亚对硫酸铵补贴案

在第二次世界大战期间,澳大利亚政府为平抑物价,对农用化肥实行了"战时消费"补贴制度。该国当时通用的化肥有两种:一种是从智利进口的硝酸钠(通称"智利硝");另一种是本国产的硫酸铵(即胺肥)。1947年澳政府在与签订GATT同时举行的第一回合关税减让谈判中,达成了给智利硝酸钠以免关税的约定税率。战后,澳政府鉴于蔗农爱用胺肥等各种情况,1949年决定取消对智利硝酸钠的补贴,却仍保留对本国胺肥的补贴。这种补贴相当于给本国胺肥以价格上25%的优惠,自然对进口智利硝酸钠有致命的影响。为此,智利政府向GATT提出诉讼,声称澳政府的新补贴政策违反了最惠国原则,抵消并严重威胁智利从关税减让中享有的利益。

处理该案的工作组(专家组)于1952年提出报告认为:在关税表中智利硝酸钠与硫酸铵分别为两种产品,因而不是GATT最惠国原则所要求的"相同产品",只能算"直接竞争或替代产品",不适用于最惠国待遇原则,报告又说,"澳政府的行动打乱了硝肥与胺肥的竞争关系,这是智利政府谈判化肥关税减让时所不曾合理预期到的。"工作组认为,智利政府在谈判关税减让时,有理由作如下的设想:不会单独对硝肥取消补贴。按GATT规定,澳政府的行动并不构成违反规则,却"抵消或损害"了智利政府"依本协定直接间接享有的利益"。在此案中使用的"合理预期",成了后来对"非违法之诉"广泛使用的标准,在GATT解决争端机制中是个有固定含义的术语。

根据GATT第23条,在通过多边方式解决争端之前,争端各方必须进行磋商,这是通过多边方式解决争端的必要前提。GATT项下的解决争端主要有以下三个特点:第一,争端提起的依据是根据GATT应当得到的利益受到损害或者丧失,而不是取决于对GATT项下所承担的法律义务的实际违反。第二,对GATT全体缔约方规定的权利不仅是进行调查和提出建议,并且就这些事项"作出裁定"。第三,在某些特殊的情况下,GATT还授权某一个或者几个缔约方中只对另外一些缔约方所承担的义务。在GATT存续的四十多年间,全体缔约方通过多数表决授权中止减让的只有一例,即1953年全体缔约方授权荷兰在此后7年内对从美国进口的粮食采取限制性措施,因为美国队从荷兰进口的奶制品实施了不合理的限制,致使荷兰在GATT项下的利益受到损害。但是荷兰并没有实施此项授权。

在GATT成立之初,通常通过外交程序解决各成员方之间的争端,即在每半年召开的会议上进行,后来在休会期间,由特别委员会解决,最后发展到由专门成立的工作组(Working Party)解决各当事方之间的争端。工作组成员通常由各争端当事方政府指定的成员组成,这些成员受政府的指派,代表政府进行谈判。直到1955年,在总干事Eric

Wyndham - White 主持工作期间，对工作组成员的组成进行了改革，即负责审理特定争端案件的成员为该特定领域的专家。与以往不同的是：这些专家并不代表他们各自的政府，而是以独立专家的身份参加对争端的审理。这种解决争端成员组成的改变，反映了 GATT 通过多边外交谈判解决争端的到通过“仲裁”或者是“司法”解决争端的转变。

二、1979 年争端解决谅解

在东京回合谈判期间，一些缔约方提出应当对 GATT 的争端解决程序进行改进，并且成立了专门委员会具体负责这一工作，起草了《关于通知、磋商、解决争端与监督的谅解》(Understanding Regarding Notification, Consultation, Dispute Settlement and Surveillance，以下简称为《谅解》)。该《谅解》在 1979 年 11 月于日内瓦举行的第 35 届缔约方会议上通过，此文件对 GATT 解决争端的程序做了较为详细的规定。尽管其法律地位并不明确，但是对于解决争端方面具有很大的影响。在 WTO 成立之前，发挥了解释 GATT 的作用。该《谅解》明确规定了磋商作为解决争端的首要步骤，还特别规定了 GATT 总干事在磋商程序中的作用。如果争端不能得以解决，则可以通过专家组的程序解决他们之间的争端。专家组要对解决争端的情况提出报告，交给 GATT 的常设机构——理事会。如果理事会一致通过了该专家组的报告，则该报告即成为对争端各方有拘束力的文件。否则该报告对争端各方就没有法律上的约束力。而报告的通过或者批准，采取的是“一致协商”(Consensus)的通过方式，致使在争端中败诉的一方当事人在理事会上对报告提出异议的方法，组织报告以“协商一致”的方式通过。因此，GATT 这一解决争端的机制关于专家组报告的通过方式，是 GATT 争端解决的致命缺陷，致使许多专家组的报告由于被诉方的反对而迟迟不能通过。据权威专家的统计，在 WTO 成立之前的 1991—1994 年间，GATT 成员方提出了 36 项申诉，涉及 32 项具体的争端，其中有 12 个专家组做出了最终报告并在全体缔约方中散发，而经过全体一致通过的报告只有 4 项。

GATT 这一争端解决机制曾经引起了一些成员的不满。美国为此通过其国内方法的方式，对相关成员采取单方面的措施。尽管 GATT 争端解决机制存在着这样或那样的问题，在 GATT 存续期间，对于解决各成员方之间的贸易争端，还是发挥了重要的作用。

三、1994 年争端解决谅解

乌拉圭回合达成的《关于争端解决规则与程序的谅解》(The Understanding on Rules and Procedures Governing the Settlement of Disputes，以下简称《谅解》或 DSU)是 WTO 协议的重要组成部分，也是 WTO 争端解决制度的核心内容。

【技能操练】

请总结出世界贸易组织争端解决机制的发展过程和各自的优缺点。

知识窗口

除《反倾销协议》以外,WTO维护市场公平竞争秩序的另一个主要规则是《反补贴协议》。该协议主要是通过规范各成员在经济活动中使用的各种补贴,以避免市场机制的扭曲。

WTO的《反补贴协议》把补贴分为三类:(1)禁止性补贴,即红灯补贴,是各成员都禁止使用的补贴。红灯补贴主要是指出口补贴。(2)可申诉补贴,即黄灯补贴。如果WTO成员因他国的黄灯补贴受到了损害,可以到WTO补贴与反补贴委员会申诉。黄灯补贴包括绝大多数由政府给予特定企业的补贴,一般具有专项性的特点。(3)不可申诉补贴,即绿灯补贴,即政府出于经济发展的需要而采取的并对国际贸易不会直接造成消极影响的补贴。该类补贴允许使用且在一般情况下其他成员不能申诉。绿灯补贴的特点是具有非专项性,即不是为特定企业提供的补贴。但某些符合WTO规定的特定补贴如科研资助、落后地区开发补贴和环保补贴等,也属于绿灯补贴。对于因上述补贴发生的贸易争端,《反补贴协议》也规定了详尽的解决程序和救济办法。

在当代经济中,补贴通常都是各国政府用于扶持本国企业或经济发展的手段,而且很多都违背WTO的反补贴规则。因此,自《反补贴协议》生效以后,WTO解决的与该协议有关的贸易争端很多。

项目活动2 世界贸易组织争端解决机制的程序及特点

【案例导入】

反补贴规则与“巴西诉加拿大民用飞机补贴案”

1997年3月10日,巴西认为加拿大政府向民用飞机工业提供补贴,违反了《反补贴协议》,损害了巴西的正当利益,要求与加拿大磋商。按照巴西的观点,加拿大通过中央政府和地方政府的一系列计划向国内民用飞机工业提供补贴。其中的两项补贴是:(1)“加拿大账户”,即加拿大政府把由于规模或风险原因不能得到“出口发展公司”资助的出口,转为由自己经营管理,并记在外交和国际贸易部的账户上;(2)“加拿大技术合伙计划”,该计划旨在向高技术出口项目提供投资。在磋商未果的情况下,1998年7月23日,WTO争端解决机构成立专家小组。经过调查,专家小组支持巴西的部分请求,确认“加拿大账户”和“加拿大技术合伙计划”对国内飞机工业的资助构成了违反《反补贴协议》的出口补贴,建议争端解决机构要求加拿大按照《反补贴协议》纠正其做法。后来,争端解决机构通过了专家小组报告,该案遂告结束。

案例来源:(http://news.wtolaw.gov.cn/gb/info/wtoyfz/alxd/2005-06/09/0915216887.html)

请问:该则新闻中是否涉及世界贸易争端解决的内容?如有,哪些地方有所体现?

【必备知识】

建立在 DSU 基础上的 WTO 争端解决机制,不仅包括如何解决 WTO 成员之间履行世贸组织各协议过程中发生的争端,而且更为重要的是增加了 WTO 对争端解决结果的执行机制及其监督机制。

一、世界贸易组织争端解决程序

(一)世界贸易组织成员就争端事项必须进行的磋商程序

如果 WTO 成员认为它在 WTO 某项协议项下的权利由于另一缔约方所实施的法律或者相关措施受到损失,根据 DSU 第 4 条的规定,该成员应当向后者提出磋商的书面请求。受到请求的一方应当在收到此项请求的 10 日内与对方进行磋商,以便达成双方满意的解决方法。

当事人提出的双边磋商的请求,应当向 WTO 争端解决机构(DSB)相关的理事会和委员会通报,并应说明提出请求的理由,包括争端所涉及的措施及其法律依据。受到磋商请求的一方如果自收到此项请求之日起 10 日内未能作出答复,或在此后 30 日内或双方约定的期限内为未能进行磋商,火灾在 60 日内通过磋商未能解决争端,提出申诉的一方即可请求 DSB 设立专家小组解决争端。

如果争端双方在此阶段就争端事项达成一致,该具体案件的争端解决程序即告结束。在 WTO 成立以来近十年中,其中 1/3 的争端案件,争端双方通过磋商程序都可以得到比较圆满的解决。就争端事项达成协议的 WTO 成员方,也应该向 WTO 争端解决机构及相关的理事会和委员会通报他们之间业已达成的协议内容。

(二)专家组解决争端的司法程序

专家组和上诉庭解决争端的方法则属于世贸组织项下的解决正义的司法或者准司法的解决争端的方法。

按照 DSU 第 4 条第 3 款的规定,只有在收到磋商请求的一方如果自收到此项请求之日起 10 日内未能作出答复,或在此后 30 日内或双方约定的期限内未能进行磋商,或者在 60 日内通过磋商未能解决争端,提出申诉的一方才有权请求 DSB 设立专家小组解决争端。在提出设立专家组解决争端的青青树种,必须说明是否进行了磋商。因为只有在实施了磋商程序未果的情况下,申请人才有权提出设立专家组的请求。申诉方的书面请求必须阐明是否就他们之间的争端已经进行了磋商,以及其申诉的法律依据。该专家小组至迟应在设立专家小组的请求列入 DSB 正式程序后的下一次会议上设立,除非 DSB 一致同意不设立该专家小组。

专家小组一般由 3 名成员组成,特殊情况下可由 5 人组成,成员为资深的政府或非政府人员。这些人员以个人身份而非作为政府代表或任何组织的代表提供服务。专家组审理案件应当按照 DSU 第 11 条规定的权限,对所审理的事项作出客观的评价,包括客观认定案件的事实,有关涵盖协议的可适用性和一致性,提出相应的建议或裁定。专家小组应当协助当事人解决争端。为此应当向 DSB 提交有关调查材料的书面报告,说明争端的事实的调查结果,并提出有关的建议。此项报告除向 DSB 提交外,还应当向当事各方提供。报告一般应当在专家小组成立 6 个月后提出,但遇有紧急情况,如易腐烂食品,应在 3 个月内提出。在复杂争端的情况下,也可以经书面请求 DSB 并经批准后延长此项期限,但无论如何不得超过 9 个月。

专家小组的报告应当向各缔约方分发,为了给各缔约方予以足够的时间考虑专家小组的报告,因此,DSB 只有在这些报告向各缔约方分发 20 天后,才考虑通过这些报告。此项报告应在分发后 60 天内进行评审,争端各方有权全面参与对专家小组报告的评审。他们的各种意见均予以记录在案。DSB 应当在此期限内通过此项报告,除非某一缔约方声称将对此报告提出上诉,或 DSB 一致决定不采纳此项报告。当争端一方将提出上诉时,此项报告将在上诉结束后再通过。

(三)上诉机构程序

上诉机构(Appellate Body)是 WTO 设立的常设机构,根据 DSU 第 17 条第 2 款的规定设立,由来自 WTO7 个不同成员方的国民组成,任期 4 年。其成员应当具有法律、国际贸易和相关协议方面的知识,是工人的权威人士,他们不从属任何政府,在 WTO 成员中应当具有广泛的代表性。他们只能被重新任命一次。这些成员总体上是兼职的,他们应当随时听从 DSB 的召唤,其所从事的职业不能与其上诉机构成员的身份相抵触。在审理特定上诉案件的过程中,由 3 名成员组成上诉庭,其他成员也应当了解上诉案件审理的进展情况。设立上诉庭的主要目的是减少专家组决定错误的风险,以便使自动通过程序不受政治上的干预和抵制,增强争端解决制度在法律上的稳定性和可预见性。

根据 DSU 第 17 条第 6 款的规定,上诉庭仅审理"专家组报告中所涉及的法律问题,以及专家对队这些问题作出的解释"。有权提出上诉的是专家组报告中的争端案件的当事人,第三方不能作为上诉方。上诉内容不局限于专家组报告单结果,胜诉一方也可以就专家组在报告中就特定事项进行的法律分析和法律解释提出上诉。在同一上诉案件中,争端双方可以互为上诉人和被上诉人。根据 DSU 第 17 条第 13 款的规定,上诉庭得"确认、修改或者推翻专家组对争端作出的法律上的认定和结论",但没有明确规定上诉庭将其所审理的案件发回重审的权利,上诉庭也无权对其所审理的案件发表咨询意见。

从上诉庭以往审理案件的情况看,所涉及的问题十分广泛,包括先前的专家组报告的法律地位、有权提出 GATT1994 项下争端的当事方;设立专家组应当的请求应当包括的主要内容;专家组的权限范围;举证责任;GATT1994 和 GATS 的适用范围;利益的损害与丧失、上诉范围、上诉程序中私人律师代表政府应诉等问题。一般而言,上诉程序应当仅限于专家小组报告中所涉及的法律问题,或者对该专家小组就争端事项作出的法律解释有异议,而不涉及对争端事实问题的查明。截至 2004 年初,在向全体成员散发的 81 份专家的报告中,提起上诉机构程序的共有 58 起,占专家组报告的 71.6%。

已经向 DSB 通报其与该争端有重大利益的第三方,可向上诉机构提出书面的意见,上诉机构也应给予他们表述其意见的机会。上诉机构对上诉事项所作的决定一般应当在上诉方正式向上诉机构就某一事项提出上诉之日起 60 天内作出,最多不超过 90 天。

上诉机构的报告应当在该报告提交全体缔约方后30日内由DSB通过,并由争端各方无条件地接受。除非DSB一致决议不通过该报告。

(四)冲裁及其他程序

1. 仲裁程序

仲裁作为解决WTO成员之间争端的方法,主要规定在DSU第21条第3款(C)项、第22条第6款和第25条中。

DSU第21条第3款(C)项规定的是对执行DSB已经通过的专家组或者上诉机构裁定的合理期限。根据第21条第3款的规定,一般案件在不超过15个月的执行期限情况下,具体的执行期限完全取决于每个案件的具体情况。至于该如何确定该"合理的期限",该条仅规定了三种可供选择的方式:第一,由败诉方提出一个具体的执行期限交由DSB批准;第二,由争端双方在专家组和上诉庭的报告通过后45天内共同约定一个期限;或者,第三,由仲裁员在90天内据顶此项期限。在实践上,这三种确定执行期限的方式通常是依次进行的。首先,如果胜诉方对于败诉方提出的执行期限没有异议,经DSB批准后即可作为执行专家组或上诉庭建议或裁定的合理期限。其次,如果胜诉方对于败诉方提出的执行期限的有异议,他们可以在报告通过后45天之内共同达成一个合理的执行期限。一般而言,从胜诉方的角度看,此项执行期限当然越短越好;而在败诉方来看,此项期限越长越好,如果第21条没有规定15个月的执行期限,败诉方可能提出5年或者10年的执行期限。

DSU中明确规定的仲裁解决的另一事项,就是败诉一方在上述合理的时间内对与世贸组织规则不符的措施加以纠正的条件下胜诉一方可以对其采取的中止减让或赔偿等报复性措施所涉及的合理金额问题。胜诉方要求采取的中止减让或作出赔偿的金额与败诉方往往很难达成一致:前者提出的金额往往大大地高于后者所期待的金额。双方在此问题不能达成一致的情况下,可以根据第22条第6款的规定将此争端提交仲裁解决。

DSU第25条所规定的是一般意义上的仲裁。当事人可以根据他们之间业已达成的仲裁协议,将争端提交仲裁解决。

根据DSU上述条款的规定,仲裁作为解决世贸组织成员之间的争端的方法之一,与一般意义上的国际商事仲裁,既有相同之处,又存在着某些区别。

世贸组织协议项下的仲裁与一般意义上的国际商事仲裁之间的相同之处是:首先,它是当事人之间自愿达成的解决争端的手段,以当事人之间业已达成的仲裁协议为前提。这一点体现在DSU第25条第1款、第2款的规定之中。第二,当事人还应当就仲裁协议项下争端的事项和仲裁程序在协议中做出明示规定,此项规定旨在对仲裁庭的权限范围和仲裁应当遵守的程序规则做出界定。第三,仲裁裁决应当得到当事各方的承认与执行。

世贸组织协议项下的仲裁与一般意义上的商事仲裁的不同之处在于:第一,主体不同,鉴于世贸组织成员多数为主权国家,不同于商事仲裁主体,后者在多数情况下均为不同国家的国民。

第二,世贸组织成员在达成仲裁协议后,在仲裁程序开始以前,根据 DSU 第 25 条第 2 款的规定,必须“充分地通知全体世贸组织成员”。世贸组织成员经仲裁协议的当事各方同意,也可以成为仲裁程序的当事人参与仲裁审理程序。这一点不同于一般意义上的仲裁,后者只是在仲裁协议的当事人之间进行,并不存在向任何第三人通知的情况,除非当事人之间另有约定。

第三,关于裁决适用的法律,应当是世贸组织规则,而不是当事各方共同选择的法律规则。根据《谅解》第 3 条第 5 款的规定,仲裁裁决“不得剥夺任何成员根据世贸组织协议享有的利益,也不得阻碍这些协议目标的实现”。

第四,仲裁裁决不同于《纽约公约》项下的裁决,由国家法院根据《纽约公约》规定的条件决定是否承认与执行。DSU 项下的裁决所针对的是国家,而主权国家相互之间不存在谁管辖谁的问题。这里的裁决应当由相关当事方自动执行。如果败诉方在规定的期限内拒绝执行,胜诉方可以根据 DSU 第 22 条的规定,请求 DSB 授权补偿和中止关税减让的措施。此外,世贸组织协议项下的裁决作出后,根据 DSU 第 25 条第 3 款的规定,应当“通报给争端解决机构和所有相关协议项下的理事会或委员会,世贸组织所有相关成员均可对裁决提出其各自的看法”。

在 WTO 成立以来争端解决实践中,仲裁通常被用于解决 WTO 成员之间在履行专家组和上诉庭建议或者裁定中发生的争端。

2. 其他程序

此项程序又可以成为选择性的争端解决方法(Alternative Dispute Resolution,ADR),即除了上面提到的磋商、专家组和上诉机构和仲裁程序意外的解决争端的方法。ADR 通常包括由争端各方共同选择的第三者斡旋、调节、调停,或者通过特定的专门委员会的专家就争端事项提出咨询意见。

尽管 DSU 没有对此作出专门规定,但这种解决争端的方法是不言而喻的,其前提条件是双方当事人均同意的情况下所采取的解决他们之间争端的方法。这种方法与磋商解决争端的方法的不同之处是由双方均认可的第三方参与解决 WTO 成员之间的争端。由此该争端无利害关系的第三方主持调节或者斡旋,如果争端双方在调节员的调解下使争端得到解决,就没有必要再申请设立专家组解决他们之间的争端了。

在世贸组织机构中,许多具体的协议项下都设立了专门委员会,如根据《保障措施协议》设立了保障措施委员会,根据《农业协议》设立了农业委员会,以及知识产权委员会、服务贸易委员会、货物贸易委员会等等。相关国家之间就某一特定协议的履行发生争端后,在进行磋商的过程中,还可以寻求相关的专业委员会的协助,或者共同请求该相关的专业委员会作为调节人或者仲裁人,协助解决他们之间的争端。

二、执行专家组或上诉机构裁定的监督程序

DSB 的一个非常重要的智能,就是对专家组和上诉机构报告中的建议和裁定的执行情况实施监督。根据DSU第21条第3款的规定,败诉方应当在报告通过之日后30天内向DSB报告其执行DSB建议和裁定的意向。

如果败诉方在上述期限内由于这样或者那样的原因不能马上履行专家组或者上诉机构的裁定或建议,比如需要通过立法机构按特定的法律程序进行,则DSU规定在"合理的"期限内执行。此项合理期限的确定,通常由相关当事方提出后DSB批准。如果DSB不批准该期限,则根据DSU第21条第3款(B)项的规定,由争端各方在报告通过之日起45天内共同提出。

如果争端各方在报告通过之日起45天内不能就履行专家组或者上诉机构的裁定的"合理期限"达成一致,根据DSU第21条第3款(C)项的规定,此项合理期限应当由仲裁员决定。例如,在欧美香蕉案中,1997年9月9日上诉机构确认了专家组的报告并建议:争端解决结构要求欧盟根据本报告和专家组报告中所提到的不符合GATT1994和GATS规定的措施进行修改,使之符合欧盟在这些协议项下所承担的义务后,欧盟要求与申诉各方就其执行第三个专家组报告的"合理时间表"的问题进行磋商。欧盟提出需要15个月零1周的时间执行此报告,该提议遭到申诉各方的拒绝,故磋商以失败而告终。1997年11月17日,申诉各方决定根据DSU第21条第3款(C)项的规定将执行专家组报告的期限问题提交仲裁解决,即通过仲裁的方式决定欧盟执行专家组报告所需要的"合理期限"。负责该案仲裁的仲裁员为上诉机构的一位成员,1997年12月23日,该仲裁员作出裁定:该合理的期限为15个月零1周,即截止到1999年1月1日,欧盟必须使其香蕉进口制度符合其在WTO规则下所承担的义务。

此外,对于败诉成员在合理的期限内对与WTO相关协议或者规则不符合的法律或者所实施的措施作出的修正,修正后的法律或者措施是否与WTO相关规则相符合的问题,DSB仍然对其履行监督的职责。在实践上,尽管相关成员声称相关法律或者措施符合WTOG规则,如果DSB认为修正后的相关法律与相关措施仍然不符合WTO规则,该相关成员仍然负有继续对其相关国内法或者措施作进一步修订或者纠正的义务。例如在欧盟香蕉案中,1997年9月25日DSB通过了上诉机构和专家组关于建议欧盟应当根据本报告和专家组报告所提到的不符合GATT1994和GAST规定的措施进行修订,使之符合欧盟在这些协议项下所承担的义务的报告,1998年欧盟在仲裁员裁定的期限内通过第2362/98号规则对404/93号法令作了欧盟认为已经符合世贸组织规则的修订并予以公布。但是由于申诉方的方队,DSB认为还应当作进一步修订,直到2001年5月7日,欧盟宣布了关于实施第216/2001号法令的细则,即第896/2001号法令,持续近七年的欧美香蕉大战告一段落。可见,DSB在监督相关国家实际履行其通过的专家组和上诉机构的报告方面,发挥着重要的作用。

这里还应当指出的是:实际履行专家组和上诉机构的建议和裁定,是WTO相关成员应当承担的国际法义务。《关于建立世界贸易组织的协议》第16条第4款规定:"每一成员均应当确保其国内法律、规章和行政程序与本协议及其附件相符。"事实上,争端解决程序的结果即确立了遵守争端解决程序中的解释与适用WTO相关协议的结果。因此,实际履行专家组和上诉机构的报告，是 WTO 成员应当承当的国际法义务。尽管由于这样或那样的原因不能在合理的时间内履行，胜诉成员经 DSB 授权向败诉方实施了中止减让和赔偿的报复性措施，但是此项措施并不能免除败诉成员纠正其所实施的与世贸组织规则不符的措施。在没有实际履行专家组和上诉机构裁定以前，一直受置于 DSU 的监督程序，即相关成员必须履行向 DSU 报告其实际履行专家组和上诉机构裁定的进展情况。

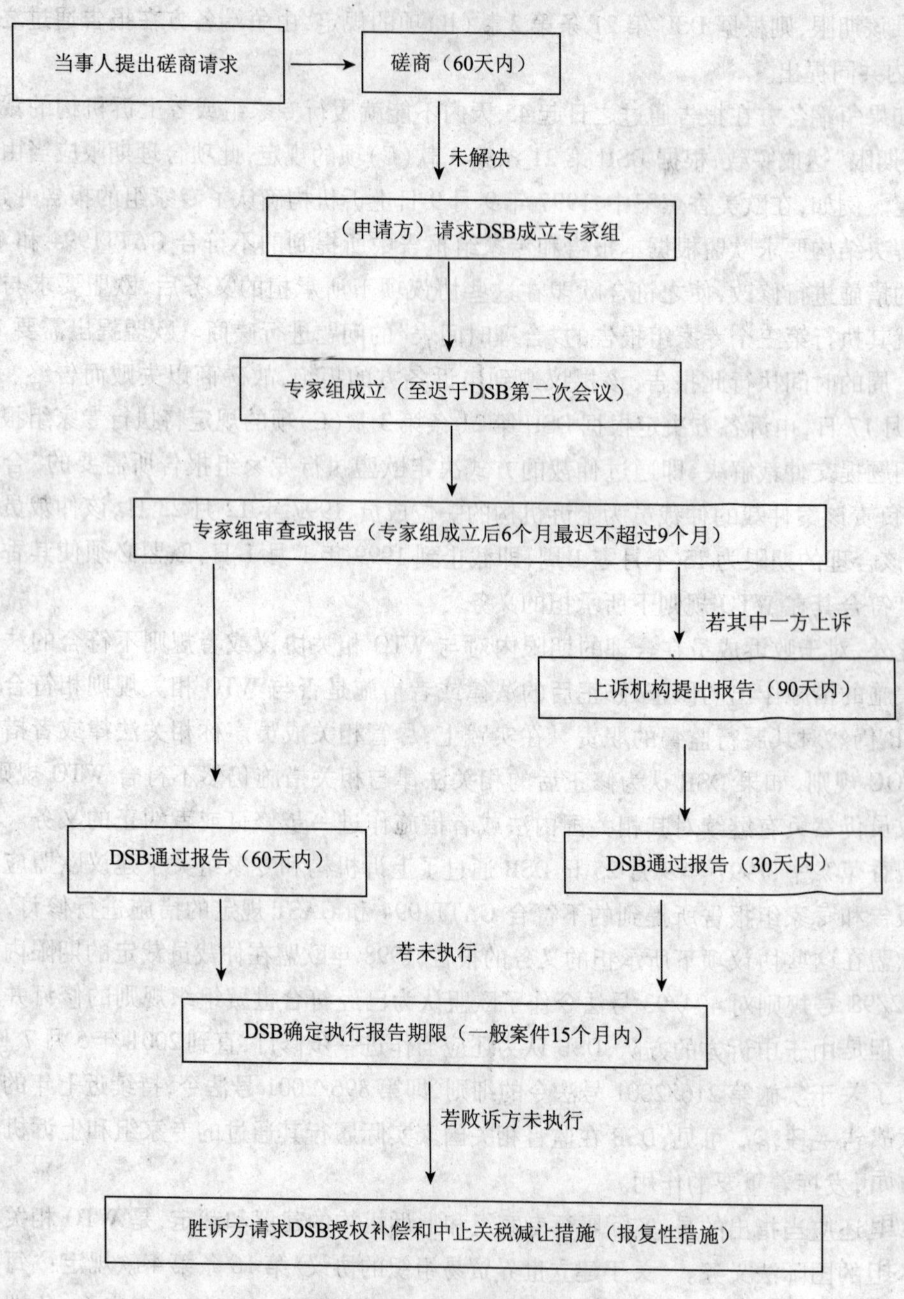

世贸组织争端解决机制运作图

三、WTO 争端解决机制的特点

与 GATT 的争端解决机制相比,世贸组织的争端解决机制具有如下特点:

(一)实行统一的争端解决机制

WTO 建立了统一的争端解决机制,适用于全体成员之间在所有的世贸组织协议的执行中发生的争端。它不仅涉及传统上的货物贸易争端,也包括由于服务贸易和知识产权方面的争端。因此,该争端解决机制不会出现就争端程序问题再发生争端的情况。尽管 WTO 协议所覆盖的某些协议也含有解决争端的条款,例如有关补贴协议和纺织品协议中,也有解决争端的相关规定,但 DSU 第 1 条明确规定,DSU 的规则与程序适用于其所列的所有覆盖的协议。因此,世贸组织协议中的绝大部分协议争端的解决,适用该 DSU 的规定的程序。当然,DSU 也允许某些背离其规定的情况。例如,复边贸易协议(Plurilateral Agreements,WTO 协议的附件 4)各当事方对于由于执行这些协议而产生的争端是否适用该 DSU 规定的程序,作出选择性的决定。

(二)建立了专门的争端解决机构(Dispute Settlement Body,DSB)

WTO 争端解决机构是根据 WTO 各成员方共同签署的 DSU 专门设立的解决 WTO 成员方之间由于执行世贸组织协议而产生的争端的专门机构。而在 GATT 存续期间,并不存在专门的争端解决机构,DSB 的职能由总理事会行使。此外,根据 1979 年的《谅解》和在东京回合达成的相关协议,在 GATT 的争端解决机制下,还根据不同协议涉及了若干不同的争端解决程序。就这些协议和程序而言,都是相对独立的,GATT 成员可以选择加入这些相关的协议和程序,也可以选择不计入其中的一个或几个程序。换言之,GATT 的成员不一定就是东京回合达成的各项协议的成员。

鉴于 DSB 是根据 DSU 专门设立的负责 WTO 各项协议项下的争端解决的机构,因此,加入世贸组织,就等于接受了除复边贸易协议以外的全部协议,包括 DSU 和其他相关协议。按照 DSU 的相关规定,由于 WTO 协议项下产生的争端,均应当通过 DSB 解决。因此,DSB 对 WTO 协议项下争端的管辖权是强制性的,所有成员都必须服从 DSB 的管辖,不允许成员方做出保留。这一点是迄今所有的国际组织所无可比拟的。就是联合国国际法院的管辖权,也不是强制性的,目前至于不到三分之一的联合国会员接受了国际法院的管辖。DSB 的主要职能是对 DSU 项下的规则和程序的实施进行管理,包括设立专家组、通过专家组或上诉机构的报告、对专家组或上诉机构做出的裁定和建议的实施情况进行监督,以及授权中止关税减让或相关协议项下的其他义务。此外,为了避免专家组适用和解释 WTO 协议各项规则中的错误,还专门设立了上诉机构,纠正专家组在适用和解释 WTO 协议各项规则中的错误,一边更好地维护多边贸易协议的稳定性和统一性。

(三)采用了自动通过的决策程序

决策程序的改变,是 WTO 与 GATT 之间的又一实质性的改革。WTO 争端解决的各项程序几乎都是自动的。

(1)如果争端双方在规定的期限内不能自行解决他们之间的争端,DSB 就可以根据任何一方的请求,设立专家组。DSB 在决定设立专家组时,只要不是全体一致反对,专家组即可设立。

(2)专家组或上诉机构的报告通过,打破了 GATT 时期所实行的"协商一致"(Positive Consensus)的原则。在 WTO 争端解决机制中,DSB 通过专家组或上诉机构的报告实行了"反向一致"(Negative Consensus)的原则,即只要不是全体一致反对,报告就获得通过。

(3)在授权中止减让或者采取其他方面的报复措施时,只要不是全体一致反对,DSB 即可授权对败诉方实施减让关税或者其他方面的报复性措施。这就是说,无论是专家组的成立,还是专家组或者上诉庭的报告的通过,或者是 DSB 授权采取报复性措施的决定的通过,几乎都是自动的,因为即便 WTO 所有成员都反对设立专家组或者通过专家组的报告,请求设立专家组解决争端的当事方不可能反对。只要不是一致反对,那么专家组即可设立,专家组和上诉庭的报告即可通过,DSB 授权采取报复性措施的决议也可获得通过。当然,为了尽量减少专家组在适用 WTO 规则中的错误,DSB 设立了专门的上诉机构,由该机构中的三名成员组成上诉庭,受理 WTO 成员对专家组报告和裁定中所涉及的法律问题提出的上诉。

(四)增加了对专家组和上诉机构建议和裁定执行的监督程序

DSB 的一个非常重要的职能,就是对专家组和上诉机构报告中的建议和裁定的执行情况实施监督。在完全实际履行专家组和上诉机构在报告中提出的建议之前,相关成员始终应当向 DSB 报告其执行情况。即便在仲裁庭确定的合理期限内由于不能纠正其所实施的与世贸组织规则不符的措施而后到另外的世贸组织经 DSB 授权的中止减让或作出补偿的报复性措施,也不能免除该成员实际履行专家组和上诉机构报告中的裁定的义务。尽管在执行监督问题上还存在这样或者那样的问题,如对败诉方执行报告的要求,包括执行时间表和具体的措施,以及定期对执行情况进行审议等问题,目前的 DSU 规定的还不够具体。然而,与 GATT 项下的争端解决机制相比,WTO 争端解决机制中的执行及其监督机制还是得到了加强。此项监督机制对于保证世贸组织规则的统一实施,以及维护多边贸易体制的稳定性和可预见性,发挥着重要的作用。

DSU 赋予 WTO 争端解决程序准司法性质,旨在有保障地使争端解决程序、与争端相关的重大问题的所有决策的自动性、争端解决程序各阶段的严格时间表和上诉审查等的规定反面得到具体体现。

【技能操练】

2003 年 5 月,美国、加拿大、阿根廷分别请求与欧盟在 WTO 框架下,就欧盟及其成员国有关妨碍或禁止美国等农产品及食品进口问题进行磋商(WT/DS291、WT/DS292、WT/DS293)。美国等认为,自 1998 年以来欧盟延迟两国转基因产品审批,限制了农产品及食品进口,某些欧盟成员国坚持限制转基因产品的国内销售及进口,特别是那些已被欧盟批准在成员国内部进口和销售的特定产品,这些规定不合理,不符合 WTO 贸易规则。同年 6 月,双方磋商未果。

2003年8月8日，美国、加拿大和阿根廷分别要求成立专家小组处理纠纷。8月29日，争端解决机构将三国专家小组合并，根据争端解决规则与程序(DSU)设立专家小组，明确了专家小组的职权范围。“按照WT/DS291/23、WT/DS292/17和WT/DS293/17文件中所举证的相关协议的相关条款，审查美国、加拿大、阿根廷在文件中提交争端解决机构(DSB)的事项，并提出调查结果以协助DSB提出建议或作出该协定规定的裁决。”2004年3月4日WTO组建了3人专家小组。澳大利亚、巴西、智利、中国、哥伦比亚、萨尔瓦多、洪都拉斯、墨西哥、新西兰、挪威、巴拉圭、秘鲁、泰国、乌拉圭、中国台湾等国家和地区作为第三方参与案件审理。

专家小组从2004年2月第一次实质性会议开始工作，2006年2月7日出具了中期报告，在任一当事方没有提出举行中期诉讼会议后，于2006年5月10日，专家小组向当事方送达了最终报告。案件从原告提出诉讼到专家小组建立用了10个月时间，专家小组历经2年多时间(2004年3月至2006年5月)准备报告，至少五次推迟出报告的时间。2006年11月29日，专家小组报告获得通过。WTO最终裁决欧盟及其成员国败诉。

问题：就案例中解决世界贸易争端的程序和内容进行分析。

■步骤三　总结

1. 关键知识

国际贸易争端解决机制的起源与发展

国际贸易争端解决机制的主要内容

国际贸易争端解决机制的特点

2. 关键技能

初步具备结合实际情形，确定解决世界贸易争端的程序和方法

■步骤四　综合训练

一、单项选择题

1. 根据世界贸易组织争端解决程序与规则谅解，如一方成员要求与另一方成员进行磋商，另一方成员应当在(　　)天内进行答复。

A. 10　　B. 20　　C. 30　　D. 60

2. 争端解决机制中的“反向一致”原则是指(　　)。

A. 全体一致反对才可以通过一项报告

B. 全体一致反对才不通过一项报告

C. 全体一致同意才可以通过一项报告

D. 全体一致同意才不通过一项报告

3. 世界贸易争端解决程序具有(　　)性质。

A. 契约　　B. 司法　　C. 准司法　　D. 准契约

4. 上诉机构(Appellate Body)是世界贸易组织的常设机构,其由(　　)个不同成员方的国民组成,任期一般为4年。

A. 5　　B. 7　　C. 9　　D. 11

二、多项选择题

1. 世界贸易争端解决程序的法律依据有(　　)。

A. GATT第18条B. GATT第20条　　C. GATT第22条　　D. GATT第23条

2. 下列哪些内容和世界贸易争端解决有关(　　)。

A. DSU　　B. DSB　　C. ADR　　D. TRIP's

三、简答题

1. 简述世界贸易组织争端解决机制的起源和发展。

2. 简述世界贸易组织争端解决程序。

3. 简述世界贸易组织争端解决机制的特点。

四、案例分析题

1. 2009年9月,在美国总统奥巴马批准未来3年对中国输美轮胎在4%的常规关税基础上分别加征35%、25%和20%的惩罚性关税后,中国就诉诸WTO争端解决程序。12月21日,在WTO争端解决机构的会议上,中国要求WTO设立专家组介入调查轮胎特保案。此前,按照WTO的争端解决程序,中美双方去年11月在日内瓦进行的磋商并不顺利,未能找到双方都满意的解决方案。

问题:结合所学知识和实际情况,请分析出该案接下来的处理情况,并回答出详细的程序和方案。

2.《人民日报》2004年03月27日第二版刊登了一条信息,内容如下:"本报北京3月26日讯　记者龚雯今日从商务部获悉:中方已通过中国常驻世界贸易组织代表团致函美方,接受美国的磋商请求,同意就中国的集成电路增值税退税问题与美方进行磋商。具体磋商时间和地点将由双方通过适当方式协商确定。

3月18日,美国政府就中国集成电路增值税事宜在世贸组织提出磋商请求。美方指控中国在半导体生产方面实行的税收政策使美国半导体出口商"处于非公平竞争的地位"。美国一些集成电路制造商称,中国对进口的半导体产品征收17%的增值税,而中国国内厂商虽然也要缴纳增值税,但可以享受出口退税。他们声称,这构成了歧视,违反了世贸组织规则。中国有关人士则表示,美方的这一说法是不成立的,因为中国的出口退税政策对所有在华设厂的制造商都是一致的。

根据世贸组织有关规则,中美双方将就此进入为期60天的磋商阶段。如果在此期间双方不能达成一致,世贸组织将启动下一步争端解决程序。中国目前是美国半导体集成电路产品的重要出口市场。据美方统计,去年美国向中国出口的半导体集成电路产品总额达20多亿美元。”

问题:该则新闻中主要反映的是什么问题?结合我们所学知识,试分析文中提到的“如果在此期间双方不能达成一致,世贸组织将启动下一步争端解决程序”可能会是些什么程序?具体内容是什么?

参考文献

[1]沈四宝、刘刚仿．国际商法[M]．北京:中国人民大学出版社,2008.

[2]答百洋．国际商法[M]．北京:北京理工大学出版社,2010.

[3]宁烨、杜晓君．国际商法[M]．北京:机械工业出版社,2010.

[4]辛文琦．国际商法原理与案例教程[M]．北京:对外经济贸易大学出版社,2009.

[5]王学先．国际商事法[M]．大连:大连理工大学出版社,2002.

[6]余飞、孙红湘．国际商法[M]．北京:中国时代经济出版社,2004.

[7]屈广清．国际商法[M]．大连:东北财经大学出版社,2008.

[8]辛文琦．国际商法实务[M]．天津:天津大学出版社,2009.

[9]韦静．新编国际商法教程[M]．合肥:中国科学技术大学出版社,2009.

[10]吴建斌、朱娟．国际商法[M]．上海:上海财经大学出版社,2010.

[11]张圣翠．国际商法[M]．上海:上海财经大学出版社,2009.

[12]梁敏．国际商法[M]．大连:大连理工大学出版社,2008.

[13]郑春贤．国际商法原理与案例教程[M]．北京:机械工业出版社,2009.

[14]韩玉珍．国际商法[M]．北京:北京大学出版社,2008.

[15]余劲松、吴志攀．国际经济法[M]．北京:北京大学出版社、高等教育出版社,2005.

[16]赵秀文．国际商事仲裁及其适用法律研究[M]．北京:北京大学出版社,2002.

[17]彭永福．国际贸易[M]．上海:上海财经大学出版社,2002.

[18]张学森．国际商法[M]．上海:上海财经大学出版社,2007.

[19]黄辉著．现代公司法比较研究[M]．北京:清华大学出版社,2011.

[20]汪世虎．票据法制度比较研究[M]．北京:法律出版社,2003.

[21]王小能．票据法教程[M]．北京:北京大学出版社,2001.

[22]张为华．美国消费者保护法[M]．北京:中国法制出版社,2006.

[23]周晓唯、杨林岩．国际商法[M]．西安:西安交通大学出版社,2008.

[24]左海聪．国际商法[M]．北京:法律出版社,2008.

[25]沈四宝、王军、焦津洪．国际商法[M]．北京:对外经济贸易大学出版社,2002.

[26]曹祖平．新编国际商法[M]．北京:中国人民大学出版社,2010.

[27]曹建明、丁成耀．国际商法引论[M]．上海:华东理工大学出版社,2005.

[28]沈益平、裴蓓．国际商法[M]．杭州:浙江工商大学出版社,2010.

[29]田东文．国际商法[M]．北京:机械工业出版社,2008.

[30]魏森．国际商法[M]．武汉:华中师范大学出版社,2010.

[31]曲振涛．经济法[M]．北京:高等教育出版社,2007.

[32]刘天善、张力．经济法教程[M]．北京:清华大学出版社、北京交通大学出版社,2008.